헤겔의 영혼론

헤겔의 영혼론

―사변적 인간학―

머레이 그린 | 신우승 옮김

도서출판 b

1. 번역 과정 중 따랐던 원칙을 몇 가지 언급한다.

  1) 인용된 원전은 가능한 한 기왕에 출판된 한국어 번역본을 따랐다. 문맥이나 표기에 따라 일부 수정하였으나 대체로 번역문에 가까우며, 참고한 원전은 아래와 같다.

    a. 헤겔의 저작 : 정신철학(박병기, 박구용 역) ; 자연철학(박병기 역) ; 대논리학, 정신현상학, 법철학(임석진 역) ; 소논리학(전원배 역) ; 역사철학강의(권기철 역) ; 믿음과 지식(황설중 역)

    b. 칸트의 저작 : 순수이성비판, 실천이성비판, 판단력비판, 형이상학 서설(백종현 역) ; 실용적 관점에서 본 인간학(이남원 역) ; 도덕 형이상학을 위한 기초 놓기(이원봉 역)

    c. 플라톤의 저작 : 에우티프론, 티마이오스(박종현 역) ; 뤼시스(강철웅 역) ; 알키비아데스(김주일, 정준영 역) ; 테아이테토스(정준영 역)

  2) 위에 언급한 원전은 직접 인용에 한하여 국역본에서 해당 문장을 찾아 그 쪽수를 병기하였다. 이를테면 'PhM 25/51'은 저자가 인용한 영어 번역본의 25쪽이 국역본의 51쪽에 해당한다는 것을 뜻한다. 표기되지 않은 인용 표기는 1) 옮긴이가 도저히 찾지 못했거나 2) 국역본이 편역본이라서 누락되었거나 3) 판본이 달라 번역되지 않은 부분에 해당한다.

2. 소괄호( )는 지은이가, 대괄호[ ]는 옮긴이가 삽입한 것이다.

스스로를 아는 진리, 그것이 바로 정신이다.

(*PhM* 178/287)

서문

이 연구는 헤겔 사유의 상대적으로 제한된 부분만을, 그러나 아직 영어권 헤겔 연구자들이 본격적으로 논의하지 않은 부분을 심도 있게 다루고자 한다. 헤겔의 철학적 학문의 체계에서 인간학은 『자연철학』에서 곧바로 이어지며, 인간학, 현상학, 심리학이라는 세 장으로 이루어진 주관정신[1]의 첫 부분을 구성한다. 제1부인 주관정신 다음에는 객관정신과 절대정신에 관한 부ⅢⅡ가 이어진다. 이 세 부분은 『철학적 학문들의 엔치클로페디 강요』[2]에 제시된 헤겔의 전체 체계 중 세 번째이자 그 체계를 완결하는 분과인 『정신철학(Philosophie des Geistes)』[3]을 이룬다. 헤겔은 자신이 이전에 객관

• • •

1. Iring Fetscher는 자신의 저서(*Hegels Lehre vom Menschen*, Stuttgart, 1970, p. 11)에서 헤겔의 『엔치클로페디』, 특히 주관정신에 대한 현대의 주석이 부족하다는 사실을 지적한다. 간략한 것이나마 주관정신에 대한 영어권에서의 연구로는 다음의 것이 있다. Hugh A. Reyburn, *The Ethical Theory of Hegel* (Oxford, 1921), Chapter Ⅴ ; G. R. G. Mure, *A Study of Hegel's Logic* (Oxford, 1950), pp. 2-22.

2. *Enzyklopädie der philosophischen Wissenschaften im Grundrisse* (1830), ed. Friedhelm Nicolin and Otto Pöggeler (Felix Meiner, Hamburg, 1959)의 차례를 보라.

3. 영어로는 *Philosophy of Mind*로 번역되며, 이하에서는 *PhM*으로 표기하였다. (19쪽의 약칭 목록을 보라.)

정신에 관한 별도의 전면적인 저술(『법철학』)을 썼듯이 주관성신 철학에 대해서도 그러한 저술을 남기고자 했으나 그전에 사망하였다.[4]

그렇기에 우리 연구의 초점은 매우 한정되어 있다. 하지만 헤겔 체계의 광대한 영역 중 이렇듯 상대적으로 좁은 범위만을 다룬다는 사실은, 잘 알려져 있는 헤겔 사유 일반의 난삽함과 헤겔 스스로 인간학에서 밝혔듯 그 과제의 난해함을 상기할 때 정당화될 수 있으리라 믿는다. 인간학의 과제는 전(前) 객관적 주체성 내지 혼(Seele)으로서의 정신이 객관적 의식의 자아로 나아가는 필연적 발전을 사변적으로 증명하는 데 있다. 일단 이 연구는 헤겔이 제기한 더 넓은 문제 상황 가운데에서 이 과제의 본성을 명료하게 밝히려고 하며, 다음으로는 인간학에 제시된 헤겔의 논증 과정을 차례차례 따라가고자 한다. 부록의 성격을 지닌 마지막 장은 영혼론과 의식론 간의 연계를 드러내어 인간학에서 현상학으로의 이행을 제시하려는 시도에 해당한다.

헤겔의 전반적인 입장에서 인간학이 중요한 데에는 몇 가지 이유가 있다. 헤겔은 인간 정신이 "자연의 세계와 영원의 세계 사이"에서 그 양 극단을 연계한다고 한다. 즉, 인간 정신의 "근원"은 자연의 세계에 있으나 그 "목적지"는 영원의 세계에 있다는 것이다.[5] 철학적 학문의 체계에서 차지하는 위치를 고려할 때 인간학이 다루는 것은 정신의 이행 단계이다. 인간학에서 우리는 정신이 자연으로 스스로 외화하여, "자연적 혼"이라는 이어지는 단계를 거친 뒤, 의식하는 자아라는 현실태로 귀환하는 것을 본다. 인간학에는 심신 문제 및 감각의 본성과 같은 문제들에 관한 헤겔의

• • •

4. 헤겔의 기획에 대한 설명으로는 F. Nicolin, "Ein Hegelsches Fragment zur Philosophie des Geites", *Hegel-Studien*, bd. 1, 1961, pp. 9-15; F. Nicolin, "Hegels Arbeiten zur Theorie des subjektiven Geistes", in J. Derbolav and F. Nicolin, eds., *Erkenntnis und Verantwortung. Festschrift für Theodor Litt* (Düsseldorf, 1960), pp. 356-374를 보라.

5. *FPhG* 17, 48.

주요 논의가 담겨 있다. 이러한 주제들이 항구적인 철학적 관심사이기는 하지만, 여기서 그것들은 헤겔이 "느끼는 혼"이라고 일컫는 총체성으로서의 자아라는 특수한 개념 속에서 논의된다. 당대의 철학자 대부분과 달리 헤겔의 논의는 심리적 생의 정상적-비정상적 측면, "동물 자기" 현상과 혼수상태, 정신적 질병의 본성과 그 형식을 모두 포괄한다. 이러한 주제를 정신이라는 그 특유의 사변적 개념을 맥락으로 하여 검토하는 일은 그 자체로 흥미로울뿐더러 현상학과 심리학에서 다루어지는 인식과 의지에 관한 이후 논의의 전제가 된다. 게다가 헤겔의 인간학은 그가 칸트의 주관적 관념론이라 일컫는 바를 넘어서기 위한 하나의 길인 주관정신론의 주요 부분을 형성하기도 한다.

몇몇 측면에서 헤겔의 혼 개념이 차후의 심도 있는 심리학의 성과를 선취했음은 놀라운 일이지만, 그를 이 영역을 다룬 여러 근대 사상가 중에서 가장 혁신적인 인물이었다고 말하기는 어렵다. 이를테면 칸트 역시 자신의 인간학에서 심리적 생의 측면을 다룬 바 있다. 그러나 칸트는 혼을 정신으로 논하지 않음은 물론이고 하나의 자아로도 논하지 않았다.[6] 혼에 관한 헤겔의 사변적 논의가 그 내용과 방법에서 칸트와 다르기에 우리 연구의 일부는 이러한 차이점이 어떠한 이유에서 비롯하는지 또 어떠한 측면에 있는지를 알아내는 것이기도 하다.

"실용적 관점에서 본" 칸트의 인간학은 "인간으로부터 무엇이 만들어질 수 있는가?"라는 질문과 관련하여 인간을 인식하고자 한다.[7] 분명히 칸트는 이러한 작업이 인식의 선험적 원리에 관한 학문의 바깥에 있다고 간주한

• • •

6. "내가 영혼이 그 자체로 정신적 자연이 아닌지를 묻기만 한다 해도 이 물음에는 아무런 의미가 없다." (*CPR* A 684 = B 712) 칸트에 따르면 정신으로서의 혼 개념은 "규제적"으로만 사용될 수 있을 뿐 "구성적"으로는 사용될 수 없다. (이 책, p. 37, 35번 각주) [그렇지만] 이는 우리의 이론적 인식에만 적용될 뿐 도덕 법칙 아래 있는 혼에 대한 인식에는 적용되지 않는다.

7. *APH* 246/182.

다.[8] 이와 달리 헤겔에게서 인간학은 그것이 주관정신 개념의 첫 번째 계기인 까닭에 인식에 관한 필연적인 학문 중 하나이다. 칸트의 작업은 경험적 일반화의 순서에 따라 검토된 많은 수의 연계 주제를 동반한다. 거기에는 연역은 고사하고 필연적인 연쇄에 대한 그 어떤 요청도 없다. 앞으로 보게 되겠지만 칸트에게서 이 영역에 대한 그러한 요청은 애당초 있을 수가 없다. 물론 엄격하게 체계적이지는 않을지언정 칸트의 인간학은 인간 본성에 대한 통찰에서 값진 것이기는 하다. 하지만 헤겔은 무언가를 더 모색하였다. 헤겔의 사변적 인간학은 "논리적 이념"을 따르는 논증으로서 제시되는데, 이러한 필연성의 성격이 없다면 인간학은 주관정신의 학으로서 갖는 자신의 의미를 상실한다. 칸트의 인간학이 손실되었거나 쓰이지 않았다 하더라도 그의 인식 체계는 본질적으로 손상되지 않았을 터이다.[9] 그렇지만 헤겔의 인간학이 손실되었다면 이는 그의 인식 체계에서 주요한 역할을 맡는 주관정신의 논리적 구조를 지탱하는 기초가 사라지는 셈이다.

두 작업의 논의 사이에 있는 차이점은 원리상의 중대한 차이에서 연유한다. 칸트와 달리 헤겔은 의식의 "출현"을 논증하려고 한다. 이 시도의 본성과 의미는 무엇이며, 그 시도가 헤겔의 전반적인 입장 및 특별히 인식의 문제에서 갖는 함의는 무엇인가? 이 논증은 비판철학에 대한 극복으로 의도된 헤겔 철학에서 어떠한 역할을 맡는가? 이와 같은 헤겔의 논의를 그의 전반적인 "사변적 방법"의 일환으로 살펴보아야 하는 필요성뿐 아니

• • •

8. *APH* 119/5, 134, 141-143. 그리고 (『도덕 형이상학(*The Metaphysic of Morals*)』의 2부인) *The Metaphysical Principles of Virtue*, trans. James Ellington (Bobbs-Merrill, New York, 1964), pp. 16, 43, 65도 보라.

9. 그 예로 감정은 두 학자의 인간학에서 공히 중요한 주제로 다루어지나, 칸트에게 감정은 "사물의 표상력이 아니라 우리의 전체 인식력 바깥에 있는 것"이다. (*CPR* A 801 = B 829의 각주) 그러나 앞으로 볼 것처럼 헤겔에게서 우리가 어떻게 "사물을 표상"할 수 있는지를 이해하려면 "느끼는 혼"이 의식이라는 자아로 전개되는 과정을 따라가야만 한다.

10

라 그러한 논의와 칸트가 맺는 관계는 1807년의 『정신현상학』과 논리학을 위시한 여러 저술을 참조하는 다소간 긴 서장을 요구한다.

자기 인식의 문제를 다룬 이 책 서장에서의 검토는 그 문제에 관한 칸트의 공식을 대체로 일종의 "접근"으로서 받아들여 그러한 칸트의 공식을 헤겔이 어떻게 전환했는지 탐구한다. 칸트의 입장을 따를 때 우리는 인간학에서든 심리학에서든 경험적 일반화를 넘어설 수 없다. 이러한 학문들에서 우리는 "사물 자체"로 존재하는 혼, 자아, 자기에 대한 그 어떤 인식도 가질 수 없다는 제1원리에서 한 발짝도 나아갈 수 없다. 이렇듯 자기 인식을 "현상"에 대한 경험적 연구로 제한하는 비판철학의 시도는 물리적 자연 일반에 관한 확실한 인식을 현상에 관한 인식으로서 확증하려는 노력의 일환이다. 그렇지만 자기 인식에 관해서든 인식 일반에 관해서든 간에 비판철학의 이와 같은 결론은 헤겔이 보기에는 철학적 탐색의 포기와 동의어일 따름이다.

헤겔은 제1원리에 대한 인식이라는 문제를 부분적으로는 고대인의 방식을 통해, 즉 의견에 대한 변증법적 비판을 통해 해소한다.[10] 헤겔에게 "의견"은 의식이라는 전(前) 학문적 단계일 뿐이지만 그것은 자기비판을 통하여 자신의 증명될 수 없는 "확신"을 철학적 학문으로 상승시킬 수 있다. 이러한 방식에 의해, 현상학적으로 논증된 의식의 내적 운동은 제1원리에 대한 최초의 접근을 가능하게 한다.

그러나 우리는 의식이 그렇듯 성공적인 자기비판을 행할 수 있는 본성과 가능성이 어디에 있는지를 물을 수도 있지 않을까? 의식의 운동에 관해 주장된 그 어떤 논증도 의식 자체에 대한 특정한 개념을 전제할 수밖에 없다. 이러한 이유에서 인식을 향한 현상학적 "도정"은 중대한 의미에서 여전히 정초되지 않고 있다. 1807년 『현상학』의 논증은 "자연적 의식"에서

• • •

10. Aristotle, 『변증론(Topics)』, 101a39 이하와 Plato, 『파이돈(Phaedo)』, 99d에 나온 소크라테스의 '차선의 항해 방법deuteros plous'을 예로 들 수 있다.

시작하는데, 위의 지적을 참고할 때 우리는 그 개념이 헤겔의 학적 기획 자체의 구상에 전제되어 있다고 말할 수도 있다.[11] 기획의 본성상 그러한 전제는 의식 자체가 철학적 의식이 될 때까지는 극복될 수 없다.

피히테가 모든 개별 학문은 그 학문 자체 내에서 논증될 수 없는 제1원리에서 논증되어야 한다고 요구했듯이,[12] 헤겔 현상학의 제1원리, 즉 의식이라는 원리 또한 현상학이 아닌 다른 학문 속에서 논증될 필요가 있다. 철학적 학문의 엔치클로페디 체계 가운데 의식은 논리학의 본질론에서 자신의 "논리적 이념"을 도출한다.[13] 그렇지만 그 "구체적 개념"에 있는 의식은 혼의 전개로부터 발생하는 의식의 본성을 논증하는 인간학에서 도출된다. 따라서 간단히 말해 우리는 인식이 현상에 국한된다는 칸트 인식론을 극복하고자 하는 헤겔 현상학의 제1원리가 인간학에 의해 제공된다고 볼 수 있다. 그런데 인간학의 제1원리, 즉 혼은 어디서 도출되는가? 서장뿐 아니라 그 뒤에서도 보게 되겠지만, 거기서도 논리적 이념은 논리학에서 도출되고, 혼의 구체적 개념은 그에 선행하는 자연학에서 도출된다.

인간학 자체의 범위를 벗어나는 우리의 진행에는 또 다른 숙고가 요구되는데, 그 대상은 인간학에서 논증이 지니는 본성과 헤겔 일반에서 논증에 담긴 의미이다. 이 숙고는 헤겔을 이해하는 데 아무리 강조해도 지나치지 않은 중요성을 지닌 그의 "사변적 방법"에 관한 검토를 요한다. 의식이라는 자아를 향한 혼의 전개를 다루는 헤겔의 논증은 받아들여질 수도 그렇지 않을 수도 있다. 하지만 "논리적 이념에 따른" 운동을 보이는 와중에 헤겔이 의도하는 바를 미리 알지 못한다면, 헤겔에게서 찾아볼 수 있는 다른 모든 "발전"과 마찬가지로 인간학에서의 일련의 단계들은 전혀 이해될 수 없는

● ● ●

11. 이 책, p. 63을 보라.

12. 칸트의 초월론 철학에 의해 영감을 받은 피히테의 시론, 『학문론의 개념에 관하여 (*Über den Begriff der Wissenschaftslehre*)』(1794)를 보라.

13. 이 책, p. 247을 보라.

독단적인 것이라는 충격을 독자에게 줄 따름이다.

헤겔이 명백히 언급한 예외가 없지는 않으나 자아를 향한 혼의 발전에 관한 논증은 시간에 따른 과정을 가리키지 않는다.[14] 헤겔의 자연학과 정신학에서 "발전"은 대단히 중요한 것이지만 그 의미는 본질적으로 논리적이다. 헤겔에게 참된 논증은 사태 자체(Sache Selbst)의 운동인 동시에 "개념(Begriff)"의 발전이다. 헤겔은 이것이 충분히 가능한 일이라고 주장하는데, 논리적 이념으로서의 개념은 모든 사태 자체의 핵심이자 혼인, 그 자체로 자기 운동하는 생명이기 때문이다. 여기에 헤겔을 공부하는 학생이 맞닥뜨리는 주된 어려움이 있다. 헤겔에게서는 모든 것이 "증명"되어 있고 모든 것이 "논증"되어 있지만, 그의 철학에서 논증이 지니는 의미는 모두 자기 발생적(sui generis)이다. 헤겔의 논증 개념은 그가 "사물의 질서와 관념의 질서는 같다(ordo rerum atque idearum idem est)."라는 명제를 가능케 하는 유일한 방법이라 주장하는 사변적 방법을 통해서만 이해될 수 있다.

이런 이유로 나는 헤겔에게 우호적인 몇몇 저술가에게, 곧 개념에 따른 논증 형식으로 가득한 그의 철학에서 "살아 있는 것"만을 분리하려는 이들에게 동의할 수 없다. 그 누구도 헤겔의 논증이 모든 경우에 적절하다고 주장하지 않을 것임은 분명하다. 내 마음속에서도 의식의 출현에 대한 이른바 논증이 "성공적"으로 간주될 수 있는지에 대한 의문이 떠나지 않는다. 그래도 나는 인간학의 이러한 측면을 가능한 한 집중적으로 다룰 터인데, 막상 그러한 논증이 없다면 주관정신론에서 인간학에 담긴 의미가 상당 부분 상실될 것이기 때문이다.

논증에 대한 헤겔의 주장은 많은 문제를 야기하지만 우리의 연구 과정에서 그 문제들은 지엽적으로 다루어진다. 헤겔이 말하듯이 자연학과 정신학에서 우리는 더 이상 순수한 논리적 범주가 아니라 철학자에게 경험적으로

. . .

14. 그 한 사례로 헤겔이 습관을 다룰 때 습관의 세 가지 계기는 그 개념의 계기이지 습관이 형성되는 양상이 아니다. (이 책, p. 211을 보라.)

일어날 수밖에 없는 구체적인 내용을 다룬다.[15] 하지만 철학적 논의에서 볼 때, 연속되는 여러 경험적 양상은 "외재적으로 병치"되는 데 그치지 않고 "특정한 개념들의 필연적인 연쇄에 상응하는 표현"으로 인식되어야 한다. 그런데 우리가 특수한 경험적 양상을 그것의 적합한 개념에 따라 파악하였는지는 어떻게 확신할 수 있는가? 또한 논증을 위해 철학자는 경험적 소재 속으로 자신의 주장을 얼마나 깊숙이 밀어 넣을 수 있는가? 구체적 학문에 대한 논의 와중에 이따금 헤겔은 우리가 우연성이 개념을 지배하는 영역에 들어왔다고 말한다. 그렇다면 그때 우리는 헤겔의 검토가 대체로 예증적인 것에 그칠 뿐 철학적 관심은 주변적인 것이 되었다고 말해야 하지 않을까? 그러나 우리는 모든 개별 논의가 논증의 위력을 지니기를 의도했는지 판단할 수 있을 만큼의 명료성이 헤겔의 전 텍스트에 담기지는 않았음을 알게 된다. 여기서 헤겔은 경험적 소재의 철학적 개관을 위한 지침 정도를 제시하려던 게 아니었을까? 『자연철학』에서 헤겔은 우리가 모든 것을 논증할 수는 없으니 개념에 대한 믿음을 품어야 한다고 이야기한다.[16] 하지만 이것이 옳다 하더라도 우리는 "엄밀한" 논증 중 일부를 불확실한 것으로 여겨, 그것을 또 다른 경험적 인식의 관점에 의한 수정 아래 두어야 하지 않겠는가?[17]

이 저술에서는 직접적인 비판을 가능한 한 삼갔으나 인간학에서의 논증을 수정이라는 제한을 두고 [비판적으로] 고찰하는 일은 헤겔의 의도와 상반하지 않을 터이다. 경험적 소재의 문제가 거의 다루어지지 않는 『논리학』과 관련해서조차, 자기 생애의 말미에서 헤겔은 "시간의 여유만 있었다면 일흔일곱 번이라도 수정하고"[18] 싶었다고 말한다. 많은 연구자는 헤겔

• • •

15. *PhM* 26/53.

16. *PhN* 359/2권 408-409.

17. 선행하는 단락에서 제기된 것과 유사한 의문에 관해서는 Mure, *op. cit.* xx - xxii장을 보라.

사유의 발전에서 엿보이는 수정에 주의를 기울일 것을 진지하게 환기시켜 왔으며,[19] 나 또한 수정 가능성을 논증적 학문인 그의 체계에 대한 위협으로 간주하는 일은 헤겔의 "절대 지"에 담긴 의미를 오해하는 것이라고 생각한다. 헤겔에게 논증은 기하학적 방법(more geometrico)이 아니고, 실수는 성취만큼이나 좋은 것으로 받아들여진다. 나는 논증이란 "저항할 수 없는 것"과 "아무런 힘도 없는 것" 중의 하나라는 흄의 견해를 받아들일 필요성을 전혀 알지 못한다. 헤겔의 인간학을 읽는 독자들은 그의 논증이 저항할수 없는 것도 아니고 절대적이지도 않을뿐더러 모든 점에서 명료하지도 않지만, 그럼에도 그것이 하나의 기획으로서 가장 고차적인 의미에서 함축적이라는 생각과 더불어 출발할 것이다. 그러나 이렇듯 무척 함축적인 성격은 논증이 그 자체로서 연구될 때에만 또 그것이 의도하는 바를 위해 연구될 때에만 드러날 수 있다.[20]

위에서 언급된 방법론적 고찰들이 헤겔의 인간학에 관한 연구에서 가장 주요하다고 해도, 그러한 고찰은 헤겔이 인간학에 쏟아 부었던 노고에 담긴 다른 본질적인 측면들의 앞에 나서면 —— 또한 그러한 측면들을 가려서도 —— 안 된다. 인간에 관한 학문인 인간학은, 유한한 정신이기는 할지언정 정신에 관한 학문이기도 하다. 정신의 유한성을 모순이라고 일컫는 헤겔의 말은 모순 속에 있는 정신이 그 자신을 비진리에서 벗어나게 하고자 투쟁함을 의미한다.

• • •

18. *SL* 42; *SL* 54도 보라.
19. 주관정신 영역에서의 그러한 수정을 다루는 검토에는 Walter Kaufman, *Hegel : Interpretation, Texts, and Commentary* (Doubleday, New York, 1965), p. 246 이하가 있다. (월터 카우프만, 『헤겔』, 김태경 역, 까치, 1985)
20. 대단히 난해한 다른 문제를 다루면서 칸트는 "일단 원리가 올바르게 진술되었다는 것이 확증된다면, 이 문제의 해결책에 담긴 어느 정도의 모호함"에 대해서는 독자가 너그러움을 베풀 것을 청한다. (*CJ* 6/150)

유한한 것과의 이러한 싸움, 즉 제한의 극복은 인간적 정신에 신석인 것을 각인하는 일이며, 영원한 정신이 거쳐 가는 필연적인 하나의 단계를 형성한다.[21]

인간을 학문적으로 고찰할 때 그를 정신으로서 간주해야 한다는 헤겔의 요구는 자신의 본질적인 존재 가운데 있는 인간이 결코 —— 헤겔 당대에는 어느 정도만 취해졌으나 우리 시대에 와서는 너무나 익숙해진 —— 충동이나 물질의 다발, 신경 조직 내지 행동 반응의 연쇄로 받아들여져서는 안 된다는 것을 뜻한다. 이 점에 관한 한 헤겔의 노력은 서양 철학의 시발점에 있는 소크라테스-플라톤적 전통의 연속선상에 있다고 보인다. 인간을 신성함과의 연계 속에서 파악하게 하는 신성한 것, 바로 인식(episteme)을 공유한다는 점에서 말이다.

헤겔은 정신의 인식이라는 자신의 개념이 그리스 사유에서 성취되지 않았던 자유 개념을 제공한다는 점에서 그보다 고차적이라고 주장한다. 물론 누구나 정신으로서의 헤겔의 혼 개념과 현실태(entelecheia)로서의 아리스토텔레스의 혼(psyche) 개념 사이에 담긴 유사성을 알아챌 수는 있다. 그럼에도 혼에 관한 거대한 종교적 전통은 두 개념을 분리한다. 헤겔에 따르면 이 종교적 전통은 주관적 의식이라는 근대의 원리에 와서야 철학적으로 표명되었다. 그에 따라 우리는 헤겔의 이론에서 혼이 그 자신을 신체에 현실화할 때, 그 현실화가 아리스토텔레스적인 의미에서의 실체(ousia)의 방식뿐 아니라 본질적으로 주관성의 방식을 통해 이루어짐을, 즉 혼이 자신을 그 실체적 존재 속에 내재하는 "대자적"인 것으로 만드는 운명을 타고났음을 보게 된다.[22] 이렇게 헤겔은 그의 주관정신에 관한 학문

• • •

21. *PhM* 182/290.

22. 헤겔은 관념론이 "생명체가 즉자대자적으로 그 관계의 가능성이 아니라면, 다시 말해 이 관계가 개념에 의해 규정되지 않고, 따라서 주체에 전적으로 내재하는

이 심리학에서 아리스토텔레스가 쌓은 사변적 전통을 재연하고자 함을 명백히 밝힘과 동시에 자신의 주관성 개념이 칸트가 제시한 통각의 근원적인 종합적 통일에 빚지고 있음을, 다시 말해 그 특유의 사변적 방법으로 이끈 문제를 먼저 다루었다는 점에서 헤겔 자신이 비판철학 일반에 빚지고 있음을 말하기도 한다.

이 연구에서 칸트를 검토하는 데에는 그럴 만한 이유가 있다. 칸트와 헤겔이라는 두 입장이 워낙 밀접한 까닭에 우리는 칸트의 사유를 헤겔의 사유를 해명하려는 목적에 한하여 적극적으로 활용하였다. 이 점에서 편향적이긴 하지만 이 연구는 두 사상가의 공과에 대한 그 어떤 결론도 내리지 않는다. 자신의 입장을 확립하고자 헤겔이 칸트를 어떤 의미에서 극복해야 했다는 데에는 아무런 의심의 여지도 없기에 우리 연구는 헤겔의 주장을 이러한 관련 하에서 고찰해야 마땅하다. 어쨌든 우리는 그 두 입장이 대립하는 몇몇 영역과 주제에 초점을 맞춤으로써 두 사람의 관계를 명확히 하고 이를 통해 두 사상가에 대한 더욱 나은 이해를 꾀할 뿐이다.

나는 비평가의 역할 중 상당 부분을 다른 해석자와 해설자에게 미루었을 뿐더러 심리적 생에 관한 헤겔의 논의에 담긴 여러 측면을 심리학과 정신철학에 관한 오늘날의 연구와 연계하지도 않았다.[23] 헤겔이 태어난 지 이백 년이 막 지난 오늘날 나는 영어권 헤겔 연구자들의 주된 과제가, 첫째로는 그의 텍스트에 대한 섬세한 인식을 통해, 둘째로는 헤겔 자신의 용어로, 셋째로는 헤겔 특유의 사유를 가능케 했던 주된 시작점인 칸트적 사유의

• • •

것이라면, 이 경우 어떤 것도 전혀 생명체와 긍정적인 관계를 맺지 않는다."고 한다. (*PhN* 385/2권 279) 유기체에 관한 이 진술에서조차 우리는 헤겔이 칸트와 피히테의 초월론적 접근에 빚지고 있음을 본다.

23. 사르트르, 메를로-퐁티, 플레스너(Plessner) 등의 심도 있는 심리학과 헤겔의 논의를 연결하는 측면에서 헤겔의 인간학을 다룬 연구로는 간략하나마 다음을 보라. Jan van der Meulen, "Hegels Lehre von Leib, Seele, und Geist", *Hegel-Studien*, bd. 2, 1963, pp. 251-274.

틀 내에서 헤겔을 이해하는 것이라고 믿는다. 나는 그리 넓지 않은 범위를 다룬 이 저작이 영어권 헤겔 연구에서 새로운 영역을 열기를 염원하는데, 그런 점에서 이 책은 헤겔이 칸트의 인식론을 대체하려고 커다란 노력을 기울였던 주관정신론에 관한 더욱 집중적인 작업의 시작점으로 의도되었기도 하다.

이 연구에서 나는 헤겔이 자기 사유의 중기와 후기에 와서야 제시했던 주관정신 개념이 어떠한 사유의 진전에 따라 이루어졌는지를 추적하지는 않았다.[24] 나의 논의는 주로 헤겔 생전에 출판되었던 『엔치클로페디』(1830) 의 세 번째이자 마지막 판, 그리고 최근에야 처음으로 영어로 번역된 『정신철학』 1845년 판에 대한 헤겔의 강의 노트 및 보우만(L. Boumann)에 의해 편집된 학생들의 보충(Zusätze)에 담긴 그의 원숙한 사유에 기초를 두었다.[25]

곧 출간될 헤겔 전집(Gesammelte Werke)의 편집자들은 헤겔 연구에 관해 지금까지 얼마나 많은 자료가 출판되지 않은 채 쌓여 있었는지를 우리에게 알려주었다. 또한 독일 연구 공동체(Deutschen Forschungsgemeinschaft)의 주도 아래 제작되는 중에 있어 오랫동안 기다리고 있는, 선집에 대한 비판본이 이후 몇 십 년 안에 마무리된다면, 헤겔 연구는 주관정신 영역은 물론 그 철학적 학문의 체계 내의 여러 곳에 대한 더욱 심도 있는 작업을 기대하지 않을 수 없을 것이다.

머레이 그린

Graduate School, New School for Social Research

뉴욕, 1971년 8월

• • •

24. F. Nicolin, "Hegels Arbeiten zur Theorie der subjektiven Geistes", in Derbolav and Nicolin, eds., *op. cit.*

25. J. N. Findlay가 *PhM* vi에 쓴 서문을 보라.

약칭 목록[1]

헤겔의 저작

L　　*The Logic of Hegel* (Part Ⅰ of *Enzyklopädie*), trans. William Wallace, 2nd ed. (Oxford, 1892)

PhN　*Hegel's Philosophy of Nature* (Part Ⅱ of *Enzyklopädie*), trans. A. V. Miller (Oxford, 1970)

PhM　*Hegel's Philosophy of Mind* (Part Ⅲ of *Enzyklopädie*), trans. W. Wallace and A. V. Miller (Oxford, 1971)

Phen.　*The Phenomenology of Mind* (Spirit), trans. J. B. Baillie, 2nd ed. (Macmillan, 1949)

SL　　*Hegel's Science of Logic*, trans. A. V. Miller (Humanities Press, 1969)

PhR　*Hegel's Philosophy of Right*, trans. T. M. Knox (Oxford, 1949)

PhH　*The Philosophy of History*, trans. J. Sibree (Colonial Press, 1899)

HPh　*Hegel's Lectures on the History of Philosophy*, trans. E. S. Haldane

• • •

1. 축약된 제목에 이어지는 참조 번호는 해당 영어 번역본의 쪽수를 가리킨다. *FPhG*의 번호는 *Hegel-Studien* 출판본의 쪽수이다. *CPR*은 일반적인 표기를 따른다.

and Frances H. Simon, 3 vols. (Humanities Press, 1955)

JR   *Jenaer Realphilosophie: Vorlesungsmanuscripte zur Philosophie der Natur und des Geistes von 1805-1806*, ed. Johannes Hoffmeister (Felix Meiner, Hamburg, 1967)

FPhG "Ein Hegelsches Fragment zur Philosophie des Geistes", ed. Friedhelm Nicolin, *Hegel-Studien*, bd. 1, 1961, pp. 9-48.

칸트의 저작

CPR   *Critique of Pure Reason*, trans. Norman Kemp Smith (Macmillan, 1956)

CPrR *Critique of Practical Reason*, trans. Lewis White Beck (Liberal Arts Press, New York, 1956)

CJ   *Critique of Judgment*, trans. J. H. Bernard (Hafner, New York, 1951)

Prol. *Prolegomena to Any Future Metaphysics*, trans. Peter G. Lucas (Manchester University Press, 1953)

APH   *Anthropologie in pragmatischer Hinsicht*, in Kants Werke, bd. vii (Walter de Gruyter, Berlin, 1968)

번역에 관하여

FPhG, JR, APH 및 여타의 미번역 저술은 옮긴이가 직접 번역하였다. 번역되어 있는 저술은 가급적 그대로 인용하였으나 몇몇 경우에는 일부 수정하였다.

| 차 례 |

부록: 의식의 개념

1부

서장: 인식과 자기 인식

정신은 본질적으로 오직 자기 자신에 관하여 아는 것이다.

(*PhM* 21/42)

제1장 정신으로서의 너 자신을 알라

헤겔은 자신의 『정신철학』을 "너 자신을 알라."는 델포이의 명문(銘文)을 인용하며 시작한다.[1] 그렇지만 신탁이 보통 그러하듯이 이 간결한 명령은 그 고유의 의미에 관한 여러 의문을 불러일으킨다. 그것은 누구에게, 누구에 의해 언명되었는가? 물론 델포이의 아폴론이 그리스인을 가리켜 말한 것이기는 하다. 그렇다면 그 명령은 단순히 특수한 개인에게 자신이 누구인지를 알라고 말하는 것인가? 아니면 그리스인으로서의 자신을 알라는 것인가? 신이 아니라 죽을 수밖에 없는 존재로서의 자신인가? 인간 일반으로서의 자신인가?

헤겔은 그 명령의 의미를 헤겔 자신의 "스스로를 아는 정신" 개념과 같은 것으로 본다. 그는 신이 명령한 자기 인식을 낯선 위력이 내뱉은 말로 받아들이지 않는다. 인간에게 주어진 그 명령은 인간이 스스로 부여한, 즉 세계사의 특수한 순간에 특수한 사람들의 천재성으로부터 발생한

• • •

1. *PhM* 1/9.

것이었다. 그러나 그에 못지않게 헤겔은 그것이 모든 인간에 대한 보편적인 혹은 절대적인 명령이었다고 한다. 그 명령은 인간 정신의 역사적 운명에 주목하게 하였고,[2] 시간을 초월한 정신 자체의 법칙을 구현하기도 하였다. 정신의 모든 활동은 정신 자신에 관한 파악에 다름 아닌데, "모든 참된 학문의 목적은 정신이 천상과 지상의 모든 것에서 자기 자신을 알아내는 일"[3]이기 때문이다.

하지만 우리는 역사적인 것과 영원한 것, 특수한 것과 보편적인 것, 인간적인 것과 신적인 것 사이의 그러한 통일이 어떻게 가능한지를 의아해 할 수도 있겠다. 헤겔이 말하듯이 그 두 항들이 델포이의 명령 속에서 정신(Geist)으로서 통일된다면, 인간이 그 자신을 아는 것은 정신이 그 자신을 아는 것과 똑같을 수밖에 없다. 그런데 정신이 그 명령을 내렸다면, 정신은 곧 신적인 것이니, 그 명령이 실현되리라는 것을 모를 수 없고, 그에 따라 실현된 자기 인식 가운데 있는 인간을 영원히 알았으며 또 알고 있을 것이다. 그렇다면 인간 정신이 영원한 이념으로 있는 정신에 속하는 동시에 자기 인식을 향해 운동하는 일은 어떠한 의미에서 가능한가? 고대 그리스의 명령이 인간에 대한 보편적인 명령이라면 그것은 어떠한 의미에서 그러한가? 헤겔이 그 신탁을 자신의 정신 개념을 관점으로 삼아 고찰하는 것은 본래의 언명에 담긴 어려움을 확대하는 듯이 보이고, 헤겔 또한 우리에게 그러한 결과를 경고한다. 그는 『정신철학』── 인간이 자신을 그 정신성에서 인식하는 동시에 정신이 자신을 그 영원한 이념에서 인식하는 학── 이 "가장 높은" 인식일 뿐만 아니라 "가장 구체적"인 까닭에 "가장 어려운" 것이라고 한다. 헤겔이 "가장 구체적"인 인식이라는 표현으로 의미하는 바는 무엇이며, 더욱이 그것이 정녕 구체적이라고 할지 언정 가장 구체적인 것이 가장 어려워야 하는 까닭은 무엇인가?

• • •

2. *PhH* 220.

3. *PhM* 2/10.

정신으로서의 자신에 관한 인간의 구체적인 인식이 무엇이든 간에, 일단 헤겔은 그것이 그의 당대에 인간 지(Menschenkenntnis)라는 이름으로 통하던 것이나 우리 시대에 심리학이라 불리는 불확실한 연구 영역에서 나타나는 것은 아니라고 말한다. 헤겔은 애초의 언명으로든 시간을 초월한 의미로든 "너 자신을 알라."는 명령이 각 개인의 성질이나 특성에 몰두해야 한다는 걸 뜻하지는 않는다고 한다.[4] 그 명령은 인간 심정의 비밀을 가늠하거나, 위대한 인간이 결국 사소한 열정에서 동기화되었음을 나름대로 밝히거나, 인간 종(種)에 있게 마련인 결점을 들추거나, 다른 환경 아래서 인간이 반응하는 바를 어떻게 계산할 수 있는지에 관한 종류의 인식을 가리키지 않는다. 헤겔에 따르면 인간에 관한 이러한 지식은 참된 인식이 아니며 거기에는 어떠한 철학적 관심도 없다. 인간 속의 우연적인 것과 하찮은 것만을 다루기에 그와 같은 지식은 인간을 우연적인 것과 하찮은 것으로 환원하는 결과를 낳는다.[5] 물론 그것이 전적으로 몰정신적(geistlos)이라고만 말할 수는 없다. 인간 지가 몰정신적인 이유는 그것이 몰개념적(begrifflos)이기 때문이다. 학문의 혼이자 인식에 이성적 필연성을 부여하는 유일한 것인 개념의 형식을 결여한다.[6] 이러한 연유로 말미암아 헤겔은 이 인간 지가 인간 속의 본질적인 것, 보편적인 것, 실체적인 것에 결코 이를 수 없다고 한다.

인간이 정신으로서의 자신을 학문적으로 알 수 있다는——아니, 더 나아

<hr>

● ● ●

4. 헤겔은 그러한 "인간에 관한 주관적 지식(subjective Menschenkennery)"이 그리스인에게는 낯선 근대적 현상이라고 말한다. (*FPhG* 18)

5. Schelling, *On University Studies*, trans. E. S. Morgan, ed. Norbert Guterman (Ohio University Press, Athens, 1966), p. 65도 보라.

6. G. R. G. Mure가 헤겔의 '최소한의 이성성(minimum rationale)'으로 적절히 칭한 개념은, "[무한자에 의해] 그 규정성을 참다운 양식에 따라 자신의 것으로 삼고자 개념으로 하여금 그 자체 내에서 스스로를 구별하는 동시에 이 개념의 지성적이고 규정적인 구별의 통일을" 이루는 보편성이다. (*SL* 665/3권 157)

가 인간이 자신을 정신으로서 인식할 수 있는 것은 오로지 그가 자신을 학문적으로 인식할 때뿐이고 그 반대의 경우도 마찬가지라는 —— 주장은 오늘날 우리에게 대단히 난해한 역설을 던진다. 그러한 주장은 라이프니츠 정도를 제외하고는 16세기 과학혁명 이후로 그 어느 위대한 사상가도 감히 고집하지 못했다. 뉴턴주의 과학의 강력함에 맞서 헤겔이 내놓은 그러한 주장은 소크라테스가 기원전 5세기의 자연철학자들(phusikoi)에게 반하여 『파이돈』에서 말했던 바, 즉 인간의 자기 인식은 인식이 인간을 신성함과의 연계 속에서 파악하는 한에서만 가능하다는 주장과 동일하였다.

새로운 물리학에 직면하여 데카르트, 말브랑슈, 스피노자, 라이프니츠가 인간을 지성과 의지로서, 어떤 의미에서는 정신으로서 이해하고자 용기 있게 분투하였음은 두말할 나위가 없다.[7] 그러나 이론적 학문이라는 인장을 쟁취하고자 했던 그들의 이러한 노력에 대해 칸트는 굳게 문을 닫아버렸다. 그러므로 정신으로서의 인간에 관한 학문을 확립하고자 헤겔은 특히 칸트를 공략할 수밖에 없었다. 그런데 위대한 비판 사상가와 논쟁을 시작한다는 것은 그 사상가의 토대 위에서 그를 옭아매야 함을 의미한다. 칸트가 이미 그 문제를 인식의 본성과 가능성의 측면에서 정식화했기 때문에 그러한 강요는 어찌할 수 없었다. 헤겔은 물리학과 수학이라는 엄격한 이론적 학문의 영역에 기반을 둔 비판철학의 인식 규준이 던진 도전에 대처해야만 했다.[8] 정신에 관한 학문에 담긴 자신의 주장을 고집하면서 헤겔은 인식론적 토대를 다루는 논쟁에 기꺼이 참여하는데, 헤겔에게 정신이란 "그 자신이 본질적으로 무엇이 되어야 하는지를 아는 유일한 것"이기 때문이다.

칸트에 대한 헤겔의 비판이 인식 일반의 토대까지 나아가므로 우리 또한 인간의 자기 인식이라는 문제에 관한 다른 근대적 접근들을 참고하며

• • •

7. 이 책, p. 106을 보라.

8. *CPR* B x.

헤겔의 접전을 따라가도록 하자. 이로써 우리는 인간에 관한 엄격한 이론학의 가능성을 부정하는 비판철학과, 인식 일반의 문제에 접근하는 비판철학에 대한 헤겔의 재정식화로 나아갈 것이다.

논의를 위하여 헤겔은 심리학에 대한 두 개의 상반된 접근, 즉 주로 칸트 이전 볼프의 "독단" 철학에서 유지되었던 낡은 심령학(pneumatology) 내지 형이상학적 심리학과 그때까지도 융성했던 경험적 심리학을 지목한다. 그 둘을 선택한 것 자체가 전자를 폐기하고 후자만을 허용하는 칸트의 비판을 반영하는 것이겠다.[9] 헤겔에 따르면 "인간 본성에 관한 학문"으로 하여금 물리학의 성공과 발걸음을 맞추게 하려고 몇몇 사상가가 노력하기는 했지만[10] — 사실 헤겔의 관점에서는 바로 그들 때문에 — 심리학이 근대 사상의 진전으로부터 받은 도움은 거의 없다.[11] 헤겔은 우리에게 혼에 관한 아리스토텔레스의 고대 논문이 그 주제에 기여한 유일한 저술은 아닐지언정 여전히 가장 으뜸가는 것이라고 말하며, 자신의 『정신철학』이 정신에 대한 인식에 개념을 재도입함으로써 심리학에서 아리스토텔레스의 사변적 전통을 재연하기를 바란다.[12]

낡은 심령학과 합리적 심리학은 혼이 "단순"한지, "단일"한지, "실체"인지를 물었다.[13] 혼에 관한 이러한 형이상학을 이제 막 안식처에 누운 이미

• • •
9. 헤겔은 칸트가 그의 비판서에서 "대체로 당대 형이상학의 형세만 염두에 두었을 뿐 고대의 철학자들이 품었던 정신 개념에 관한 진정한 사변적 이념에는 아무런 주목이나 연구도 기울이지 않았다."고 말한다. (SL 777/3권 335)

10. 『인간 본성론(A Treatise of Human Nature)』(1738-1740)에 대한 흄 자신의 서문을 참조하라.

11. PhM 186/296.

12. PhM 3/12. FPhG 24. 아리스토텔레스의 영혼론에 대한 헤겔의 논의를 담고 있는 HPh Ⅱ, 180-202와 Frederick G. Weiss, Hegel's Critique of Aristotle's Philosophy of Mind (Martinus Nijhoff, the Hague, 1969)를 보라.

13. L 68 이하를 보라.; SL 776.

죽은 개라고 쓸 때 헤겔은 그 죽음이 칸트의 비판에 의한 것임을 암시한다. 헤겔은 칸트의 비판 자체는 인정하나 그 비판이 잘못된 이유에 근거한다고 말한다. 물론 그러한 심리학의 방법이 "경험에 관한 진술"을 "형이상학적 용어"로 불합리하게 대체했음을 지적했다는 점에서 칸트가 옳았다는 데에는 이론의 여지가 없다.[14] 그렇지만 헤겔에 따르면 그 심리학이 불충분한 것은 경험적 현상으로부터 순수한 사유의 범주를 추론한 일이 잘못이기 때문은 아니다. 그보다 헤겔은 합리적 심리학의 범주들 자체가 "진리를 포함할 수도 없고 포함하지도 않는"[15] 성격을 띤다고 본다. 낡은 심리학은 그 본질상 혼을 고정되고 정적인 "사물"로 고찰한 뒤 그러한 사물로서의 혼에 지성의 추상적 범주들을 적용하려고 한다.[16]

헤겔에게 혼은 본질적으로 과정인 까닭에 사물성의 범주에서 파악될 수 없다. 혼은 정적인 실체(ens)이기는커녕 "절대적인 동요이고, 순수한 활동성이자, 모든 고정된 지성 규정을 부정하는 활동이며, 그 관념성"이다.[17] 혼은 "추상적으로" 단순한 것이 아니라 자신인 동시에 자신을 구별하는 단순성이다. 이 단순성은 자신을 표명하지 않은 채 뒤에 숨어 지내는 자기동일적인 본질이 아니다. 그것은 오로지 자기를 현시함으로써만 현실적인 단순성이다. 헤겔에 따르면 혼이 단순한지 복합적인지, 비물질적인지 물질적인지, 자기동일적인지 아닌지를 묻는 것은, 순전한 동요인 동시에 절대적인 자기동일성이자, 단순한 동시에 구별되기도 하는, 즉 대립하는 규정의 구체적 통일인 정신을 결코 파악할 수 없게 하는 무기력한 이분법을 세우는 일에 불과하다.

● ● ●

14. *L* 95/113. 칸트의 말에 의하면 합리적 심리학은 "우리의 영혼론[심리학]적 개념이라 는 초월론적 가상" 위에 세워져 있다. (*CPR* A 384)

15. *L* 96/114; *SL* 776도 보라.

16. *L* 68, 69; *FPhG* 21.

17. *PhM* 3/12.

헤겔은 칸트가 심령학의 생명 없는 심적 사물(Seelending) 개념을 제거한 것은 훌륭하다고 말한다. 그러나 그 심리학이 인간 이성의 정당한 범위를 넘어선다는 점을 논하는 와중에 칸트는 혼에 관한 그러한 형이상학이 받아들여질 수 없는 진짜 이유를 놓쳐버렸다. 낡은 심리학의 사유 범주가 무기력한 까닭은 그것이 인간 이성의 한계를 넘어섰기 때문이 아니라 자신의 사변적 사용에 이르지 못했기 때문이었다. "개념 속에서 이루어지는 대립자의 절대적 통일"[18]을 그 본질로 하는 정신을 파악할 수 있는 것은 사변적 이성뿐이다. 외부에 대한 현상적 측면 및 외부와의 관계가 이루어지는 가운데 — 헤겔이 인간학에서 제시할 혼의 여러 국면에서처럼 — 정신은 "자신의 극단적인 형태 속에서 모순을 드러낸다."[19] 그렇지만 정신은 "그가 겪는 대립이 크면 클수록 자체 내로 귀환했을 때 그 존재가 그만큼 커지게 마련"이다.[20] 그러므로 정신에 관한 인식은 정신 자체의 본성에 담긴 가장 고차적인 대립들을 함께 파악하는 개념파악적 사유(begreifendes Denken)를 요구한다. 『정신철학』을 "가장 구체적"인 동시에 "가장 어려운" 인식으로 만드는 것은 바로 이러한 점이다.

그렇지만 헤겔에 따르면 정신의 인식에 요구되는 개념적 사유는 낡은 합리적 심리학은 물론이고 경험적 심리학에서도 얻어질 수 없다. 헤겔은 과학의 부흥과 함께 등장한 경험적 심리학이 혼에 관한 낡은 형이상학에는 결여되었던 "견고한 기반"을 추구했다고 말한다. "'공허한 추상 속에서의 방황을 멈추라.'는 경험주의의 외침이 들린다."[21] 지각 속에서 "의식은 직접적으로 현전하며 그 자체로 확실한 것"이라는 명제를 원리로 삼는 경험주의는 자신이 인간 본성에 관한 연구에서 관찰과 경험에 기반을 둔 구체적인

<hr />

18. *SL* 776/3권 333.

19. *ibid.*

20. *Phen.* 366/1권 361; *PhN* 399도 보라.

21. *L* 78.

내용을 제시한다고 주장하였다. 그러나 헤겔은 이러한 접근이 그 원리 자체의 결함으로 인해 실패할 수밖에 없다고 주장한다. 경험주의는 자신을 "다만 발견된" 내용과 수동적으로 연계한다는 입장을 취하니, 이에 따라 그저 "발견되도록" 자신을 내버려두지 않는 것을 그 본질로 하는 정신의 참된 인식에 대하여 스스로를 막는다는 것이다.[22]

헤겔에 따르면 경험주의는 경험의 구체적인 내용을 파괴한 후 그 요소들로부터 구체적인 것을 재구성하는 방식으로 진행한다.[23] "주어진 것"을 분석하는 가운데 경험주의는 자신이 도입하는 것이 분리의 행위임을 전제한다. 그런데 이렇게 분리하면서도 구체적 경험의 요소들은 보편적인 것의 형식을 획득한다. 그러므로 경험주의는 대상을 원래 있던 그대로 남겨둔다고도 전제한다는 점에서 경험주의 자체를 기만하는 셈이다. 사실상 경험주의는 경험의 생동하는 대상을 추상적 속성, 다시 말해 사유로 전환한다. 이에 따라 헤겔은 "사물의 진리가 사유에 있다고 하는 지나간 형이상학의 공리가 다시 나타나는 것을 또 한 번 보게 되었다."고 한다. 하지만 그러한 과정 내내 경험주의는 자신이 형이상학적 측면을 내포한다는 사실도, "완전히 몰사유적이고 몰비판적인" 방식으로 자신의 사유 범주를 휘두른다는 사실도 인식하지 못한다.[24] 정신 자체를 "능력", "작용", "힘"으로 나누는 것처럼 주어진 것들을 "부분들"로 분리하는 와중에 경험주의는 생동하는

• • •

22. "정신적 행위를 결여하는 존재하는 것(das Seiende)은 의식에 대치하는 사물과 같은 것이어서 그런 것이 의식의 본질을 나타낼 수는 없으며 오히려 의식의 본질은 그와는 정반대된다. 그러한 존재를 부정하고 말살함으로써 비로소 의식은 현실적인 것이 된다." (*Phen.* 364-365/1권 359-360)

23. 스스로 인간 본성에 대한 "해부학자"로 부른 흄이 자신의 방법에 대해 서술한 바를 보라. 『인간 지성론(*An Enquiry Concerning Human Understanding*)』과 『도덕의 원리에 관한 탐구(*An Enquiry Concerning the Principles of Morals*)』, ed. L. A. Selby-Bigge (Oxford, 1902), p. 13, 173 이하.

24. *L* 78, 80; *Phen.* 177, 338 이하와 *HPh* III, 181-182도 보라.

전체를 단순한 "집합체"로, "부분들"을 상호 간은 물론이고 정신 자체와도 그 어떤 내재적 연관을 갖지 않는 요소들의 집합으로 만든다.[25] 헤겔은 그 총체성에 있는 정신의 자기감정이 이러한 분리에 대항한다고 말한다.[26]

경험의 구체적인 것들을 재구성하고 정신의 더욱 고차적인 연관을 확립하면서 경험주의는 그 본질상 서술에 의해 진행한다. 경험주의는 "일어나는" 바의 "자연적 발전"을 "표상 작용이나 현상적인 사유"를 통해 제시한다.[27] 하지만 헤겔이 말하기를 철학은 일어난 바의 서술이 아니라 일어난 바 가운데 있는 참된 것에 관한 인식이어야 한다. 역사적 설명은 그것이 특정한 목적에 봉사할 때에는 마냥 옳은 것일 수 있지만, "개념에서 진리이자 첫째가는 것"으로 간주될 때에는 인식을 고작 감각 경험에 제한한다고 파악되는 게 필연적이다. 역사적 설명이 진리가 아닌 단순히 역사에 관한 문제라면 지성이 자신의 보편자들을 추상하는 감정과 직관이라는 "토대"는 사유의 관념성 속에서 부정되지도 변질되지도 않겠으나, [참된 것에 관한 사변적인 고찰이 요구되는] 이제 그와 같은 "토대"는 그저 "참되고 본질적인 토대였던 것"처럼 남는 데 그치기 때문이다.[28]

• • •

25. *FPhG* 20; 이른바 혼의 힘이나 능력에 관해서는 *SL* 498을 보라. "부분들"과 "전체" 같은 논리적 범주를 논하면서 헤겔은 이들 범주에 나타난 "외재적이고 기계적인 연관"이 유기체는 물론이고 정신적 영역에서는 더욱 부적절하다고 말한다. "심리학자들이 혼이나 정신의 부분들을 명확히 말하지 않는데도 분석적 지성에 의해 이 주제가 다루어지는 방식은 대체로 이러한 한정된 관계의 유비 위에 정초되어 있다." (*L* 246; *L* 365도 보라.)

26. *PhM* 4/14; *SL* 498도 보라.

27. *SL* 588/3권 38.

28. 헤겔은 주로 로크("역사적인, 즉 명백한 방법"), 흄, 콩디악(*PhM* 183/291을 보라.) 혹은 "관념의 근원"을 중심으로 하여 인식을 탐구하는 고찰 일반을 염두에 두었던 것 같다. 칸트는 자신의 초월론적 접근을 설명하면서 "우리는 경험의 발생이 아니라 그 경험 안에 무엇이 있는지를 논한다."고 한다. (*Prol.* 63/199-200) 칸트에게 "단순한 역사적" 인식은 "이성으로부터" 발생한 것이 아니다. (*CPR* A 836 = B 864) 그런데도 헤겔은 칸트에게서 선험적인 것이 드러나는 질서가 "심리학적-역사적 토대에 기초

그렇지만 경험적 심리학에 대한 헤겔의 비판이 규정성과 구체성의 거부로 해석되어서는 안 된다.[29] 분석이 없다면 정신에 관한 그 어떤 인식도 있을 수 없으니, 정신 자체가 곧 "자기 내 분리(Scheidung in sich)"[30]이기 때문이다. 그러면 정신에 관한 학문은 이러한 분리를 어떻게 알 수 있는가? 2장에서 보겠지만 헤겔의 답은 "사변적 논리"만이 정신의 내적인 자기 분리를 그 생동하는 전체 속에서 파악할 수 있다는 것이다. 자기 분석의 인위적인 추상화에 빠지지 않으려면 분석적 사유는 정신의 내적 자기 규정에 의거하여 분리하는 방법을 익혀야 한다.

이리하여 경험주의에 대한 헤겔의 비판은 어떻게 해야 우리가, "외재적 반성"[31] 행위로서의 분석이 아니라 분리하는 동시에 통일하기도 하여 사태 자체로부터 우리의 "구체적"인 파악을 발생하게 하는, 참된 연결점들(arthra)[32]을 찾을 수 있느냐는 물음을 제기한다. 경험적 심리학이 잘못된 까닭은 그것이 규정성을 추구하기 때문이 아니라 그 추구의 방식이 참된 연결점을 찾는 일을 막기 때문이다. 자신이 다루는 것이 외적 실재이든 의식 자체이든 간에 경험주의는 "대상을 참되게 받아들이려면"[33] 수동적

* * *

를 둘" 뿐이라며 그를 비난한다. (L 84/108) 헤겔이 보기에 칸트는 "그 속에 아직 어떤 능력이 남아 있는지를 알기 위해 혼의 가방을 뒤지고 있는 것"에 불과하다. (HPh III, 443, 432-433)

29. "모든 인식은 지각 및 관찰과 더불어 주관적으로 시작하며, 현상에 관한 인식은 가장 큰 중요성을 지니는 참으로 필수불가결한 것이다." (FPhG 20) 다음의 문헌도 보라. L 21-22; HPh III, 176-177; George Schrader, "Hegel's Contribution to Phenomenology", The Monist, vol. 18, no. 1, Jan. 1964, pp. 18-33.

30. L 80. 베이컨의 학적 편제를 비판하면서 헤겔은 "구별의 참된 방법은 개념의 자기 구별, 즉 자신에게서 자신을 분리하는 데에서 발견된다."고 말한다. (HPh III, 178)

31. Mure, Introduction to Hegel, op. cit., p. 145를 보라.

32. Plato, 『파이드로스(Phaedros)』, 265e 이하를 보라.; Plato, 『소피스테스(Sophist)』, 253c 이하와 SL 830도 보라.

33. 헤겔은 경험주의의 고찰을, 그 본질상 자신의 대상을 "그 자체" 이미 만들어진

입장에 머물 필요가 있으며, 그리하여 대상을 고찰할 때 그 대상을 "자신에 맞서면서 선재하는 실존"[34]으로 간주한다. 하지만 이러한 고찰에 의한다면 자신의 대상이 어떻게 "하나"인 동시에 많은 속성의 "담지자"인지 혹은 의식 자체가 어떻게 "조화"를 이루는 다양한 "능력들"인지를 이해하는 일은 당연히 불가능하다.[35] 이처럼 헤겔에 따르면 합리적 심리학의 추상적 범주이든 경험적 심리학의 의사(擬似) 구체성이든 간에 둘 모두는 자기 구별하는 통일체인 정신에 관한 인식을 산출할 수 없다.

방법론의 문제에 관한 그의 예비적인 논의 중 바로 이 지점에서 헤겔은 언뜻 보기에는 이상하지만 인간학에서의 그의 논의 가운데 주요한 측면과 관련된 하나의 관찰을 제시한다. 경험주의는 자신이 경험 위에 굳건히 발을 디디고 있음을 과시한다. 그러나 헤겔이 말하기를 최근에 정신적 생은 경험적 심리학이 단순하게 다룰 수 없는 자신의 전 차원을 우리에게 드러내었다. 추상적 지성의 고정된 동일성에 집착하는 경험주의의 면전에 "동물 자기 현상"은 "혼의 실체적인 통일과 그 관념성의 위력"[36]에 관한 부정할 수 없는 증거를 제시한다. 헤겔은 이러한 현상이 지성의 모든 고정된 구별을 혼란 속으로 빠뜨렸을뿐더러 정신에 대한 "사변적" 고찰의 직접적인 필연성을 보여주기도 한다고 주장한다.

오늘날의 우리는 대개 "무의식"이 19세기 말에 와서야 심리학에서 두드러지기 시작했다고 생각하지만, 헤겔은 정신의 "무의식적 심연

• • •

것으로서 받아들이는 지각(Wahr-nehmen, 진리로 삼아 받아들인다)의 태도가 행하는 고찰로 본다. (*Phen.* 166/1권 155, 176 이하; *PhM* 160/256 이하)

34. "Ein vorgefundenes ihm gegenüberstehendes Seiendes" (*L* 365/306를 보라.)

35. *PhM* 4/14; *FPhG* 20. "그래야만" 하지만 결코 "그렇지" 못한 (여러 능력의) "조화"에 대한 헤겔의 언급은, 다양한 정신적 힘의 "숨겨진 동일성을 감지"하고자 혼이라는 초월론적 관념을 "규제적"으로 사용하겠다는 칸트의 개념에 반하는 의도이기도 할 것이다. (*CPR* A 649 = B 677)

36. *PhM* 4/15. *FPhG* 22도 보라.

(bewusstlose Schacht)" 속에서, 그때까지 부정되고 잘못 이해되었으나 본질적인 철학적 관심을 받기에 충분한 정신적 생의 영역을 본다. 더욱 주의를 기울였어야 했는데도 무모하게 앞서 나갔던 헤겔은 자신이 "혼"이라고 일컫는 전(前) 객관적 차원에서조차 정신의 이성적이고 목적론적인 생을 논증하고자 한다. 부분적으로 18세기 후반 안톤 메스메어(Anton Mesmer)의 작업에서 드러난 몇몇 새로운 발견은 헤겔에게 엄청난 관심과 흥미를 불러일으킨다. 헤겔이 주장하기를 동물 자기 현상은 경험적 지성에는 여전히 이해되지 않으며, 감각 경험의 시공간적 조건 및 인과라는 유한한 범주에 의한 인식의 제한을 거부한다.[37] 헤겔은 "자기" 현상에서 드러난 심리적 생을 자신의 주관정신 개념에 주요한 것으로 간주하고, 이에 따라 객관 의식에 "선행"하는 정신의 계기인 혼에 관한 그의 논의는 칸트의 의식 개념 및 초월론 철학의 인식론을 재정식화하는 데 하나의 역할을 맡게 된다.

칸트는 반성적 지성에 선행하는 정신적 행위의 차원을 잘 알고 있었다. 그는 "우리 자신에게 인식되지" 않는 그러한 표상들을 "흐릿한(dunkel)" 것으로 부를 수 있으리라 말하며, 그 흐릿한 표상들의 영역이 정신의 "가장 거대한" 부분을 이룬다는 데 주목한다.[38] 칸트는 그 문제를 다루었던 라이프니츠와 같은 선행자들을 넘어서는 방식으로 "흐릿한", "명석한", "판명한" 표상을 구별한다. 칸트는 "판명한" 표상의 가능성이 다른 어떤 것이 아니라 감각에 주어진 다양한 소재에 의식의 자발적인 입법 행위가 부여한 "질서"에 있음을 지적한다.[39] 그리하여 명석 판명한 표상의 문제는 단순한 심리학적인 문제 이상의 것이 된다. 그것은 객관적 사유를 위해 규정을 부여하는 의식의 본성을 설명하는 초월론적 문제인 셈이다. 그러나 칸트는

• • •

37. *PhM* 6/18; *FPhG* 22.

38. *APH* 136/31.

39. *APH* 138/34.

"흐릿한" 표상이라는 그럴듯한 전 객관적 주관성으로부터 그렇듯 객관적인 규정을 부여하는 의식이 "출현"한다는 데 관한 설명의 가능성 —— 그 논증의 목적에서 보면 필연성이라고 말할 수도 있겠다 —— 을 찾지 못한다. 이러한 전 객관적 주관성은 칸트에 의해 "내적 감각"의 자아나 "포착하는 자아"로 불리기도 하여, 객관적인 규정을 부여하는 통각적 자아와 구별된다. "내적 감각"의 자아나 "포착하는 자아"에 대한 논의는 논리학이 아니라 심리학의 일이다.[40] 칸트에 따르면 그러한 내적 감각의 심리학은 필연적으로 경험적일 수밖에 없으니 "선험적인 인식의 가능성을 다루는 형이상학"에 낄 수 없다.[41]

헤겔의 인간학에서 혼은 객관적 의식을 향해 발전하는데, 이 발전에 대한 헤겔의 논증은 칸트의 인식론에 대한 재검토를 요구한다. 이 재검토 와중에 칸트의 사물 자체(Ding an sich)는 폐기된다. 그렇지만 이를 위해 헤겔은 전 객관적인 심리적 주관성의 실재를 증명해야만 한다. 그래서 헤겔은 객관적 의식으로 발전할 정신의 진정한 생을 드러내는, 심리적 생과 관련한 새로운 발견을 붙잡는다. 칸트는 우리가 정신에 대한 그러한 인식에 이르지 못하리라고 굳게 믿는다.[42] 반면 헤겔에게 혼은 자기 고유의 생을 지니는 자기 규정적 주체성으로 간주된다. 헤겔이 인간학에서 증명하고자 주장할, 전 객관적인 다양성의 통일을 스스로 만들어내는 혼의 활동은 칸트적 의미에서의 전 객관적인 "통각의 종합"과 무척 다르다. 법칙을 부여함으로써 인식을 가능케 하지만 그 인식을 현상에 국한하는 칸트의 "동각의 종합"은 정신으로서의 주관성이 자신을 발전시키는 과정 가운데

. . .

40. *APH* 134n/38.
41. *APH* 143/40. 이 책, p. 44도 보라.
42. "그러나 무릇 인간의 모든 통찰은 우리가 근본 역량들 내지 근본 능력에 이르자마자 끝난다. 그런 능력들의 가능성은 무엇에 의해서도 파악될 수 없고, 그러나 또한 임의로 꾸며내어지거나 가정되어서도 안 되기 때문이다." (*CPrR* 115)

혼 속에서 "깨어나는" 한 단계로 제시될 것이다. 의식의 주객관적 관계의 발생이라는 이러한 개념은 인식론에서 중요한 함의를 띤다.

의식의 "출현"을 논증하는 일에 성공한다면 헤겔은 비판철학을 극복하려는 자신의 노력 중 최소한 하나의 주요 전선에서 앞으로 나아간 셈이다. 헤겔은 인식에 관한 칸트의 입장에 담긴 제한이 정신을 의식의 형태에 있는 것으로 보는 생각에서 특히 잘 드러난다고 언명한다.[43] 비판철학의 관점은 여전히 "의식 속"에 제한되고, "[규정되지 않은 채] 남겨진 것"인 사물 자체와의 "대립"에 국한된다.[44] 그 때문에 헤겔이 보기에 비판철학은 "사유와 사물" 간의 반정립을 내버려 둠으로써 인간에게 "껍질과 겨"만 먹고 살아가라고 명령하는 것에 다를 바 없다.[45] 의식이 결코 "저 너머의 무언가와 관계"하지 못한다는 관점에 선 비판철학은 그 자신을 현상학에 국한한다. 그렇지만 헤겔에 따르면 "순수 학문"은 의식의 주객관적 반정립으로부터의 해방을 전제한다.[46] 헤겔은 주객관적 대립이 처음에는 "근원적인 분할(Ur-teil)"로서 발생함을, 즉 정신이 혼으로서의 자신을 현실화하는 과정 속에서 자기 자신을 "판단(Urteil)"하는 와중에 발생함을 증명하려고 한다. 이로써 우리는 의식 자체의 원리보다 보편적인 주체성의 원리를 획득한다. 우리가 칸트가 말하는 "나는 생각한다."의 대자 존재와 구별되는 주관성의 참된 대자 존재(Fürsichsein)를 드러낼 수 있다면, 이때 통각의 초월론적 통일이라는 칸트의 원리는 정신이라는 더욱 구체적이고 깊이 있는 원리 안에 포함되게 된다.

● ● ●

43. *PhM* 156/247.

44. *SL* 62/1권 54.

45. *L* 62. 심령학에 대한 칸트의 논박과 관련하여 헤겔은 형이상학이 최소한 "진리에 관한 인식을 그 목적으로 삼기는 했던" 반면 칸트의 비판이 거둔 승리는 "[진리에의] 탐구를 없애버린" 데 있다고 말한다. (*SL* 780/3권 339)

46. *SL* 60/1권 52.

칸트에게 초월론적 통각 내지 자기의식의 순수한 동일성은 "종합의 기능"을 확립한다는 점에서 우리의 모든 인식 가운데 가장 고차적인 원리이다.[47] 자기의식의 동일성에 관한 칸트의 강조가 인식론에서 두말할 나위 없이 중요하기는 하지만,[48] 칸트는 이러한 동일성이 정신적 생이 아니라 우리 인식의 "형식적" 조건으로서 이해되어야 함을 분명히 한다. 자기의식의 동일성은 그 자체 "그 어떤 속성을 가진 객관"에도 적용되지 않는다. 초월론적 통각은 "사유 일반에 대한 논리적 해명"과 관련할 뿐 "객관에 대한 형이상학적 규정"을 위한 것으로 오해되어서는 안 된다.[49] 이는 우리가 자기 자신을 순수 자아가 아니라 경험적 의식의 흐름 속에서 스스로 현상하는 것으로서만 인식할 수 있음을 의미한다.[50]

헤겔이 지적하듯이 자기 인식의 가능성과 관련한 칸트의 입장은 사실상 흄으로 돌아간 것이다.[51] 흄에게서와 마찬가지로 칸트에게 "너 자신을 알라."는 명령은 경험적 심리학에 의해서만 성취될 수 있는데, 앞서 보았던 헤겔의 비난에서 확인할 수 있는 것처럼 경험적 심리학의 고찰은 그 원리상 정신의 생동하는 진리를 파괴한다.[52] 물론 헤겔이 비판철학과 흄의 경험주의를 대체로 동일하게 여긴 것은 결코 아니다. 헤겔은 칸트가 말하는 통각의 초월론적 통일이 그의 이성 비판 가운데 "가장 깊고도 올바른 통찰"[53]이라고 말한다. 하지만 헤겔의 관점에서 볼 때 칸트는 이러한 통찰을 "진정한 의미에서의 종합적인 진행, 즉 스스로를 산출하는 개념"[54]으로 발전시키지

• • •

47. *CPR* B 134.
48. 이어지는 헤겔의 언급을 보라.
49. *CPR* B 409. "사유 일반에서 자기의식"에 대한 분석은 "객관으로서의 나 자신에 관한 인식과 관련한 그 무엇도 산출하지 않는다." (*ibid.*)
50. *CPR* B 156, B 158, A 278 = B 334; *APH* 142.
51. *SL* 777/3권 335.
52. *CPR* A 382.
53. *SL* 584/3권 31.

못했다. 왜 이러한 한계가 발생하였는지를 더욱 상세히 살펴보도록 하자.

칸트 자신에게 자기의식의 근원적 동일성이라는 원리는 경험의 통일 내에서 외적 자연에 관한 모든 보편적이고 필연적인 인식을 가능케 하였다. 그런데 일단 외부에 관한 인식이 확립된 뒤에 자아의 내면성은 어떻게 되는가? 여기에 칸트의 입장이 수반하는 분명한 아이러니가 있다. 너 자신을 알라는 신의 명령은 자아가 아닌 것에 대한 인식의 가능성 때문에 성취될 수 없게 된다. 비판철학에서 자연이라는 외부 세계에 대한 인식의 가능성에 요구되는 조건은 정신이라는 내부 세계에 대한 인식의 불가능성을 낳는 조건이기도 하다. 인간학에서 헤겔이 보여준 과감한 노력을 이해하려면 우리는 칸트가 왜 이럴 수밖에 없었는지를 파악해야 한다.

칸트의 체계에서 자기 인식이 불가능한 까닭은 이론적 인식 자체의 가능성과 관련한 그의 입장에서 연유한다. 그 첫 번째 비판서의 서문에서 칸트는 인식을 향한 자신의 고찰을 "순수 이성의 독단적 과정"에 대한 고찰과 구별한다. 칸트가 보기에 그러한 독단적 과정은 "자기 자신의 능력에 대한 선행 비판 없이"[55] 자신의 소재로 나아가는 것에 불과하다. 반면 "비판"철학은 인식의 사용에 대한 적절한 한계를 규정할 수 있도록 인식 "기관"에 대한 비판을 우선 수행해야만 한다.[56]

따라서 헤겔이 자주 지적하듯이 인식의 문제에 관한 칸트의 정식화는 처음부터 "기관"이나 도구로서의 인식이 지닌 능력과, 이러한 도구가 인식을 획득할 수 있거나 할 수 없는 대상을 구별한다. 이러한 정식화를 자기 인식의 문제에 적용하면, 그 자신을 "즉자적"으로 아는 인식에게 자아는 대상을 인식하는 도구인 동시에 그 도구를 통해 인식된 대상이다. 칸트의 철학적 입장에서 이는 그 원리상 이론적 인식의 모든 목적에 반하는 불가능

• • •

54. *SL* 789/3권 355.

55. *CPR* B xxxv, B xxvi.

56. "독단적" 철학과 "비판"철학에 관한 논의로는 *CJ* 243/456-457 이하도 보라

한 사실이다.

칸트에 따르면 최소한 두 가지 주요한 이유로 말미암아 우리는 "즉자적"인 자아에 관한 인식을 확보할 수 없다. 첫째로 우리에게는 순수 자아에 대한 어떠한 감성적 직관도 —— 지적 직관도 —— 없으므로 우리에게 순수 자아는 모든 이론적 인식과 관련하여 "공허한 개념"으로 남을 수밖에 없다. 둘째로 우리는 초월론적 자아로서의 자신에 관해서도 아무런 인식을 확보할 수 없는데, 우리는 인식의 초월론적 원천을 인식할 수 없기 때문이다. 우리의 모든 인식은 "객관"에 대한 인식이고, 객관적 인식을 가능하게 하는 지성의 범주들은 이러한 범주 자체의 원천을 "객관"으로 아는 데에는 적용될 수 없다. 칸트는 그러한 앎이 순환을 수반하리라고 본다.

> 따라서 우리는 사유하는 '나'(즉, 영혼)에 관하여 그것이 **자기 자신을 범주들에 의해** 인식하는 것이 **아니라**, 범주들을 그리고 범주들을 통해 모든 대상을 통각의 절대적 통일성에서, 그러니까 **자기 자신에 의해서** 인식한다고 말할 수 있다. 객관을 인식하기 위해 내가 전제해야만 하는 것 자체를 내가 객관으로 인식할 수 없음은 대단히 분명하다.[57]
>
> 범주들의 주관은 범주들을 사유함으로써 범주들의 한 객관으로서의 자기 자신에 대해 어떤 개념을 얻을 수 있는 것이 아니다. 범주들을 사유하기 위해서 해명되어야 하는 것이었던 '나'의 순수한 자기의식이 그 자체로 전제되어야만 하기 때문이다.[58]

조잡한 비유를 하나 들자면, 망원경이 하늘의 별은 관측할 수 있을지언정 망원경 자체를 관측할 수는 없는 것처럼 말이다.

그렇지만 "순수" 자아에 관한 인식의 문제를 논외로 하더라도 우리가

- - -

57. *CPR* A 402. (강조는 칸트의 것이다.)
58. *CPR* B 422; B 406 이하도 보라.

자연이라는 현상계를 인식하는 종류와 같은 인식으로는 "현상적" 자아조차 알 수 없다. 우리가 우리의 내적 감각 속에서 자신에 대한 감성적 직관을 얻기는 하지만, 그러한 직관은 자연에 대한 필연적 학문을 구성하는 선험적 종합 판단과 같은 것을 산출할 수 없다. 칸트는 "내적 감각에 대한 생리학[자연학]인 영혼론[심리학]"을 "외적 감각의 대상에 관한 생리학[자연학]인 물체론[신체론]"과 비교한다.[59] 칸트는 둘 모두에 "경험적으로 알아야 할 것이 많다."고 말한다. 그러나 물체[신체]를 다룰 때에는 "많은 것이 선험적(a priori)으로 연장적이고 불가투입적인 존재자라는 순전한 개념으로부터 종합적으로 인식될 수 있는" 반면, 내적 감각의 대상을 다룰 때에는 "사유하는 존재자라는 개념으로부터는 전혀 아무런 것도 선험적으로든 종합적으로든 인식될 수 없다."[60]

이러한 이유로 칸트는 혼에 관한 인식에서는 "선험적 방법으로 수행하려는 희망"이 "폐기"되어야 하며, 심리학 또한 "형이상학의 영역에서 추방"되어야 한다고 주장한다.[61] 그렇지만 칸트는 "상세한 인간학 안에서 자기 자신의 거소를 마련할 수 있을" 때라면 심리학이 "경험적 자연론을 위한 보충"이라는 위치를 맡을 수는 있다고 덧붙인다.[62] 예를 들어 그러한 심리

* * *

59. *CPR* A 381.

60. 외적 감각의 현상은 "고정적인 혹은 불변적인 어떤 것, 즉 변모하는 규정들의 기초로 놓여 있는 기체와 그러니까 한 종합적인 개념, 즉 공간과 이 공간상의 현상에 관한 개념을 제공하는 어떤 것을 가진다." 반면에 "우리가 '혼'이라고 부르는 것 안에서는 모든 것이 연속적인 흐름 가운데에 있고, 그 표상이 아무런 내용도 갖지 않으며, 따라서 아무런 다양성도 가진 것이 없기 때문에, 단순하다고 할 수 있을 '나'를 제외하고는 아무런 불변적인 것이 없다." (*CPR* A 381) "내적 감각에서는 어떠한 고정불변적인 직관과도 마주치지 않는다." (*CPR* B 292) *CPR* B 406 이하와 *APH* 134도 보라.

61. *CPR* A 849 = B 877.

62. *ibid. CJ* 13/159-160과 『자연과학의 형이상학적 원리(*Metaphysical Foundations of Natural Science*)』, trans. James Ellington (Bobbs-Merrill, New York, 1970), p. 8도

학은 재생적 상상력에서 이루어지는 관념 연합이라는 경험적 법칙을 다룰 것이다.[63] 인간학, 응용 윤리학, 교육학에 관한 강의안과 저술에서 칸트는 "심리학적" 소재라고 불릴 만한 것을 다루기는 한다. 그러나 비판철학의 규준에 따르면 이러한 논의들은 필연적으로 확실한 인식을 뜻하는 이론적 학문과 같은 수준에 놓일 수 없다.

그리하여 칸트의 비판적 입장에서는 형이상학적 심리학의 초월론적 환영에 대한 부정적 비판을 넘어서는 그 어떤 철학적 영혼론도 있을 수 없다. 비판철학의 이론적 목적에 따라 이제 "너 자신을 알라."는 명령은 "내적 감각에 관한 일종의 생리학"[64]을 통해서만 성취될 수 있으며, 그러한 생리학의 경험적 일반화는 필연적인 개념으로부터의 인식도, 혹은 "인격의 동일성"을 뜻하는 "객관으로서 주어진" "주관의 동일성"에 관한 그 어떤 직관으로부터의 인식도 주장하지 않는다.[65]

헤겔은 인간의 자기 인식 문제에 관한 비판철학의 이러한 결론을 기각한다. 순수 자아가 "공허한 개념"일 수밖에 없다는 칸트의 주장과 관련하여 헤겔은 추상적인 "나는 생각한다."의 자아에 관해서는 "가장 보잘것없는 개념"을 가지는 것조차 불가능함을 인정한다. 하지만 이는 우리가 내용을 비워버리고, "단순한 고정적 표상(Vorstellung)이나 명칭을 얻는 데에서

• • •

보라.

63. *CPR* B 152.

64. *CPR* A 347.

65. *CPR* B 408. 물론 칸트는 이러한 부정적인 결론이 "신앙을 위한 자리"(*CPR* B xxx)를 제공하는 긍정적인 측면도 언급하며, 우리가 자신의 "도덕적 목적지"에서야 자기 자신을 자유로운 정신적 존재로 인식할 수 있다고 한다. 그러나 실천 이성을 통한 그러한 인식이 우리의 이론적 인식을 현상 너머로 확장하지는 않는다. 칸트에게서 우리는 두 종류의 인식에 관한 문제든, 아니면 우리가 어떻게 자기 자신을 한편으로는 자연적 필연성에 종속된 물리적 존재인 동시에 다른 한편으로는 도덕 법칙에 자유로이 복종하는 본체로서 인식할 수 있는지에 대한 문제든 공히 검토할 필요가 없다.

멈춰버린'[66] 때에만 참이다. 헤겔은 자아에 대한 자아의 인식이 의미 없는 순환을 수반하리라는 칸트의 논증을 거부한다. 자기의식을 판단을 위한 수단으로 "사용"하는 자아는 "고립 속에 갇혀 있을뿐더러 우리가 최소한의 개념조차 확보할 수 없는" "사실상 x인 것"이다.[67] 사정이 이러하니 허위를 포함하였을지언정 "자기 인식의 이러한 본성, 다시 말해 '내'가 나 자신을 사유한다는 것, 이렇게 사유하는 '나' 없이는 '내'가 사유될 수 없다는 것"을 순환적이라고 낙인찍는 일은 터무니없다. 헤겔의 요점은 자아가 판단하는 와중에 무언가를 —— 심지어 자기 자신을 —— "사용"하는 것이 아니라 자아 자체가 주객관적 관계이자 판단이라는 점이다. 더욱이 자아의 판단은 자아를 "x"가 아니라 구체적이고 규정적인 것으로 만드는 일에 다름 아니다.

헤겔은 자아가 그 자신을 개념으로서, 다시 말해 "자기 자신을 자신의 대상으로 삼는 절대적 자기 관계, 즉 분리하는 판단(Ur-teil)"[68]으로서 표명하는 것은 바로 이러한 자기 관계 속에서이며, "자아가 자신을 원환으로 만드는 것도 오로지 이러한 과정" 속에서만 이루어진다고 말한다. 그에 따라 헤겔은 자기 자신에 관한 자아의 사유에서 주관으로서의 자아 자체가 빠뜨려져서는 안 된다는 진리를 "결점"으로 여기는 태도를 "터무니없다"고 한다.[69] 칸트처럼 "직관"이 자아를 통해서야 객관으로 주어지는 반면

• • •

66. *SL* 777/3권 335.

67. *SL* 776/3권 335. *CPR* A 346 = B 404와 *Prol.* 80도 보라.

68. *SL* 777-778/3권 336. 나중에 보게 되겠지만 "판단" 속에서 의식은 정신의 자기 내 분리처럼 스스로 분열한다. 헤겔은 "판단"을 그 논리적 의미로 논하면서 이렇게 언급한다. 일반적으로 판단에서 우리는 주관과 객관을 "이다(is)"라는 계사를 통해 연결되는 독립적인 양 극단으로 간주한다. 그러나 "독일어에서 판단(Urteil)의 어원적 의미는 그보다 깊은 것으로서, 개념의 통일을 근본적인 것이라고 그리고 개념의 구별을 근원적인 분할(Ur-teil)이라고 언명한다." 또한 헤겔은 "그러한 근원적인 분할이야말로 판단의 본질"이라고 덧붙인다. (*L* 297/250) 이 책에서 우리는 헤겔이 판단을 "근원적인 분할"의 의미로 언급한 용례를 몇 차례 보게 된다.

정작 자아는 자신을 판단의 주관으로서만 사용할 수 있다고 말하는 것은, 헤겔에 따르면 주관으로만 존재할 수 있는 사물의 개념은 그 원리상 인식에서 객관으로서의 어떠한 성격도 지니지 못한다는 섣부른 결정과 같다.[70] 칸트의 견해와 달리 자기 인식의 가능성과 관련하여 경험적 자기의식과 "순수한" 자기의식은 그 원리상 분리될 수 없다. 오히려 두 경우 모두에서 "(자아가) 자신을 자신과 대립시키는 두 형태의 분리 불가능성은 자아 개념 및 자아 개념 자체의 가장 깊은 본성에 속한다." 이렇게 칸트를 비판하면서 헤겔은 주관정신 개념의 핵심을 드러낸다. 요컨대 자신을 자신에게 대립시킴으로써 자신을 자신에게 본질적으로 연계하는 경험적인 자아이자 추상적인 "나는 나"이기도 한 자아는[71] 개념의 자기 내 분리와 동일하다. 헤겔이 이를 혼의 실현으로 논증하는 방식은 인간학과 우리 연구의 정점을 이룰 터이다.

헤겔은 자기 인식의 가능성에 대한 칸트의 부정이 인식의 문제에 관한 비판철학적 접근에 담긴 근본적인 오류에서 비롯한다고 주장한다. 그 기획의 개념 자체로 말미암아 비판철학적 접근은 자신의 출발점을 깨뜨릴 수 없음을 스스로 책망한다.[72] 헤겔에 의하면 비판철학은 인식 능력을 "진리의

• • •
69. "돌에는 이러한 거추장스러움이 없다. 돌을 사유하거나 판단할 때 이 돌 자체가 사유하거나 판단하는 일에 관여하지는 않는다. 돌은 이러한 과제를 위해 자신을 사용해야 하는 노고에서 벗어나 있다. 자신에게 이러한 노고를 부여해야 하는 존재는 돌과는 다른 무엇임이 틀림없다." (*SL* 778/3권 336)

70. "시공간적으로 규정된 외적 직관이 객관성에 요구되는데 여기서 누락된 것이 그러한 직관이라면, 여기서 객관성으로 뜻해지는 바가 그저 감성적 실재임은 매우 명백해지고 그것[감성적 실재]을 넘어서는 것이야말로 사유와 진리의 조건이다." (*SL* 778/3권 336)

71. 이 책, p. 229를 보라.

72. Jean Hyppolite, *Genèse et structure de la Phénoménologie de l'esprit de Hegel*, 2 vols. (Paris, 1946), vol. 1, p. 11을 보라. (장 이폴리트, 『헤겔의 정신현상학』, 이종철, 김상환 역, 문예출판사, 1989)

빛으로 하여금 우리에게 이르게" 하는 "도구"나 "매개"로 취급하기 때문에 이미 "우리와 이러한 인식 간의 구별을 전제한다."[73] 본질적인 진리의 소유를 우리에게 확보해주는 도구나 수단이라는 개념은 도구의 "적용"이 이 본질을 "그 자체 있는 그대로" 남겨 두지 않는다는 생각으로 귀결되는 게 불가피하다.

그렇지만 헤겔이 요구하는 것은 전(前) 비판적 입장으로의 회귀가 아니라 비판의 진정한 개념이다. 헤겔이 말하기를 사유가 자신의 인식 능력을 탐구해야 한다는 비판철학의 요구는 그 요구가 적절하게 이해되는 한에서는 매우 온당하다. 일상적인 도구는 사용하기 전에 시험해볼 수 있다. 그러나 또 다른 인식을 가정하지 않는다면 어떻게 우리가 인식을 비판할 수 있겠는가? "이와 같은 이른바 도구를 탐구하는 것은 필연적으로 그것을 인식하는 것과 동일"한데도, 인식하기 전에 인식을 탐구하고자 노력하는 것은 물에 들어가지 않고 수영을 배우겠다는 결심과 매한가지이다. 헤겔은 사유에 의한 사유의 탐구 가운데 사유 형식의 활동이 그 형식에 대한 비판과 결합되어야 한다고 말한다. 이러한 방식으로 사유 형식은 "그 자신을 고찰"하며, 사유의 비판적 활동은 "밖에서 들여온 범주들에 기대지 않은 채 그 자신의 행위에 내재한다."[74]

그런데 그와 같은 "내재성"의 방법은 무엇으로 이루어져 있고 또 어떻게 달성될 수 있는가? 헤겔은 사유에 관한 참된 비판의 개념이 근대적 주관성의 원리 자체에 맹아적인 형태로 존재하였다고 주장한다. 예컨대 데카르트의 생각하는 자아 개념은 사유하는 자기의식인 자신에게서 사유 형식을 이끌어냄으로써 자신의 고유한 활동을 자신의 객관으로 삼는다. 그렇지만

• • •

73. *Phen.* 133/1권 115-116. *SL* 36, 841도 보라.; *L* 17. 헤겔은 초기 저술인 『믿음과 지식(*Glauben und Wissen*)』 (Hamburg 1962), pp. 14-15에서 지성을 탐구하는 가운데 지성의 인식 능력을 먼저 고찰하였다는 이유로 로크와 칸트를 비판한다.

74. *L* 17, 84.

이와 동시에 데카르트는 이러한 사유 형식에 의해 인식된 바를 사유 활동 자체와 독립적인 외적 실재로 취급하였다. 헤겔은 초월론 철학의 "범주" 개념에 와서야 비로소 진리가 주관성이라는 본래적인 권역에서 이해되기 시작했다고 말한다. 헤겔에 따르면 범주의 참된 의미는 "자기의식과 존재가 동일한 본질"이라는 것이기에 "'존재하는 것(das Seienden)'의 본질성(Wesenheit)"은 "사유하는 현실성(denkende Wirklichkeit)"으로 파악된다.[75] 그렇더라도 이와 같은 개념은 참된 철학적 방법의 필요조건을 제공할 뿐 방법 그 자체를 내놓지는 못한다.

헤겔에 따르면 의식에 대한 내적 증거를 갖지 않는 것은 그것이 무엇이든지 간에 진리로 취해져서는 안 된다는 주관성의 원리가 그 자체 진리로 가는 도정은 아니다. 헤겔은, 진리에 대한 그 어떤 다른 권위도 받아들이지 않은 채 "그 자체 모든 것을 산출하고 진리에 대한 자신의 행위만을 고수"하는 주관적 의식에 의한 추상적인 해결책을 제시하여 "새로운 출발점"을 탄생시킨 데카르트의 노력을 인용한다.[76] 그렇지만 헤겔이 말하기를 실상 이러한 고찰은 그것이 수행하고자 하는 과업에 걸맞을 만큼은 아직 "완비되지" 못했다. 데카르트의 고찰은 "성급하게 비판하고 시험하는 데"에 착수한 나머지 비판받지도 시험되지도 않은 증거의 규준을 활용하였다.[77] 그러한 경우 자신의 것이든 다른 이의 것이든 간에 누군가가 어떠한 견해를 평가하더라도 내용이 필연적으로 수정되는 것은 아니며, "그로 말미암아 진리는 오류를 대신하지 못했다."고 헤겔은 말한다. 따라서 사유하는 의식의 "내적" 확신이라는 데카르트의 규칙 또한 "외재적" 반성의 형식에 그칠

- - -

75. *Phen.* 276/1권 272. 범주는 "자아와 존재의 통일"이다. (*Phen.* 369/1권 365)

76. *Phen.* 136/1권 119.

77. 일례로 헤겔은 "명석 판명"이라는 기준을 "논리적" 규준이라기보다는 "심리학적" 규준이라고 한다. (*L* 296/248; *SL* 613) 우리가 이 책, p. 38에서 보았듯 칸트는 논리적 규준으로 이행하였다.

수밖에 없다.

헤겔은 데카르트 이후 사상가들에 의해 전개된 분석과 종합 내지 분해와 구성의 방법이 외재적 반성의 방법에 다름 아니라고 주장한다. 그러한 방법은 다시금 참된 연결점들을 찾는 질문이 된다.[78] 우리가 보았듯 분석이 경험의 구체적인 것을 추상적-보편적인 것으로 분리하는 것처럼 종합은 보편적인 것에서 시작하여 개별적인 것으로 나아간다. 하지만 종합적 방법은 보편적인 것을 정의된 내용에 대해 아무런 "강요된 필연성"도 갖지 않는 정의의 형식으로 제시할 뿐이며, 이리하여 이 방법도 "객관에 외재적인 순수한 주관적 인식"을 구성하는 데 머문다.[79]

분석과 종합의 불충분함은 기하학에서 실마리를 얻은 "작도"의 방법으로 극복되리라 여겨진다. 기하학에서 이루어지는 작도를 통한 증명을 설명하는 와중에 헤겔은 증명에서 우리가 사후(ex post facto) 정당화를 얻게 되는 가정을 양산함으로써 자의적으로 진행한다고 말한다.[80] 헤겔은 이러한 방법에서는 "외재적 목적이 과정을 통제"하며, 논증 속에서 일어나는 사유의 운동이 증명 개념에 고유한 그 어떤 필연성에 의해서도 지시되지 않는다고 비난한다. 헤겔은 기하학에 기반을 두는 철학적 사유의 이와 같은 불충분함이 "수학은 자신의 개념을 '작도[구성]한다.'"는 칸트의 표현으로 "성행"했던 "구성[작도]의 방법"에서 명백히 드러난다고 한다. 그러나 헤겔이 보기에 여기서 칸트가 진정 뜻했던 것은 수학이 다루는 바가 개념이 아니라 감각 지각의 추상적 질이라는 점이다.[81] 헤겔은 논증에서

• • •
78. 사변적 사유와 대비되는 외재적 반성에 관해서는, 이 책, p. 71, 60번 각주를 보라.
79. L 366/307. 헤겔은 스피노자의 논증이 "전체적 입장에서 근본적인 결함"을 가진다고 한다.
80. Phen. 102/1권 81. 수학적 방법이 철학에 부적절하다는 헤겔의 주장에 대해서는 Phen. 105-106/1권 83-85을 보라.
81. L 369/308; pp. 430-431에 있는 번역자의 유익한 주석도 보라. 철학적 인식과 수학적 인식의 구별에 대한 칸트의 견해를 보려면 CPR A 713 = B 741 이하를 보라.

주관성이 "자기 자신을 수정하고 규정하는 원리로 나타나는" 한에서는 "자신의 개념을 추론"하는 방법이 "이념에 대한, 즉 개념과 객관성의 통일에 대한 희미한 의식"을 그 배경에 두기는 한다는 사실을 마지못해 인정한다.[82] 그렇지만 그러한 논증은 결국 "외재적 목적에 의해 지배된다." "정리(定理)의 내용을 구성하는 관계를 발생(genesis)"시키지 않는 까닭에 증명은 "외부로부터 내면을 지향"하는, 다시 말해 "외재적 상황에서 관계의 내적인 성질을 추론"하는 "외재적 반성"에 그친다.[83]

그리하여 데카르트 이후의 여러 사상가가 "새로운 방법"을 주창하였는데도 철학적 사유에 대한 칸트의 도전은 아직 해결되지 못한 채 남아 있었다. 헤겔이 보기에 사유 형식이 사유하는 의식이라는 원리로부터의 연역에 의해서만 정당화된다는 비판철학의 요구는 "절대정신"의 첫 출현을 나타냈다.[84] 하지만 칸트 자신에게 이 방법은 "생명을 빼앗기고 파악되지 못한 채"로 남아 있었고, 칸트 이후의 초월론 사상가들이 보기에 그것은 유기적인 학적 구성을 "일람표"로 만들어버린 단순한 "도식"에 그쳤으며, 이에 따라 그 방법은 아직 "학문의 이름을 부여받을 권리가 없는" 상태였다.[85]

헤겔이 자기 방법의 근거로 간주하는 칸트의 심원한 발견은 다음과 같다.

> 개념의 본질을 형성하는 통일은 통각의 근원적인 종합적 통일, 즉 "나는 생각한다." 혹은 자기의식의 통일로서 인식된다.[86]

• • •

82. *L* 371/309.
83. *SL* 812/3권 390.
84. *Phen.* 107/1권 86-87.
85. *Phen.* 108/1권 87.
86. *SL* 584/3권 31; *SL* 589도 보라. 칸트의 초월론적 자아와 헤겔의 정신을 비교하려면

헤겔의 견해에 의하면 칸트는 여기서 자아와 개념의 동일성에 관한 최상위의 주요 원리를 진술하였다. 사유의 순수 형식, 다시 말해 개념의 형식은 사유하는 의식이 행하는 통일 활동의 형식이다.

그러나 헤겔은 칸트가 그의 위대한 원리에 대한 참된 논증을 제시하지는 못했다고 주장한다. 칸트는 근원적인 통각이 "스스로를 산출하는 개념"임을 알아채지 못하였다.[87] 사유의 순수 형식에 대한 참된 연역이라는 과제에 처음으로 착수한 이는 피히테였다. 명제, 반명제, 종합명제라는 계기의 관점에서 범주를 도출함으로써 피히테는 칸트적 의미에서 말하는 범주의 "삼중성"을 개념이라는 보편 형식으로 전환하는 거대한 첫 발걸음을 내딛었다. 그렇지만 헤겔은 피히테 역시 "추상적인 공허한 관념론"을 넘어서지 못했다고 주장한다.[88] 피히테는 "모든 존재 가운데 있는 것은 '나'라는 이러한 벌거벗은 의식일 뿐"이라는 자아의 확신에서 시작한다. 하지만 이러한 추상적인 "나"의 추가적 구별과 전개를 위해 피히테는 "외부로부터의 충격(Anstoss)"을 필요로 하고, 이는 철학자에 의한 비아(非我)의 도입으로 충족된다. 그러나 헤겔이 말하기를 이러한 방식의 고찰은 "그 고찰의 모순적인 발언들을 연결"하는 데 실패한다. 피히테에게서는 순수 의식만이 실재이지만, 낯선 충격, 즉 무차별적인 외부 또한 언제나 그와 동등한 실재로서 남아 있다. 이러한 이유로 헤겔은 그러한 "충족"이 그 원리상 경험주의와 다를 바 없는 외재적인 방식의 관념론만을 야기하는 데 그친다

R. C. Solomon, "Hegel's Concept of 'Geist' ", *Review of Metaphysics*, vol. xxiii, no. 4, June 1970, pp. 642-661을 보라.

87. 범주의 연역은 "자기의식이라는 단순한 통일이 자신의 규정성과 구별로 이행하는 데 대한 서술로 이루어져야만 한다."고 헤겔은 말한다. (*SL* 789/3권 355; *Phen.* 227와 *L* 87도 보라.) 의식의 참된 개념을 가능하게 함으로써 인간학은 "참된 종합적 진보"인 객관적 범주에 대한 연역 역시 가능하게 할 것이다. (이 책, p. 246 이하를 보라.)

88. *Phen.* 279/1권 276. *SL* 75 이하, *L* 120, *PhM* 156/248도 보라.

고 공언한다.[89] 자아의 추상적 범주와 철학적 학문의 구체적 내용 간에는 그 어떤 본래적인 연관도 없다.

결국 헤겔은 초월론 철학에서조차 논증 속에서 보이는 사유의 운동이 사태 자체보다는 반성하는 철학자에게서 비롯한다고 주장한다. 자신의 시원(arche)과 가장 높은 원리를 자기의식으로 하는 이러한 고찰에서도 "외재적 반성"의 과정이 도달하는 것은 즉자대자적으로 존재하는 바가 아닌 "무언가와 관련"하는 것으로서의 개념과 정신일 따름이다.[90]

그렇다면 어떠한 종류의 방법론적 원리가 "외재적 반성"을 극복하여 사태 자체와 내재적으로 하나인 철학적 논증 운동을 상술할 수 있는가? [영혼론이라는] 이 특수한 연구에서 다루어지는 사태 자체는 정신으로서의 자기 존재라는 규정에 의해 자신을 알라는 명령을 받은 인간 자체이다. 그러나 우리가 보았듯이 자기 인식에의 명령은 가장 어려운 동시에 근본적인 방법론적 문제를 야기한다. 『정신철학』의 도입부에 담긴 합리적 심리학과 경험적 심리학에 대한 헤겔의 비판을 따라가면서 우리는 본래의 내용에서 더 나아갈 수밖에 없었는데, 이는 사물의 질서와 관념의 질서 간의 동일성을 불가능하게 하는 입장을 취하는 외재적 반성 형식에 대한 헤겔 특유의 비판을 이해하기 위해서였다. 우리는 칸트가 인식의 문제에 관한 해결책을 제시하였으나 그 안에 자기 인식의 가능성에 반하는 본래적인 금지가 담겨 있음을 보았다. 하지만 헤겔의 관점에서 이러한 상황은 외재적 반성의 또 다른 형식에서 연유하였다. 비판철학은 인식의 능력을 인식의 "도구"로서 먼저 고찰하는 방식으로 진행한다. 이를 비롯한 외재적 반성의 모든 여타 형식을 대신하고자 헤겔은 사유 자체의 형식에 의해 사유에 대한 참된 비판을 가함으로써 비판철학의 "공정한 요구"를 나름대로 완수하리라는 자기 고유의 철학적 방법을 내세운다.

• • •

89. *Phen.* 279/1권 276.

90. *PhM* 156/248.

헤겔의 방법은 처음에는 철학적 사유로 가는 "도정"의 형식을 취한다.[91] 그러나 "도정"을 "도구"로 바꾸는 데 그치지 않으려면 도정은 어떠한 방식을 통해 목표 자체 내에 포함되는 것으로 제시되어야 한다. 도정은 왕의 영토로 가는 오르막길임이 틀림없으니, 일단 정상에 도달하고 나면 여행자는 자신의 전 노정이 결국 왕국 내에서 이루어졌음을 볼 것이다. 헤겔은 그러한 도정을 "현상학"이라고 명명한다. 그리고 그 왕국은 바로 —— 인간학을 포함하는 —— 철학적 학문의 엔치클로페디 체계이다. 그에 따라 영혼론에서 이루어지는 헤겔의 진행을 이해하려면 우리는 왕국 자체 내에서 어떻게 해야 더 앞으로 갈 수 있는지를 알기 이전에 일단 왕국으로 가는 도정을 간략하게 고찰할 필요가 있다.

- - -

91. *Phen.* 135/1권 118.

제2장 사변적 방법

  자신의 철학 체계에 관해 처음으로 전면적인 언급을 행하는 『엔치클로페디』첫 번째 판(1817)의 서문에서 헤겔은 그가 "내용과 동일한 유일하게 참된 방법으로 인식되기를 희망하는, 그러나 아직은 그렇게 되지 못한 방법에 기반을 두는 철학에 관한 새로운 논의"[1]를 제시한다고 말한다. 이것이 "논리학의 내용을 구성하는 순수한 본질성의 본성"에만 기초를 두어 "모든 자연적-정신적 생"의 발전을 파악하는 "사변적 방법"이다.[2] 이러한 논리학적 본질성들은 "순수 사유", 즉 "개념의 내적 발전"이다. 본질성의 "자기 운동"은 "그 정신적 생"이며, 그러한 자기 운동을 통하여 "논리학은

• • •

1. 자신의 체계에 관해 처음으로 전면적인 언급을 행하기 전 헤겔은 1812년에 (SL의 서문에서) 다음과 같이 언급한다. "본질적인 점은 여기서 다루어지는 바가 학문적 방법에 대한 진정 새로운 개념이라는 것이다." (SL 28/1권 23) 실제로 1807년 『현상학』의 서문 전체가 그 방법의 공표이며 그 저작 자체 역시 그러한 방법의 첫 적용이다.
2. SL 28/1권 24.

그 자신을 구성하고 그 운동에 관한 서술이 된다." 그렇지만 논리학의 순수한 본질성을 통하여 자신을 구성한다 하더라도 철학은 계속해서 자연과 정신에 관한 구체적인 학문에도 논리학의 방법을 계속 적용한다. 하지만 논리학의 본질성이 개념의 계기들을 이루는 연유로 말미암아 구체적 학문에서의 논증은 "외재적 반성처럼 움직이지 않"으며 "자기의 대상 자체에서 규정적 요소를 받아들이는바, 이는 그러한 논증 그 자체가 대상의 내재적 원리이자 혼이기 때문이다."[3] 그러므로 사변적 방법은 "혼이자 실체이며, 모든 것은 그 방법에 완전히 종속될 때에만 자신의 진리 속에서 파악되고 인식될 수 있다. 사변적 방법은 그것의 활동이 개념이기 때문에 모든 사태 자체(jeder Sache selbst)에 적합한 방법이다."[4]

그 때문에 헤겔은 사변적 방법이 철학적 사유에서 혁명적인 의의를 지닌다고 주장하거니와, 첫 저작부터 마지막으로 출판된 주저에 이르기까지[5] 사변적 방법에 근거하지 않고서는 철학이 논증적 학문이라는 철학 자체의 요구를 관철할 수 없음을 보이고자 하였다. 헤겔은 사변적 방법에 관한 해명이 논리학 고유의 영역에 속한다고 말한다.[6] 그렇지만 사변적 방법이 처음으로 사용된 것은 1807년 『현상학』인데, 거기서 그 방법은 "더욱 구체적인 대상, 다시 말해 의식에 적용"되는 방법의 한 사례로 제시되었다. 사변적 방법이 의식에 관한 논의에서 처음으로 활용되었다는 사실은 칸트와 대비되는 인식의 "내재적" 비판을 고안했던 헤겔의 노력을 부분적으로나마 증거한다. 또한 이 사실은 헤겔의 방법에 담긴 가능성이 의식에 관한 초월론 철학의 원리에서 발생할지언정 헤겔의 노력이 그러한 원리를 지양하고자 하는 데 있음도 증거한다. 헤겔에게 "순수 학은 의식의 대립으

• • •

3. *SL* 830/3권 420.

4. *SL* 826/3권 413.

5. *PhR*의 서문을 보라.

6. *SL* 53.

로부터 벗어나는 해방을 전제[7]하기 때문이다. 1794년『학문론』내 초월론 원리에 관한 자신의 정식(定式)에서 피히테는 어떠한 명제를 단언할 때 술어가 "자아에게 반성되어 자아가 자기 내에 현전하는 것으로 발견한 바만을 지시하는데 그 이유는 자아가 그 현전하는 것을 최초로 정립한 것이 자신 안이기 때문'[8]이라고 말한다. 자기 정립하는 자아라는 피히테의 개념을 벗어나 헤겔은 자아를 근원적으로 분리하거나(ur-teilend) 자기 분리 하는 것으로 논증함으로써 자신과 객관과의 관계에서 자아가 "관계의 내용 인 동시에 관계 그 자체"[9]임을 논증하고자 한다. 하지만 이는 개념의 내적 자기 구별 및 자기 귀환 외의 다른 것이 아니다. 자아는 개념과 동일하다.[10] 이렇듯 궁극적인 중요성을 함축하는 원리에 관한 최초의 논증은 의식에 적용되는 사변적 방법을 통해서만 이루어진다. 이와 동시에 그 논증은 의식에서 일어나는 주객관적 대립으로부터의 "해방"을 초래하며 —— 사실 그 해방을 산출하고자 기획되거니와 —— 이로써 철학적 학문의 왕국으로 가는 "도정"을 제공한다.

1807년『현상학』에서는 자아가 개념이라는 초월론 철학의 근본적인 통찰이 사변적으로 파악된 "경험"의 운동에 의해 논증된 바 있다. 객관에 관한 인식을 확보하겠다는 주관의 요구가 의식의 연속적인 형태(Gestalten) 라는 형식을 취함으로써, "자기 자신을 실현하는 동시에 해소하는 각 형태 는 자신의 부정을 성과로 얻고 이리하여 더 높은 형식으로 이행한다."[11] 그러한 과정의 "내재성" 내지 사변적 본성은 그 방법이 "대상 및 내용과

• • •

7. *SL* 49; *SL* 51도 보라.

8. Fichte, 『학문론(*Science of Knowledge*)』, ed. and trans. Peter Heath and John Lachs (Appleton-Century-Crofts, New York, 1970), p. 97n.

9. *Phen.* 209/1권 210.

10. *SL* 583/3권 24.

11. *SL* 54.

구별되는 어떤 것이 아니라는 데에서 성립하는데, 그 방법이란 바로 내용의 본질, 즉 자기 진전의 주요 원인인 자기 자신을 자기 내에 소유하는 변증법이기 때문이다."[12] 사유 형식이 비판의 "대상"이자 그 대상의 "행위"인 까닭에 『현상학』은 인식 활동의 예비에 그치지 않는, 인식에 대한 비판이다.

헤겔에게 현상학 일반은 의식으로서의 정신에 관한 학문이다.[13] 철학적 견지로 향하는 의식의 운동인 "경험"의 관점에서 진술되는 한, 현상학은 주객관의 대비에 머무는 "의식의 대립"으로부터 "해방"하는 것을 전제하는 "순수 학문"과 구별될 수밖에 없다.[14] "경험"에 관한 문제의식에서 착상된 1807년 『현상학』은 철학적 학문에 대한, 우선은 사유의 순수한 "본질성"을 다루는 학문인 논리학에 대한 "예비학"이다.[15] 1807년의 저술은 인식이 "현상"하는 것을, 즉 학문이 "등장하는(auftreten) 것"[16]을 나름대로 증명하

• • •

12. *ibid.*

13. *SL* 781/3권 342. 1807년 『현상학』은 초판 발행 시에는 학적 체계의 "제1부"로 명명되었으나 이후 체계의 "예비학"으로 지칭되었다. "직접적 의식"이 어떻게 "철학적 학문의 견지"로 발전하는지를 드러내려던 애초의 의도와 달리, 몇 년 후 헤겔은 자신의 『엔치클로페디』에서, "한갓된 의식의 형태"에 머물러 있는 것은 불가능했으며 그 체계의 "구체적인 분과"에 속하는 많은 것이 "예비학"에 "이미 부분적으로 포함"되어 있었다고 말한다. (*L* 58-59/95) 하지만 그러한 구체적 분과에 관해 1807년에 논의된 바가 이후의 체계에서 논의된 바와 어떻게 연관되어 이해될 수 있는지는 그리 명료하지 않다. 그렇지만 1807년의 저술에서 다루어진 구체적인 분과들이 인간학의 영역을 포괄하지는 않기에 이러한 관점의 문제가 우리 연구에 직접적으로 관여하지는 않는다. 1807년의 저술과 이후 체계 간의 관계에 관한 문제를 다룬 검토로는 Otto Pöggeler, "Zur Deutung der Phänomenologie des Geistes", *Hegel-Studien*, 1, 1961, pp. 255-294와 "Die Komposition der Phänomenologie des Geistes", *Hegel-Studien*, Beiheft 3, 1964, pp. 27-74; Hans F. Fulda, *Das Problem einer Einleitung in Hegels Wissenschaft der Logik* (Vittorio Klostermann, Frankfurt am Main, 1965)을 보라.

14. *SL* 49.

15. *SL* 29/1권 24, 48-49.

고자 한다. 의식으로서의 정신이 벌이는 운동은 "자연적 의식"이라는 현상학적 앎부터 철학자의 절대적 앎까지 이르는 필연적인 단계를 통해 나아가는, "정신 고유의 본성에 의해 정해진 도정"이다. 하지만 학문이 자신의 앎이 현상학적 형태의 앎보다 낮다는 어리석은 확신만을 가지고 "등장"하는 것이라면 철학자의 절대적 앎은 비판받을 수밖에 없을 터이다. 그런데 학문이 아직 등장하지 않았다면 비판을 위한 그 어떤 기준이 그 기준 자체를 정당화할 수 있겠는가? 이러한 질문들에 의해 헤겔은 자신의 기획을 사유 자체의 행위에 의한 사유 형식의 비판으로, 그리하여 인식을 앎의 "도구"로 간주하는 칸트식의 비판을 극복하는 것으로 정의한다.

헤겔은 비판의 기준이 철학자에 의한 외재적 반성을 통해 도입될 필요가 없다고 말한다. 기준은 의식 자체의 본성에 내재한다. 의식은 "자기 자신을 무언가와 구별하는 동시에 그 무언가와 관계"하는데, 이 점에서 "의식에 대하여 무언가가 있기" 때문이다.[17] 의식은 의식에 "대하여" 어떤 것이 있다는 이러한 측면을 자신의 "인식"이라고 일컫는다. 그러나 객관이라는 이러한 "대타 존재"에 반하여 의식은 "즉자 존재"를 구별한다. 이러한 방식으로 의식에 "관계"된 어떤 것은 의식의 인식과 "구별"되어 의식에 의해 관계의 "외부"에 정립된다.[18] 의식은 자신이 "인식"이라고 부르는 것과 대비하여 "즉자적"인 것을 "진리"라고 부른다. 그러나 이 구별은 의식 자체 내에서 무화된다. "즉자적"인 것과 "대자적"인 것이라는 두 계기 모두 우리가 고찰하고 있는 인식 내에 포함되기 때문이다. 이리하여 의식 자체가 "즉자적인 것 혹은 진리"라고 명명한 바 속에서 우리는 의식이

• • •

16. *Phen.* 134/1권 117.

17. *Phen.* 139/1권 123. Kenley R. Dove, "Hegel's Phenomenological Method", *Review of Metaphysics*, vol. xxiii, no. 4, June 1970, p. 617 이하를 보라.

18. 여기서 왜 의식이 자신의 인식을 "의식 내에 있는 것"으로 내세우는지는 해명되지 않았다. 의식이 그러하다는 사실은 전제되어 있을 뿐이다. 이러한 전제는 주관정신에 관한 학문 가운데에서만 극복될 것이다. (이 책, 서문, p. 11; 이 책, p. 243 이하)

의식 자신에게 세우는 기준을 갖게 되며, 이 기준에 의해 의식은 "자기 자신을 시험하고 검증한다."

이러한 의식의 자기 검증에서 의식의 "인식"은 그 "객관"과 상응할 수 없고, 그러니 의식이 자신의 인식을 변화시킬 수밖에 없음은 분명하다. 하지만 이렇듯 의식이 자신의 인식을 변화시키는 가운데 객관 또한 변화되는데, 이는 인식이란 "본질적으로 객관에 관한 인식"이기 때문이다. 마침내 의식은 "이전에 그 자체로 있다던 것이 실은 그 자체가 아니라 어디까지나 의식에 대해서 그 자체로 있었음"을 발견하게 된다. 이렇듯 이 기준을 척도로 삼던 의식이 "자신의 토대를 검증의 과정에 두지 않은" 까닭에 검증의 기준 그 자체도 변형된다. 검증은 인식에 관한 검증일 뿐 아니라 "검증에 사용된 척도에 관한 것"이 된다.

1807년 『현상학』에서 사용된 헤겔의 방법에 관한 이 간략한 개관을 통해 우리는 헤겔이 소크라테스적 자기 고찰의 원리를 어떻게 칸트의 비판 기획에서 영감을 얻은 주객관적 관계의 변증법으로 전환하였는지를 확인한다. "우리가 무슨 말을 하고 있는지 검토합시다."[19]라는 소크라테스 특유의 언급은 이렇게 연속하는 현상학적 형태를 통하여 운동하는 과정에 있는 의식에 관한 표어로 적절할 터이다. 의식은 본성적으로 자신의 객관을 판단하며, 이후에도 본성적으로 그 판단을 재차 판단한다. 이러한 자기 고찰 가운데에서만 필연적이고 논증 가능한 과정을 통해 철학적 견지로 상승할 수 있다는 것이 헤겔의 주장이다.

헤겔은 의식을 운동하게 하는 추동력이 의식 자체의 본성에서, 즉 한편으로는 "객관에 관한 의식"이라는 본성에서, 다른 한편으로는 "자신에 관한 의식"이라는 본성에서 비롯한다는 것을, 다시 말해 "의식 자신에게 진리"인 것에 관한 의식과 "그러한 진리에 관한 자신의 인식"에 대한 의식에서 비롯한다는 것을 제 나름으로 증명하고자 한다.[20] 의식 고유의 본성의

• • •

19. Plato, 『에우티프론(*Euthyphro*)』, 7a.

핵심에 자리한 이와 같은 동일성 내의 "이중성(Zweideutigkeit)" 때문에 의식이 그 자신을 초월하도록 추동되지도, 자신에게 다가온 강제를 견디고 자신의 한정된 만족을 파괴하도록 운명지어지지도 않았다고도 헤겔은 말하거니와, 의식은,

> 그 본성에 따라 미리 지정된 단계와 같은 자기 고유의 일련의 형식들을 두루 거치기 전에는 [이러한 상태에서 벗어날 수 없으며], 의식은 자기 자신에 대한 완전한 경험을 통하여 자기 내에 있는 바에 대한 인식에 다다를 때에야 정신적 생의 명료함을 소유하게 된다.[21]

주관정신에 관한 학문을 포함하는 정신에 관한 학문이 철학적 학문의 엔치클로페디 체계로 전개하듯이 "정신적 생의 명료함" 또한 전개한다.

우리가 1807년 『현상학』을 일별한 의도는 『현상학』 자체를 검토하기 위해서라기보다는 혼에 관한 사변적 이론을 저술하려는 헤겔이 주관정신의 영역에 어떠한 방식으로 접근하였는지를 보기 위한 것이다. 헤겔의 "내재적" 과정은 앞서 비판된 경험적 고찰과 대비되어 설명될 수 있겠다.[22] "지각하는 의식"에 관한 현상학적 해명에서 헤겔은 "어떠한 원인이 우리로 하여금 물체의 실존을 믿도록 야기하는가?"[23]라는 흄의 의문과 달리 어떻게 사물이 처음부터 우리에게서 독립적으로 존재하는 것으로 간주되는지를 묻지 않는다. 현상학의 논증이 "자연적 의식"에서 출발하는 연유로 객관의 "독립성"은 객관에 관한 인식을 요구하는 의식의 특성상 이미 주어

• • •

20. *Phen.* 141/1권 125.

21. *Phen.* 135/1권 118.

22. 이 책, p. 33 이하를 보라.

23. 『인간 본성론(*A Treatise of Human Nature*)』, ed. L. A. Selby-Bigge (Oxford, 1965), p. 187.

진 것으로 받아들여진다. 현상학 기획의 개념 자체에 속하는 것으로 다루어지기는 하지만 그러한 요구는 외재적 관점에서 비판받지 않는다. 오히려 그 요구는 완전히 수용되어, 의식이 스스로를 이해함으로써 자기 자신을 해소할 ― 뿐 아니라 학문적 의식의 도달에 이를 ― 때까지 모순을 통해 의식의 더욱 고차적인 요구와 형태(Gestalt)로 이끌어진다고 증명된다.[24] 이러할 때에야 흄을 비롯한 여러 사람이 "관념의 근원"을 물으며 "정신에 맞서면서 선재하는 실존"으로서의 외재성과 정신의 연관을 상정함으로써 시도하였던 인간 본성에 관한 참된 학문의 가능성이 출현하게 된다.[25]

현상학적 논증에서 출현한 철학적 의식은 주객관의 대립으로부터 "해방"되어, 주관의 규정인 동시에 객관의 규정이기도 한 "논리적 이념"의 순수 형식을 논증하는 논리학에서 출발한다. 그다음 자연에 관한 구체적인 학문(『자연철학』)에서, "자신의 이념을 따르는" 자연의 운동은 자연의 "진리"인 정신 자체로 이끌어진다고 증명된다.[26] 최종적으로 주관정신의 영역에서 철학적 학문은, "즉자적"으로 자립하여 존재하는 객관이 어떻게 주관의 "자기 분리" 활동을 통하여 최초로 "출현"하는지를 드러낸다.[27] 철학적

• • •

24. 칸트의 말을 빌리자면 의식의 운동은 헤겔에 의해 "차츰차츰 이해하게 된 보통 지성의 자연스러운 보행"으로 드러나는 셈이다. (*CPR* B 618)

25. 이 책, p. 36을 보라. Josiah Royce는 "인식의 자연적 역사"라는 관점에 선 모든 심리학적 해명에서는 누구나 "의식의 과정을 그 전개가 서술되어야 마땅한 실존하는 사실로 전제"할 뿐 아니라 "실존에 관한 인식된 형식이 이미 존재한다는 것을 사실로 하는 상황을 전제"한다는 데 주목한다. 그와 같은 서술의 근거는 "직접적으로든 간접적으로든 의식의 과정을 규정하는 것으로 상정된 외재적 사실들이 존재의 유기체 내에서 응답을 불러일으킨다는 원리이지만, 이 와중에 그 존재의 의식 여부는 아직 문제시되지 않았다." (*The World and the Individual*, 2 vols., Dover, New York, 1959, vol. 2, pp. 30-31) 헤겔의 접근이 극복을 의도한다는 바가 바로 그러한 전제이다.

26. 이 책, p. 81 이하를 보라.

27. 이 책, p. 221 이하를 보라.

견지가 절대적 "타자"인 "즉자적인 것"에 관한 의식의 개념을 비판함으로써 성취된 연유로 말미암아 주관정신에 관한 학문은 더 이상 경험적 심리학처럼 정신에 주어진 "인상"의 측면에서 말할 필요도, 의식의 내용을 외재적 인과의 "결과"로 고찰할 필요도 없다.

여기서 우리는 외재적 반성을 극복하여 "접근"의 문제를 해소하고자 하는 헤겔의 사변적 요구가 "순환적"이라는 데, 아니, 그 원리상 "순환적"일 수밖에 없다는 데 주목해야 한다. 물론 『현상학』에서 이루어지는 논증의 연쇄와 필연성은 "의식으로 하여금 학적 방식으로 구축된 연쇄"로 "나아가게 하는 일련의 경험"을 조직하는 철학자의 활동에 다름 아니다.[28] 진보의 필연성이 의식의 본성에 놓여 있기는 하지만 이러한 필연성은 의식이 "경험의 와중"[29]에 있는 동안에는 의식 자체에게 알려지지 않는다. 필연성이 의식에게 알려지는 것은 그 운동의 끝에 와서이고,[30] 그와 같은 운동 과정은 철학자로 하여금 의식의 경험을 "의식의 경험에 관한 학"으로 조직할 수 있게 한다.[31]

논증에의 이러한 요구 아래에 논증자가 논증을 수행할 수 있는 능력을 지닌 이로 등장해야 한다는 전제가 있음은 자명하다.[32] 철학적 의식이 의식

• • •

28. *Phen.* 143/1권 128; *Phen.* 790-791도 보라.

29. *Phen.* 144/1권 129.

30. *Phen.* 145/1권 130.

31. 철학자와 경험하는 의식 사이의 관계에 관한 검토로는, Dove, *op. cit.*, p. 627 이하를 보라.

32. 『엔치클로페디』(1817) 첫 번째 판에서 헤겔은 학적 견지에의 도달을 막는 주요한 장애물로서, 의식에서 이루어지는 주관과 객관의 고정된 대립이라는 전제를 언급한다. (35번 단락) 1807년의 저술을 언급하며 헤겔은 다음과 같이 덧붙인다. "나는 『현상학』, 즉 의식의 학적 역사를, 철학의 첫 번째 부분이라는 중요성을 갖는 것으로 다룬 바 있는데, 『현상학』이 순수 학문의 개념을 산출하는 바, 요컨대 그 학문에 선행하는 바이기 때문이었다. 그렇지만 다른 모든 철학적 학문과 마찬가지로 이와 동시에 의식 및 의식의 역사는 절대적인 시원이라기보다는 철학의 원환에 있는

의 형태들(Gestalten)을 고르고, 제시하고, 배열하며, 그럼으로써 그 형태들이 철학적 의식의 출현을 향한 필연적인 진보를 구성한다는 필연적인 순환성은 그 논증의 개념 자체에 내재한다. 우리가 앞서 보았듯 헤겔이 자신의 방법을 정당화하는 방식은 데카르트에서 피히테에 이르기까지 자신의 철학을 의식이라는 원리에서 시작하는 여러 사상가를 비판하는 간접적인 수준에 그친다. 이 사상가들에 대해서 헤겔은 의식에 대한 그러한 주목이 이미 "도야된" 것이 아니라면, 의식이 "발견한 것"은 그저 주관적이고 우연적인 것에 그치리라고 말한다.[33] 그러면 "도야"는 어디에서 비롯하는가? 헤겔의 답변은 『현상학』의 전 과정에 걸쳐 있다. 의식의 필연적인 운동이 철학자를 낳고 그 철학자가 다시 돌아서서 자기 출현의 필연성을 논증하리라는 주장은 사전에 증명될 수 없으며 과정 자체 내에서만 증명될 따름이다.[34] 틀림없이 그러한 논증 또한 원리상 순환적인데 이는 그 외의 다른 방도가 없어서 그러하다. 정신이 자신과 더불어 "완결되는 것"이 정신의 본성에 본질적인 것처럼 순환성은 사변적 방법에도 본질적이다.[35]

그렇지만 『현상학』의 기획은 또 다른 의미에서의 순환성을 내포한다. 사변적 학문의 원환이 완료되려면 『현상학』은 『현상학』이 입문의 역할을 할 뿐인 학문의 전체 체계를 포함해야만 한다. 그렇다면 입문 자체는 어떻게 되는가? 우선 현상학이 자아가 곧 개념인 초월론 철학의 궁극적인 통찰에 대한 "경험"을 통해 이루어지는 논증이라고 할 때, 그러한 논증은 논리학

• • •

하나의 고리에 가깝다." (*Sämtliche Werke, Jubiläumsausgabe in zwanzig Bänden*, ed. Hermann Glockner, bd. vi., Stuttgart 1956, p. 48) 여기서 나는 헤겔의 의도를 1807년 『현상학』을 부분적으로는 역사적 맥락 속에서 고찰해야 한다고 뜻한 것으로 이해한다. 그러나 1807년 『현상학』의 주객관 문제의식에 담긴 —— 정신의 본성 내에서의 —— 필연성은 오직 정신에 관한 학문 가운데에서만 논증될 수 있다.

33. *L* 134/149.

34. *L* 58/94.

35. *Phen.* 81/1권 53; *L* 28: *SL* 842.

에서 이루어지는 개념에 관한 논증 없이는, 즉 "자기 자신과 관계하는 순수 개념"[36]에 관한 학문에서 이루어지는 개념에 관한 논증 없이는 한쪽 다리로만 서 있는 격이다. 그러나 완료된 체계 내에서 의식의 형태들을 현전시키는 철학자의 역할이 정당화되기 전까지 그 과업은 자신의 완료를 기다릴 수밖에 없다. 여기서 우리는 현상학이 자연과 정신에 관한 철학적 학문의 연쇄 가운데에서만 자기 자리를 얻을 수 있음을 알게 된다. 이제 문제는 왕의 영토에 접근하는 종류의 것이 아니거니와, 사유하는 이는 이미 왕의 영토 안에 있기 때문이다. 그 체계 내에서 현상학은 주관정신의 학문 중 하나로서 자신에게 지정된 역할, 말하자면 의식에 관한 학문으로서 맡은 역할을 수행한다.[37] 그러나 이중성[38]이라는 의식의 구체적인 본성은 더 이상 (1807년의 『현상학』에서처럼) 가정되지 않고 인간학이라는 선행하는 학문에서 논증된다.[39]

　자기 인식의 문제에 관한 1807년 『현상학』의 중요한 성과는 자아를 경험될 수 없는 것으로 주장함으로써 자아에 관한 인식을 부정하는 비판철학을 『현상학』이 반박했다는 점이다. 여기서 우리는 칸트의 경험 개념과 현상학적으로 이해된 헤겔의 경험 개념 간의 차이에 주목해야 한다. 칸트에

- - -

36. *SL* 842/3권 440.

37. 여기서 우리는 주관정신 안에 있는 현상학이 1807년 저술과 같은 의미에서의 경험에 관한 학문으로 언급되지 않는다는 점에 주목해야 한다. 『엔치클로페디』의 현상학에서 "경험"이라는 용어는 논쟁적인 맥락으로만 나타난다. (*PhM* 161-162/257-258를 보라.)

38. 이 책, p. 61을 보라.

39. 상기의 설명은 1807년 『현상학』과 체계 사이의 관계에서 빚어지는 모든 문제를 해소하고자 하지 않으며, 그저 1807년 『현상학』의 특징을 "순수 학문의 개념"에 관한 "연역"으로(*SL* 49), 또한 현상학을 "자연적 정신에 관한 학문과 정신 자체에 관한 학문 중간에 있는 학"으로(SL 781/3권 342) 이해하고자 할 뿐이다. 1807년 저술과 엔치클로페디 체계의 관계라는 문제를 철저히 다룬 검토로는 Fulda, *op. cit.*, p. 105 이하를 보라.

게 경험은 "지각을 통해 객관을 규정하는 인식"[40]을 뜻하기 때문에, 자아에 관한 인식의 결과는 흄이 "인상을 추적"하는 가운데 언급했던, 순수 자아로 서의 "나 자신을 포착할 수 없다"는 말 이외의 무언가가 될 수 없다. 그러나 헤겔이 보기에 의식에 관한 내재적 비판은 인식이 감각 경험에 국한되지 않는다는 점뿐 아니라 감각적 실재를 인식하겠다는 의식의 요구가 자아에 관한 의식을 포함하는 비감각적인 것에 대한 인식에 그 진리와 근거를 둠을 증명한다는 점 또한 드러낸다. 이로써 "경험"은 의식과 그 객관의 보편적 관계라는 의미를 획득하며, 이러한 관계에서 외재적 객관에 관한 감각 경험은 특수한 경우에 그칠 따름이다.[41]

『현상학』 중 의식에 관한 장에서 특수한 "이것"에 대한 감각적 의식의 확신은 지각하는 의식의 "많은 속성을 지닌 사물"이라는 조건화된 보편적 인 것으로, 또 지성의 "힘의 법칙"이라는 조건화되지 않은 보편적인 것으로 이행하는 것임이 드러난다. 이 지점에서 헤겔은 가능한 감각 경험에 인식을 국한하는 칸트적 개념은 물론이고 경험을 감각 경험으로만 상정하는 비판 철학의 개념 역시 나름대로 넘어서고자 하였다. 하지만 이와 동시에 그러한 운동 과정은 자아가 더 이상 그에 관한 어떠한 인식도 획득될 수 없는 "초월론적인 x"가 될 필요가 없다는, 자기의식에 관한 새로운 논증을 구성 하였다.

객관이 감각적인 "타자"가 아니라 "힘의 법칙"이 되는 순간, 즉 의식의 인식과 의식의 대상이 의식에 의해 비교되는 순간에 객관은 지성의 "설명"

• • •

40. *CPR* B 218. 경험은 "보편 법칙에 의해 연결된 감각의 대상에 관한 인식"이다. (『도덕 형이상학 정초(*Foundations of the Metaphysics of Morals*)』, trans. L. White Beck, Chicago, 1950, p. 110)

41. 경험은, "직접적이고 경험해본 적 없는 추상적인 것 —— 감각적 존재든 단순한 관념적 존재든 —— 이 자기 소외를 거치고 나서 다시금 이 소외에서 자기로 귀환하고, 이렇게 함으로써 대상이 드디어 자신의 구체적인 본성과 참된 진리 가운데 확립되어 의식의 소유물이 되는 과정에 다름 아니다." (*Phen.* 96/1권 75)

작업을 거친 것임이 나타난다.[42] "타자"로서의 자신의 객관에 관한 의식의 앎이 사실상 스스로를 아는 일이라는 게 밝혀졌으니 이제 의식은 자기의식이 된다.

> 의식은 자기 자신에 대한 것(für sich selbst)이고, 구별되지 않은 것의 구별이며, 자기의식이다. 나는 나 자신을 자신으로부터 구별하며, 이 점에서 나는 나에게서 구별된 이것이 사실은 구별되지 않는다는 것을 즉각적으로 자각한다. 자기동일적 존재인 나는 나 자신으로부터 스스로를 밀쳐내지만, 이렇게 구별되어 나와 다른 것으로 서 있는 그것은, 그 즉시 나에 대하여 그 어떤 구별도 갖지 않는 것이기도 하다.[43]

칸트에게서 분석 명제의 형식을 통해 언명되었고,[44] 피히테에게서는 자아의 한갓 추상적인 자기 확신에서의 출발을 형성하는 것이었던 자기의식의 원리는, 이로써 의식 자체의 필연적인 근거와 진리가 되는 "경험"의 운동 속에서 논증된다.[45]

현상계를 "절대적으로 보편적인 계기들과 그러한 계기들의 과정"에 있는 "힘들의 유희"로 인식하면서, 의식은 현상의 장막 너머에 있는 "내적 영역"이라는 초감각적 세계에 관한 진리를 파악하였다. 초감각적 세계는 스스로를 "무한한 것으로서, 즉 자신과 그 대립자가 하나로 통일되도록 하는 순수한 자기 운동의 이러한 절대적인 동요"로서 드러내었다. 이 동요는 "내적 구별"[46]인 구별이다. 그러나 이러한 방식에서 볼 때 의식의 객관은

• • •

42. *Phen.* 200/1권 191 이하.
43. *Phen.* 211/1권 203.
44. *CPR* B 135.
45. *Phen.* 211-212/1권 204.
46. *Phen.* 208/1권 198.

"절대적 개념" 외의 다른 것이 될 수 없다. 따라서 객관을 자기 자신의 활동이자 개념으로 경험하는 와중에 의식은 그 스스로 개념으로서 출현하였다. 이제 객관의 내적 자기 구별은 주관의 내적 자기 구별과 내재적으로 하나이며, "자기의식"인 주관성은 "자신에 대하여" 이러한 동일성을 확립하는 것으로 나아간다. 의식이 자기의식, 이성, 정신이라는 이어지는 여러 연속적인 차원에서 성취한 바와 철학적 사유 일반은 물론 특히 절대적 관념론에서 절정에 다다른 의식의 노고를 통해 정신은 비로소 그 자신을 정신으로 인식한다.

"인식이 현상하는 방식에 관한 학문"인 1807년 『현상학』은 철학적 의식의 출현과 더불어 완료되었다. 우리가 굳이 평가하지 않아도 될 헤겔의 주장에 따르면, 그 운동은 "의식이 세계 속에 드러나는 모든 국면을 필연적인 연관으로"[47] 포괄하는 "개념적으로 파악된 체계"[48]를 이룬다. "자기에 대하여 타자로 존재하는 것과 같은 소원하고 이질적인 면"을 제쳐두고 의식은 현상이 본질과 동일시되는 지점까지 다다랐다.[49] 헤겔이 말하기를 바로 이 지점에서 정신은 "자기 존재의 심연으로 하강하여" 철학적 학문을 산출한다.

철학적 학문의 예비학으로서 그리고 무엇보다도 우선 논리학에 대한 예비학으로서 1807년 『현상학』은 "실체"와 "주체"의 동일성이라는 진리에 대한 사변적 이해를 의식의 "경험"이라는 형식 안에서 논증한다.[50] 논리

• • •

47. *Phen.* 95/1권 74.

48. *Phen.* 808/2권 361.

49. *Phen.* 145/1권 130. 일단 자신의 논증이 받아들여진다면 —— 현상학적으로 고찰된 경험을 매개 삼아서 —— 헤겔은 칸트가 현상의 감각적 세계에 있는 "작용인의 타율성"이라 칭한 것으로부터, 초감각적 예지계에 있는 자유를 통한 인과성의 "자율성"으로 가는 이행을 이룬 셈이다. 물론 칸트에게 그러한 이행은 이론적 인식뿐 아니라 인간에 관한 인식과 관련해서도 불가능한 일이었다. (*CPR* A 550 = B 578을 보라.)

50. *Phen.* 80/1권 51, 86.

학에서 전개될 "순수 본질성"은 존재의 규정인 동시에 사유의 규정이다.[51] 외재적 반성이라는 비판철학의 접근을 극복하고자 계획된 인식에 대한 내재적 비판에서 『현상학』은 자아, 주관성, "대자적인 것"의 측면 및 존재, 객관성, "즉자적인 것"의 측면이 공히 개념의 내적 자기 구별이라는 운동을 제시한다는 것을 증명하였다.[52] 이제부터 순수한 철학적 학문에서 이루어지는 사유의 운동은 더 이상 "경험"의 운동이 아니며, 다시 말해 "의식의 형태"로 있지 않으며, 오히려 "개념"으로, "이렇듯 자신에 근거를 두는 개념들의 유기적 운동"으로 존재한다.[53] "앎의 단순성"에 있는 사유 형식을 최초로 전개시키는 학문은 논리학이다.

지금까지 우리는 1807년 『현상학』이 학문으로 가는 도정으로서 맡은 역할을 간략히 살펴보았다. 그렇지만 사실 우리가 본 것은 도정 이상이었다. 길 위에서의 모든 전환이 예상치 못한 바로 다가오는 경험의 영역 가운데 여행자는 자신이 왕의 영토에서 무엇을 발견할지에 관한 그 어떤 전조도 얻을 수 없다. 헤겔이 말하기를 의식의 영토 내에서 활용되는 사변적 방법의 한 사례로 『현상학』은 "학적 진보"에 필수적인 단순한 통찰,

• • •

51. "존재는 전적으로 매개된다. 존재는 직접적으로 자아의 소유에 있고 자아의 특성을 가지되 개념이기도 한 실체적 내용이다." (*Phen.* 97/1권 75) Hyppolite의 말에 따르면, 1807년 『현상학』은 "논리적인 것의 정신화(une spiritualisation de la logique)"를 가능케 하였다. (*op. cit.* vol. II, p. 554 이하)

52. *SL* 585/3권 32-33.

53. "『정신현상학』에서 각 계기는 인식과 진리의 구별이자 그 구별이 지양되는 과정이다. 이에 반하여 학문은 이러한 구별과 지양을 내포하지 않는다. 오히려 각 계기가 개념의 형식을 취하는 까닭에 학문은 진리의 객관적 형식과 자아의 앎을 직접적 통일 속에서 합치시킨다. 각 계기는 의식이나 표상에서 자기의식으로 또는 그 반대로 [자기의식에서 의식이나 표상으로] 이리저리 움직이는 과정으로 나타나지 않는다. 반대로 의식에서의 현상이라는 자신의 상태에서 해방된 계기의 순수한 형태, 즉 순수 개념이자 그 또 다른 전진은 오로지 자신의 순수한 규정성에만 의존한다." (*Phen.* 805-806/2권 358)

즉 "부정적인 것이 긍정적인 것과 마찬가지"[54]라는 논리적 원리에 관한 인식을 제시한다. 1807년 저술에서 우리는 각각의 형태가 "자기 자신의 부정을 성과로 한 뒤 이어서 더욱 고차적인 형식으로 이행"하는, 의식의 일련의 형태를 목도한다. 이렇게 하여 우리는 "자기 모순적인 것이란 스스로를 무(無)로 해소하지 않"는 "특수한 사태의 부정"이기에 "특수한 부정"이자 "내용"을 가진다고 하는 최상위의 주요한 원리를 확보한다.[55] 이러한 운동에서 나타나는 새로운 개념은,

> 그에 선행하는 개념들보다 고차적이고 풍부하다. 그것[새로운 개념]은
> 선행하는 것의 부정이나 대립에 의해 보다 풍부해지고 그에 따라 선행하는
> 것을 포함하는 데다가, [단순한 포함을 넘어선] 또 다른 무엇, 즉 자신과
> 자기 대립자 간의 통일이기 때문이다.[56]

여기 의식의 경험에서 헤겔이 기술하는 지양(Aufheben) 운동은 개념의 순수 운동 말고 다른 게 아니며, "생의 이렇듯 순수한 에테르 속"에서 이루어지는 그 운동의 연속하는 형식을 통해 논리학 자체는 "광대하게 구축되기에" 이른다. 그와 같은 논리학은 이전에는 결코 전개된 바 없을뿐더러, "그 원리상 모순을 사유불가능한 것으로 배제하는" "형식주의적 사유"와 본질적으로 구별되기도 한다.[57] 헤겔의 말에 따르면 실로 "모순에 관한 사유는 개념의 본질적 계기"임이 분명하고, 이러한 이유로 정신을 형성하는 대립자의 통일을 정신 개념으로써 파악할 수 있는 것은 개념파악적 사유뿐이며, 이 개념파악적 사유를 산출하는 것은 사변 논리학밖에

●　●　●

54. *SL* 54.
55. *ibid.*
56. *ibid.*
57. *SL* 835/3권 428.

없다.

더욱 제한된 의미에서 "사변적인 것"은 "논리적인 것"을 형식의 관점에서 분리할 때 발생하는 세 계기 중 하나이다.[58] 첫 번째 계기는 "지성적" 사유의 계기인데, 헤겔이 이로써 의미하는 것은 자신의 유한한 규정들을 서로 구별되어 고정된 것으로 취하는 모든 형식주의적 사유이다. 자신의 완고한 동일성에 집착한 나머지 지성은 진리를 생으로부터 갈라놓고, 자기 자신 또한 진리와 생 모두로부터 떨어뜨린다.[59] 그러나 그 극단으로 이끌린 지성의 구별들은 자신의 대립자로 방향을 튼다. 사유의 두 번째 계기인 변증법은 대립하고 있는 고정된 규정들의 이러한 지양이다. 그래서 변증법의 성과는 그저 부정적인, 모든 고정된 규정성의 회의적인 해소로 보일 따름이다. 하지만 세 번째 계기인 사변적인 것은 대립 가운데 있는 그 규정성들의 통일을 파악하여, 고정된 규정성들의 부정적 해소 속에 내재했던 긍정적인 진리를 낳는다.

분석적 지성의 외재적 반성에 담긴 형식주의적 특성을 밝히기는 하지만 변증법은 비판의 도구 이상의 것이다. 헤겔은 변증법이 정신의 본질적 운동과 현실성의 생동하는 과정을 모두 드러낸다고 주장한다.[60] "유한한

●●●

58. *L* 143/157 이하.

59. 이러한 형식적 사유로 말미암아 생은 "절대적 모순"이자 "불가해한 수수께끼"로 남을 따름이다. (*SL* 763/3권 312) "모순이 사유될 수 없다고들 말하지만, 사실 생명체의 고뇌 속에서 그 모순은 더욱 현실적인 현존이다." (*SL* 770/3권 324 ; *PhN* 274와 *PhR* 261-262도 보라.) 칸트에게도 "내적 목적성"으로서의 생은 (기계적 방식을 넘어서지 못하는) 지성의 범주가 아니라 미학적-목적론적 판단에 의해서만 파악될 수 있다. 그러나 우리 자신의 자유로운 활동과 유비됨으로써 획득되는 내적 자기 조직의 원리는 자연에 관한 인식에서 "규제적"으로만 쓰일 수 있을 뿐 "구성적"으로는 사용될 수 없으며, 우리의 "반성적" 판단에 의해서만 쓰일 수 있을 뿐 우리의 "규정적" 판단에 의해서는 사용될 수 없다. 다시 말해 목적성은 우리 인식 능력의 주관적 구성에 대해서만 타당하다. (*CJ* 222/431 이하를 보라.)

60. 헤겔이 말하기를 "반성"은 일단 "한 사물의 고립된 술어에 어떠한 언급을 부여하여

것을 억눌러 한쪽으로 치우기 위해" 유한한 것의 본성을 밝히는 와중에 변증법은 "학문적 진보의 생과 혼을, 즉 학문의 내용에 내재적 연관을 부여하는 원리를 구성한다."[61]

유한한 것이 그 대립자로 끊임없이 이행하는 것은 궁극적인 진리가 될 수 없고, 모든 유한한 것 안에 있는 비존재의 계기를 드러내는 변증법적 사유가 사유의 가장 고차적인 형식인 것 역시 아니다. 모든 "어떤 것"에서 "다른 것"으로의 이행은 개념이 내적인 자기 구별을 수행한 뒤 스스로와 동일해지고자 귀환하고 그럼으로써 어떤 것과 다른 것 모두에 대한 진리가 된다는 점을 증명한다.[62] 자신의 모든 규정성에서 확보되는 개념의 이러한 대자 존재가 "관념성" 및 "부정의 부정"에 담긴 의미이며, 이것이야말로 유한한 것으로부터 분리되지 않은 채 그것을 자신의 계기로 포함하는 "참된 무한성"이다. 순수한 자기 활동, 깨지지 않은 평정 상태와도 같은 절대적 운동이다. 논리학에서의 "사변적인 것"을 설명하는 데에는 헤겔이 "생"에 관해 쓴 『현상학』의 약동하는 한 구절을 인용하는 게 가장 낫겠다.

생의 단순한 본질, 세계영혼, 만물에 스며 있는 혈기로 불리는 이 단순한 무한성 내지 절대적 개념은 모든 곳을 관통하거니와, 그 흐름은 어떠한 구별에 의해서 방해받지도 저지되지도 않을뿐더러, 그 자체 모든 구별을

• • •

그 술어로 하여금 자신의 상대성을 산출하게 하는 운동이지만, 다른 관점에서 반성은 술어를 그 고립된 타당성에 내버려두는 데 그친다." 그러나 "변증법"은 "내재하는 경향을 밖으로" 드러내어 "이를 통해 지성의 일면성과 제약이 자신의 참된 빛 가운데 보이도록, 그것들[일면성과 제약]에 대한 부정이 나타나도록 한다." (L 147/158)

61. L 147/158-159; SL 835, 56도 보라. "이념 자체는 구별된 것과 자기동일적인 것을, 객관적인 것과 주관적인 것을, 무한한 것과 유한한 것을, 신체와 혼을 영원히 분리하고 구별하는 변증법이다. 이러한 관점에서만 이념은 영원한 창조요, 영원한 생동성이며, 영원한 정신이다." (L 356)

62. L 176/297 이하; SL 116 이하.

해소하는 것인 동시에 그 구별들을 발생시키는 것이다. 자기 내에서 약동하나 결코 운동하지 아니하며, 자기 심연으로 추락하나 전혀 동요하지 않는다. 그것은 자기동일적이니, 이는 구별들이 동어반복이기 때문이다. 그 구별들은 아무것도 아닌 구별이다. 그러므로 이러한 자기동일적인 본질은 자신과의 관계에서만 성립한다. '자신과의'라는 표현은 그것이 자신의 타자임을 뜻하며, 여기서 자신과 자신과의 관계가 이루어진다. 자신과의 관계는 보다 엄밀하게 말하자면 분열을 깨뜨리는 것이다. 요컨대 자기동일성은 내적 구별이다.[63]

"생"을 학문적으로 파악하게 하는 새로운 사변 논리학에 와서야 비로소 인간이 더욱 고차적인 생으로서의, 즉 자유로운 정신으로서의 "너 자신을 알라."는 명령을 충족할 수 있게 되었다는 게 헤겔의 주장이다. 자신의 목적론적 판단론에서 생과 정신의 참된 정신적 과정에 관한 파악에 착수하기는 했으나 칸트는 정신성의 이러한 가장 고차적인 형식을 사유하는 데 필수적인 범주들을 전개하는 일까지는 나아가지 않았다. 논리학에서 헤겔은 자신이 존재와 본질로부터 개념이 출현하는 것을 증명한다고 주장하는데, 이 범주들은 칸트의 초월론 철학은 말할 것도 없이 전통 형이상학의 범주마저도 포함한다.[64] 본질에 관한 논증의 정점인 "실체성의 관계"는 자신의 "토대이자 진리"인 개념의 "주관성"으로 이행한다.[65] 이로써 "객관성"과 "필연성"의 범주는 "주관성"과 "자유"에 그 근거를 두는 것으로 드러난다. 헤겔의 주장에 따르면 현상학적으로 극복되었던[66] 칸트의 현상

• • •

63. *Phen*. 208/1권 200.

64. *SL* 63-64/1권 54-56.

65. *SL* 580/3권 19-20, 577, 581-582. 칸트에 대한 참조를 일부 포함하는 "주관 개념으로의 이행"에 관한 간략한 검토를 보려면, Mure, *A Study of Hegel's Logic, op. cit.*, pp. 151-156을 보라.

66. 이 책, p. 68을 보라.

과 사물 자체 간의 대립은 이제 이러한 방식으로 논리학의 영역에서 더욱 철저하게 극복된다. 이와 같은 논리적 근거는 칸트가 그의 세 번째 비판서에서 추구하였던 자연으로부터 자유로운 정신으로의 참된 이행을 위하여 준비된 것이다.[67]

정신에 관한 구체적인 학문을 논증하는 와중에 헤겔은 우리에게 사변적 방법이 분석과 종합을 결합한다고 말하며, 그러한 결합이 "공허한 병치나 한갓된 양립"[68]이 아닌 개념의 내적 자기 구별, 즉 자기 외화인 동시에 자기 내화인 운동이라고 한다.[69] 모든 "전개"가 전개인 동시에 또 다른 내적 집중인 연유로 말미암아 그 운동은 "자신 안에" 분석과 종합이라는 두 계기를 "함유"한다.[70] 이 때문에 주관정신에 관한 학문에서 감각, 상상, 기억과 같은 규정성들은 "부분", "능력", "힘"이 아니라 정신의 "계기"로서 나타나고, 논리학에서 논리적 이념의 연속하는 각 규정성이 "절대적인 것에 관한 가장 구체적인 규정이자 진정한 정의"[71]인 것처럼 각 계기는 그 전체성에서 본 정신에 대한 "정의"이기도 하다. 각 규정이 계속되는 구체화로서 자신의 선행하는 것에서 발생하는 까닭에 그러한 운동은 진보하는 풍부함[72]이지 단순한 의미에서의 덧붙임이 아니다. "시원"에서 나아가는 각 단계는 "다시 시원으로 돌아가는 것"이기도 하기에 표면적으로는 다른 두 과정인 "시원의 후행하는 근거지음"과 "시원의 전진하는 규정 작용"은 사실상 "일치하고 또 하나이다."[73] 주관정신에 관한 학문에서 아리

• • •

67. *CJ* 12/158, 32-34/184-187을 보라.

68. *L* 376.

69. "자기 외 진전(Aüssersichgehen), 즉 지속하는 규정성의 새로운 각 단계는 자기 내 귀환(In-sich-gehen)이기도 하며, 이보다 넓혀진 확장(Ausdehnung)은 더욱 밀도 있는 강도를 나타낸다." (*SL* 840-841/3권 437; *Phen.* 806-808와 *HPh* Ⅰ, 28도 보라.)

70. *L* 376; *SL* 830.

71. *L* 162/167.

72. *SL* 840/3권 437.

스토텔레스적인 의미에서의 사변적 불길을 재연하고자 하는 헤겔의 언급은 바로 이러한 정신의 자기 실현 내에서 파악되는 시초(arche)와 목적(te-los)의 본래적 동일성이라는 의미에서만 그 뜻을 지닐 수 있다.

• • •

73. *SL* 841/3권 437. 개념의 사변적 운동 속에서 "진전은 근거로의 후퇴이거니와, 이 근거는 일차적이고 참되며, 진전은 이 근거에 의존하고, 사실상 근거에서 비롯하니, 시원이 만들어지는 것조차 바로 그 근거에서이다." (*SL* 71/60)

제3장 주관정신의 개념

    지금까지 헤겔이 어떻게 자기 인식의 문제를 제기한 뒤 그 문제를 새로운 논리학과 철학적 방법으로 해결하고자 하는지를 보았으니, 이제는 그의 학문 체계 전체의 견지에서 주관정신 개념에 초점을 맞추어야 한다. 우리는 헤겔이 『정신철학』의 도입부에서 "너 자신을 알라."는 명령을 인간 자신의 내적 신탁으로 주어진 것임과 동시에 신적인 것의 음성이라고도 말했음을 상기한다. 신적 정신의 영원한 자기 인식과 정신으로서의 자신을 알라는 인간에 대한 명령 간의 "관계"에 관한 문제는 영원한 "논리적 이념"이 자연 및 정신에 관한 구체적 학문과 맺는 관계와 연관한다.

    1807년 『현상학』은 자아가 개념이며 또한 자연적 의식이 스스로를 개념으로 아는 철학적 의식으로 발전한다는 것을 보였다. "순수 본질성"인 개념 형식이 존재의 규정이자 사유의 규정임을 논리학이 논증하는 것은 이러한 "절대적" 견지에서이다. 그 원리상 어떻게 사유가 존재에 도달할 수 있는지를 묻는 의문은 더는 제기될 수 없다.[1] 그러나 범주가 개념의 형식이자 "사유하는 현실성(denkende Wirklichkeit)"으로 제시된다고 해도 논리학이 범주를 자연과 정신의 구체적인 형태로까지 제시하는 것은 아니다. 이를테면 정신과 관련하여 헤겔은 논리학이 그 "논리적 이념"에 있는 정신을 제시할 뿐, 그러한 논리적 이념에서 자아는 "직접적으로 자유로운 개념이고…… 그 판단(Urteil)을 행하는 가운데 자유로운 개념은 그 자체로 객관이니, 즉 이념으로서의 개념"[2]이라고 말한다. 그러므로 정신의 논리적 이념은 "정신이 자연, 혹은 직접적 규정성과 물질적인 사물, 혹은 표상적 사유와의 연계를 통해 진보하는지를 지켜볼" 필요가 없다. 구체적 정신의 이러한 진보는 인간학, 현상학, 심리학으로 구성된 주관정신론에서뿐 아니라 시간 속에서 발생하는 정신의 발전이라는 의미에서의 역사를 포함하는 객관정신에 관한 학문에서도 다루어진다. 이러한 구체적 학문들과 대조적으로 논리적 이념에 관한 학문은 그 내용상 "자연과 유한한 정신의 창조 이전 자신의 영원한 본질에 있는 신에 대한 서술"[3]로 기술될 수 있다.

이러한 까닭에 논리학이 "신적 개념"에 관한 학문인 것과 달리 정신으로서의 자신을 알아야 하는 인간에 관한 학문은 정신을 그 유한한 형식에서 드러내는 학문을 구성하며, 거기에서 정신이 관계하는 내용은 자기 자신에 다름 아닌 "타자"이다. 하지만 이들 학문을 통해 나타나는 운동은, 자신의 유한한 형식으로부터 "스스로를 해방"시키고, "자신에 관한 진리, 즉 자기가 곧 무한한 정신이라는 진리를 파악하는 데에로 나아가는" 정신의 과정임이 증명된다.[4] 그런데 인간이 스스로를 무한한 정신으로 알아야 한다는 명령은 인간이 논리학이나 "신적 개념" 자체를 포함하는 철학적 의식에 도달함을 뜻한다. 이제 우리는 논리학이 "이념으로 하여금 최초로 자연으

● ● ●

1. 그러한 의문은 의식 및 의식 속에서 이루어지는 주관과 객관의 대립에 관한 문제의식 안에서만 가능하다.

2. *SL* 782/3권 342.

3. *SL* 50. 논리학을 은유적이지 않은 단어로 정의한 것으로는 *SL* 825, 843을 보라.

4. *SL* 782/3권 342.

로 이행하도록 하는 첫 번째 학문"일 뿐 아니라 "마지막 학문"이기도 하며, 이러한 점에서 헤겔의 전 체계가 원환임을 다시 한 번 보게 된다.[5]

정신의 논리적 이념이 자연과 정신의 "연루"를 극복하는 정신 자신의 과정을 "지켜보아야" 한다고 요구하지는 않지만, 논리적 이념의 개념은 자연 및 구체적 정신으로부터의 그 어떤 전적인 분리도 함의하지 않는다. 기계론, 화학론, 목적론, 생명, 인식 등과 같은 논리학 최상위의 범주들을 일별하기만 해도 이러한 사실을 확인하기에는 충분하다. 논리학을 청사진으로 두지는 않을지언정[6] 자연 및 구체적 정신에 관한 학문 역시 그것이 자신의 내용을 개념에서 파악할 필요가 있는 철학적 학문이라는 점에서는 개념의 순수 형식을 다루는 논리학에 빚진다. 구체적 소재에 관한 모든 철학적 파악은 그 논리적 이념을 따를 것이다.[7] 그러한 파악은 개념에 의해서 가능한데, 그 개념의 순수 형식은 논리학에 속하는 동시에 구체적인 소재 자체에도 내재한다. 당연히 정신의 논리적 이념에 대한 논증은 구체적 학문 가운데 있는 정신의 형태에 대한 논증과 다르다. 따라서 논리학이 "생의 이념"을 논증하는 데 반해, 『자연철학』 중 유기체에 관한 학문은 자연 안의 현실적 형식에 있는 생을 다룬다.[8] "인식의 이념"이 분석, 종합, 정의, 정리(定理) 등의 관점에서 논증되는 것과 달리, 주관정신에 관한 학문에서 "인식의 과정"은 유한한 주관성이 어떻게 감각, 직관, 상상, 기억의

• • •

5. *ibid.*; *SL* 842와 *PhM* 313/499도 보라.

6. *SL* 592/3권 43-44를 보라.

7. "자연이라는 영원한 생"과 관련하여 헤겔은 "물방울 하나하나가 태양의 상을 반영하듯이, 이념은 [자연의] 전 영역에서 그 영역의 유한성을 벗어나지 않는 만큼 그 자신을 드러낸다."고 말한다. (*PhN* 27/1권 81)

8. 『자연철학』에서 생은 "자연의 생명으로서 한낱 외면적인 현존재 속에 투사된 상태에서 비유기적 자연의 제약을 받으며, 더 나아가 이념의 계기들은 현실적 형태들의 다양성에 그치는 것으로" 다루어진다. 논리학에서 생의 이념에 대한 계기들은 "외재적 현실성의 형태를 부여받지 않은 채 개념의 형식에 갇혀 있다." (*SL* 762/3권 310)

단계를 거쳐 스스로를 사유하는 지성으로 고양하는지를 논증한다.

자연과 정신에 관한 구체적 학문에서 개념의 형태를 논증할 때 철학자는 경험적 탐구의 결과에 크게 의지할 수밖에 없다. 이에 따라 헤겔은 『자연철학』이 "경험 물리학을 전제하고 또 그것에 의해 조건지어지며",[9] 철학적 인식의 진보에서 일반적으로 "우리는 객관에 관한 설명을 그 개념에 의해 규정된 것으로서 제시해야 할 뿐 아니라, 경험적 현상을 그 개념에 일치하는 것으로 불러야 하며, 게다가 그러한 현상이 실제로 그 개념에 일치한다는 것을 증명해야만 한다."고 말한다. 그러나 헤겔은 그렇다고 해서 내용의 "필연성"을 굳이 경험해야만 한다는 말은 아님을 덧붙인다. 예를 하나 들어보자. "부정적" 내지 "위(僞)" 무한성이라는 논리적 범주는 유한한 주관성의 모든 차원에서 자신의 현상을 산출한다.[10] 이러한 범주의 현전은 특수한 내용 자체를 새길 터인데, 여기서 모순의 지양이 새로운 모순의 시작이기에 이러한 과정은 무한히(ad infinitum) 계속된다.[11] 그렇지만 헤겔에 따르면 이는 외재적 반성을 통해 소재에 논리적 범주를 강제하는 것도 아니고, "경험"에 기반을 둔 일반화에 그치는 것도 아니다. 그래서 하나의 만족이 또 다른 욕망을 일깨우는 기회가 되는 "욕망"의 "부정적 무한성"은 주관정신의 이러한 계기에 관한 철학적 논증에 본질적인 동시에 사태 자체에 내재적이기도 하다.[12] 사변적 방법이 "자기의 대상 자체에서 규정적 요소를 받아들이는바, 이는 그러한 논증 그 자체가 대상의 내재적 원리이자 혼이기 때문이다."[13]라는 말은 이러한 의미에서이다.

의식의 경험이라는 운동의 성과(1807년 『현상학』)를 통해 철학적 학문

• • •

9. *PhN* 6/1권 29. *L* 13, 16과 *HPh* Ⅲ, 176도 보라.

10. *SL* 137/1권 141 이하와 *L* 174 이하도 보라.

11. 이 책, p. 87, 41번 각주를 보라.

12. *PhM* 169/269.

13. *SL* 830/3권 420.

의 견지에 이르렀고 또 논리학에서 학문의 절대적 방법을 전개하기는 했지만, 구체적 학문 가운데에서 진행되는 정신의 운동에 관한 철학자의 "논증"은 "관망하는 것"에 불과하다. 철학자는 사태 자체에 자신의 예상을 비롯한 그 어떤 이질적인 요소도 받아들이지 않은 채 자기 탐구의 대상으로 하여금 그 개념에 따른 고유의 내적 과정이라는 필연성으로부터 대상 자신의 규정성을 전개하게 한다.[14]

[상황이 바뀌어] 이제 우리의 소재는 "구체적" 정신이며, 그에 관한 탐구는 논리학뿐 아니라 자연에 관한 학문 역시 "전제"로 삼는다.[15] 철학적 학문의 체계에서 정신철학은 자연철학을 자신에 "직접적으로" 선행하는 것으로, 논리학을 "매개된" 것으로 가진다. 그러니 자연철학은 정신 개념의 필연성에 관한 증명, 즉 정신이 자연의 "진리이자 궁극 목적"이라는 증명을 자신의 "최종 성과"로 확보해야만 한다.[16]

헤겔은 정신과 마찬가지로 자연 역시 이성적이고 신성한 "신의 사원"이자 영원한 이념의 현현이라고 주장한다.[17] 그렇지만 자연에서 이념은 부분 밖에 있는 또 다른 부분(partes extra partes) 내지 "상호 외재 존재(Aussereinandersein)"[18]의 매개 가운데 현상한다. 시공간에서 이루어지는 자연의 현시는 "이것 옆의 이것(Dieses neben Diesem)"이나 이것 뒤의 이것

• • •

14. *PhM* 5/16; 이 책, p. 50도 보라.

15. *PhM* 8/22.

16. *PhN* 24/73. 개념의 세 계기의 관점에서 볼 때, 순수한 논리적 이념은 이념의 "무매개적이고 단순한 자기 내 존재"이며, 자연은 이념의 "자기 외 존재"이다. 정신은 이러한 "타자가 됨"에 대한 지양이자 이념의 "타자로부터 자신으로의 귀환이자 반성된 존재"이다. (*PhM* 9/22) 그러나 칸트에게 이와 같은 말은 "황홀한 것에 대한 열광"일 터이다. (*CPrR* 59/129) 그럼에도 칸트는 인간을 "자연의 궁극적 목적"인 "도덕성의 주체"로 보았다. (*CJ* 279/502 이하) 물론 그러한 원리가 이론적 인식을 위해 "구성적" 역할을 맡을 수는 없지만 말이다.

17. *PhN* 13/1권 45; *PhM* 9/23.

18. *PhN* 13-14/1권 47; *PhM* 9/23; *FPhG* 26.

이라는 양상을 보이는 데 그친다. 헤겔은 사연이 "우리에게" 이러한 외재적 성격을 보일뿐더러 "자연 자체에도 외재적"[19]이라고 말한다. 이러한 이유로 자연은 자유의 영역이 아닌 외재적 필연성과 우연성의 영역이다.[20] 자연이 전개하는 여러 형식은 다소간 서로 자립적인, 다소간 서로 무관심한 실존들이다. "자연을 실재성으로"[21] 각인하는 것은 바로 이러한 점이다. 예를 들어 태양계의 물체들은 태양에 의해 당겨지지만 태양은 물론 그 물체들 간에도 자립적 실존이라는 가상이 존재한다. 헤겔이 "모순"이라 부르는 이러한 상황은 태양 주위를 도는 물체의 운동 속에서 드러난다.[22]

여기까지 우리가 보았듯[23] 헤겔이 모순을 정신의 가장 고차적인 특징으로 간주한다고 해서 그 모순이 자연에 본질적이지 않은 것은 아니다. 그러나 자연에서 (시간과 공간이라는) 상호 외재 존재의 매개는 우리가 정신의 영역에서 만나게 될 것과는 다른 종류의 모순과 다른 형식의 자기 외재성을 만들어낸다. 헤겔이 우리에게 경고하는 바와 같이 정신에 관한 우리의 탐구에서 발생하는 문제 중 하나는 물리적 영역에서의 정식(定式) 과정과 달리[24] 정신적 발전의 단계들이 "특수한 실존으로 뒤에 남겨지지 않은 채" 보다 높은 단계의 "계기"로 지양된다는 점이다. 그러니 혼에 관한 우리 연구의 초기 단계에서 이따금 우리는 그 발전의 말미에서야 완전한

• • •

19. 칸트와 마찬가지로 헤겔이 보았을 때, 우리에 대한 "가상"으로서의 자연과 "즉자적"으로 있는 것으로서의 자연 간에는 아무런 구별이 없다.

20. *PhN* 17/1권 55.

21. *FPhG* 26. 실재성(Realität)의 진리는 정신의 근본 범주인 관념성이다. (*L* 180; 이 책, p. 170을 보라.)

22. *PhM* 9/23. 칸트는 모순을 이성의 속성으로 파악하고자 하였으나 이는 "세계의 본질을 훼손한다는 점에서 허용될 수 없었다." 그러나 헤겔이 보기에 이 지점에서 칸트는 "세계의 사물에 대한 과도한 애정"을 드러낸다. (*L* 98/115)

23. 이 책, p. 33.

24. *PhN* 278/2권 28.

구체성과 더불어 나타날 내용을 "예견"해야만 하겠다.[25]

헤겔이 말하기를 정신의 출현은 자연의 발전에 따른 "성과"의 측면에서만 고찰될 수 있다. 깊은 의미에서 정신은 자신이 "정신 자신의 전제"[26]로 창조했던 자연으로부터 스스로를 낳는다. 요컨대 자연에서 정신으로의 이행은 "어떤 것"에서 "다른 것"으로의 이행이 아니라 정신이 자기 자신으로 돌아오는 귀환이다. 이에 따라 [자연과 정신이라는] 두 영역 사이에는 그 어떤 절대적 간극도 있을 수 없다. 동물과 식물은 물론이거니와 어떤 점에서는 생명이 없는 자연의 형식조차 개념의 "구별 내에서의 자기동일성"을 나타낸다. 자연이 신적이고 이성적이라는 말은 이러한 연유에서이다. 그러나 개념이 자기 자신의 정수와 본질에 이르게 되는 가장 고차적인 표현은 바로 정신이다.[27]

자기 외재적인 것인 자연은 정신 고유의 내면성을 예시(豫示)하는 생 가운데에서 "스스로를 넘어선다." 스스로를 자신의 자기 과정이자 자기 목적(Selbstzweck)으로 여기고 또 스스로를 자신의 "타자"인 "비유기적" 자연 안에서 자기동일적으로 보존하는 한에서, 개별적 유기체는 생 가운데에서 개념의 부정적 자기 관계이다.[28] 헤겔은 이념으로서의 생을 다음과 같이 말한다.

> [이념으로서의 생명은] 그것을 통해 비로소 생명이 주체가 되는 제 자신의 운동이기 때문에, 자신을 자신의 타자로 만들고…… 자신에게 귀환하고 또 자기로의 귀환을 완수하고자 그 자신에게 대상의 형식을 부여한다.[29]

• • •

25. *PhM* 8/22.

26. *PhN* 444/2권 408. "시초"와 "종국"의 의미도 보라. 이 책, p. 75.

27. *PhN* 13/45.

28. *PhN* 377/2권 261; *L* 359-360; *SL* 769 이하; *Phen.* 208, 221 이하; 이 책, p. 72도 보라.

이러한 까닭에 헤겔은 아리스토텔레스가 식물적 혼이라 했던 것을 "식물적 주체"라고 말한다.

식물에서 우리는 주변으로 흘러넘치는 중심 — 내부에서 외부로 전개하는 구별성 — 을 보며, 그에 따라 식물에는 "충동(Trieb)"[30]이 있다고 간주할 수 있다. 그렇지만 식물적 주체가 드러내는 것은 정신의 대자 존재라는 무한한 형식이 아니라 "아직 참된 무한성이 아닌 직접적-형식적인 대자 존재"[31]일 뿐이다. 식물 각 부분의 분절 과정을 통해 전체가 출현할 때 각 부분은 전체의 "반복"으로서 전체이다. 그러한 운동은 식물이 "자기 밖으로 나온" 측면 및 그 식물이 식물적 주체에 불완전하게 종속되어 있는 몇몇 개체로 "분절"되는 것을 보인다.[32]

동물적 생은 내면성의 고차적 형식, 즉 주체의 보다 높은 형식을 보여주는 이유로 식물보다 높은 개념의 형식이다. 헤겔은 동물이 "자기 운동의 자유를 가지는데, 이는 빛이 무게에서 빠져나온 관념성인 것처럼 동물의 주체성이 실질적 외재성으로부터 벗어나 자발적으로 자신의 장소를 규정하는 자유로운 시간이기 때문"[33]이라고 말한다. "현실적 관념성(혼)으로서

• • •

29. *PhN* 275/2권 20. 칸트의 "유기적 존재" 개념을 참조. (*CJ* 219/426 이하) 칸트에 따르면 자연 내의 "목적성"이 기계적 작용인 자연에 관한 우리의 "적법한" 인식을 벗어나기 때문에, 생은 우리 자신의 목적성과 유비됨으로써만 파악될 수 있고 또 목적론은 우리의 주관적 관점에서만 정당화될 뿐 자연 자체에 대해서는 그렇지 못하다.

30. *PhM* 9/24.

31. *PhN* 303/2권 92.

32. *PhN* 303/2권 93 이하; *PhM* 10. 자기 동화 과정에서 벌어지는 식물의 "자기로의 귀환"은 "외재성에 반하는 내적-주체적 보편성 속에서 자기(self)를 그 결과로 갖지 않으며, 자기감정(Selbstgefühl)으로 귀결되지도 않는다. 식물은 오히려 자신에 외면적인 자기인 빛에 의해 끌려나와 자신을 다수의 개체로 분지하면서 빛을 향해 뻗어 오른다." (*PhN* 336/2권 172; *PhN* 276도 보라.)

33. *PhN* 352-353/2권 210. 물리적 물질성이 식물 유기체와 동물 유기체를 지나 의식의

의 동물의 주체성이 시간과 공간이라는 추상적 관념성을 지배하고 또 자신의 자기 운동을 자유로운 떨림으로서 자기 자신 속에서 드러내기에" 동물은 소리를 지닌다. 공간적 실존이라는 상호 외재 존재는 "혼에 대하여 아무런 진리도 갖지 못한다."[34] 감각하는 존재인 동물은 자신의 각 부분에 걸쳐 스스로를 느끼는 통일성이며, 그리하여 동물의 주체성은 신체성(Leiblichkeit)의 모든 지점에 편재해 있다.[35] 동물 유기체가 자기 안의 "결함(Mangel)" 및 그 결함을 제거하려는 "충동"을 느끼는 까닭에 이 충동은 "이러한 자기 부정적인 것"을 대면하는 "긍정적 자기 관계"이다.[36] 헤겔에 따르면 이러한 이유로 말미암아 감각적 유기체는 자연의 영역 내에서 개념

• • •

"빛"으로 가는 헤겔 『자연철학』의 전 운동은 빛 개념에 관한 논의로도 규명될 수 있다. (이 책, p. 143과 p. 244)

34. *PhN* 352/2권 209; 이 책, p. 182도 보라.

35. *PhM* 10/24. 논리적 이념의 측면에서 본 감각성에 관한 설명도 보라. (*SL* 768)

36. *PhN* 384-385/2권 278. 다음의 두 구절은 "긍정적 부정"이라는 헤겔 특유의 언급이 의미하는 바를 잘 드러내는 동시에 "해방 투쟁(Befreiungskampf)"에 다름 아닌 영혼의 발전이라는 헤겔의 주제를 이해하는 데 도움을 준다.
"살아 있는 것만이 결핍을 느낀다. 자연에서는 살아 있는 것만이 개념이기 때문이다. 개념은 자기 자신과 규정된 대립의 통일이다. 제한(Schranke)이 있다 하더라도 그 제한은 제3의 것, 즉 외재적 비교에 대해서만 부정이다. 그러나 하나의 것 속에 그것을 넘어서 있음이 현존해 있으며 또 모순 자체가 내재적이고 이 하나의 것에 정립되어 있는 한, 제한은 결핍이다. 자기 자신의 모순을 자신 안에 지니면서 감내할 수 있는 존재는 주체이다. 이러한 점이 주체의 무한성을 형성한다." (*PhN* 385/2권 278-279)
"배고픔과 목마름 등의 제한 안에 있는 감각적 피조물은 이러한 제한을 극복하려는 충동이며 또 그 제한을 극복한다. 감각적 피조물은 고통을 느끼는데, 고통을 느끼는 것은 감각적 본성의 특권이다. 감각적 피조물은 자기 내 부정이며, 그 부정은 자기감정에서의 제한으로 규정된 것이니, 이는 감각적 피조물이 이러한 규정성을 초월하는 총체성인 자기에 대한 느낌을 갖기 때문이다. 감각적 피조물이 그 규정성의 위에 있지도 않고 그것을 초월하지도 않는다면, 피조물은 규정성을 자신의 부정으로 느끼지 않을 것이며, 이에 그 어떤 고통도 느끼지 못할 것이다." (*SL* 135)

의 가장 고차적인 형식으로, 또한 물리적 영역 자체 내에서 자기 외 존재의 내적 진리로 출현한다.

그러나 동물에서 이루어지는 자연의 상호 외재 존재에 대한 이와 같은 지양은 감성적 개체의 직접성을 넘어서지 못한다. 개체적인 동물의 생은 유(Gattung)에서만 보편적이지 "자신에 대해서"는 보편적인 것이 못 된다. 동물은 유를 감각할 뿐 그것을 알지는 못한다. 보편적인 것이 나타나게 되는 동물적 생의 높은 지점은 유를 지속하게 하는 유적 과정(Gattungprozess, 생식)이다. 그렇지만 여기서 보편적인 것은 동물적 주체에 "대해서"는 또 다른 개체의 형식으로만 존재한다. 결국 자연이 도달할 수 있는 개념의 가장 고차적인 형식인 동물적 생에서조차 자연은 보편적인 것을 "보편적인 것 자체에 대해" 보편적인 것, 즉 자기 고유의 형식 속에서 정신인 즉자대자적인 보편적 개별성으로 낳지 못한다.

우리가 정신으로서 정신의 영역에 들어서는 것은 주체성의 본성으로부터 즉자대자적인 보편적 개별성이 출현하는 일과 더불어서이다. 동물은 "자연 내에 위치하며, 그 주체성은 즉자적으로만 개념일 뿐 대자적으로는 개념이 아니다."[37] "이념의 직접적 형식"[38]인 생은 유적 과정 속에서 한편으로는 살아 있는 개체로, 다른 한편으로는 그 커다란 능력 안에 개체적 생을 빠뜨리는 유라는 보편적인 것으로 흩어진다. "유한성과 보편성 간의" 불일치는 개체적 생의 "근원적인 질병"이자 "죽음이라는 타고난 씨앗"이다.[39] 직접적 개체성과 즉자적 보편성 간의 이러한 "모순"으로 말미암아 개체적 생은 죽게 마련이다.[40] 개체적 생이 자신의 개체성을 넘어서는 것은 유적 과정에서이며, 그 과정에서 개체적 생은 "부정적 무한성"이라는

• • •

37. *PhN* 440/2권 401.
38. 이념은 "자연에서는 개별적인 것으로서만 실존한다." (*PhN* 443/2권 406)
39. *PhN* 441/2권 403. 노년과 죽음에 관해서는 이 책, p. 124를 보라.
40. *PhN* 279/2권 30; *L* 361.

끝없는 반복에 **빠져** 있는 개체성으로서의 자신을 "다시" 소멸시키고자 "다시" 나타난다.[41] 그렇지만 개체의 이러한 끝없는 생성과 소멸 속에는 보편적인 것으로서의 자신과 보편적인 것 간의 "합치"가 내재적으로 놓여 있다. 실현된 유는 "스스로를 개념과 동일한 것으로 정립하였다." 유적 과정에서 개체적 생은 소멸하지만 "이 생의 죽음은 정신의 진전이다." 자연이 개체적 생에서 "자기 현실성의 직접성"을 극복한다는 말은 자연이 "최후의 외재성"을 지양함을 뜻한다. 자연에서 "즉자적(an sich)"으로만 현전했던 개념은, 실현된 보편적인 것에서는 "대자적(für sich)"으로 된다.

이와 더불어 자연은 자신의 진리로, 즉 개념의 주체성으로 이행했다. 이러한 주체의 객관성 자체는 개별성의 지양된 직접성이자 구체적 보편성이다. 그 결과 개념에 상응하는 실재성을 갖춘 개념, 다시 말해 개념을 자신의 현존재(Dasein)로 갖는 내용이 정립되는데, 이것이 바로 정신이다.[42]

헤겔은 자연이라는 "죽은 외피"로부터 "훨씬 아름다운 자연, 곧 정신이 현출한다."고 말한다. "자기 자신과의 구별"[43]이라는 현존재에 있던 대자 존재의 이러한 성취는 "자기동일성인 개념의 절대적 부정성"[44]이라는 말에서 볼 수 있는 것처럼 정신의 본질이 자유임을 뜻한다. 그러나 이러한

• • •

41. *SL* 774/3권 331; *L* 362; *PhN* 414. "부정적" 혹은 "위(僞)" 무한성은, 어떤 것이 다른 것이 되고, 그것이 또 다른 것이 되며, 그렇게 끝없이 다른 것이 되는 무한한(ad infinitum) 되풀이이다. (*L* 174/175 이하) 그렇지만 어떤 것이 다른 것이 된다는 구절에는 "긍정적" 혹은 "참된" 무한성을 그 특징으로 하는 타자성 내의 대자 존재가 담겨 있다. 수면과 각성이 교차하여 일어나는 것처럼 말이다. 이 예에 관해서는 이 책, p. 135를 보라.

42. *PhN* 443/2권 405.

43. *SL* 775/3권 332.

44. *PhM* 15/32.

"자기와의 동일성"은 타자성으로부터의 비약이 아니다. 정신의 자유는 타자를 정신 자체 내에서 자신의 부정적인 것으로 정립하고 또 이러한 부정성 안에서도 스스로를 보존하여 타자성을 극복함으로써 실현된다. 헤겔은 자유로서의 정신이 자신의 외재성을 포함한 모든 외재적인 것을 추상할 수 있으나, "자신의 개별적 직접성의 부정이라는 무한한 고통"을 감내할 수도 있다고, 즉 "이러한 부정성 내에서 스스로를 긍정적으로 보존하고 자기 자신과 동일할 수 있다."고 말한다.

헤겔은 자연에서 정신이 출현한다는 데 대한 논증이 환원주의 논증과 정반대의 의미를 지님을 분명히 한다. 정신에 이르러 자연은 "자신의 목표와 진리"에 이르지만 거기서 정신은 한갓 "자연 너머에 있는 세계"에 그치지 않고 자연을 "정신 자신에 동화된 것"으로 취한다.[45] 자연철학이 정신의 출현을 기계론, 물리학, 유기체라는 연속하는 단계를 거치는 자연 고유의 운동으로 나름 논증했다고는 하나, 결국 "혼"은 그 속에서 자연이 스스로를 시공간적 "상호 외재 존재"로 취급하는 단순한 내면성임이 증명된다.

따라서 자연에서 정신이 출현하는 과정 가운데 우리는 모든 진전이 시초로의 귀환이며 모든 전개가 내면화라는 사변적 원리를 본다.[46] 정신이 자연의 "진리"가 "되었다"는 말은 진보가 진보인 동시에 시초로의 귀환임을 의미한다. 그러므로 헤겔의 말에 따르면 "우리에 대해서"는 정신이 자연을 정신 자신의 "전제"로 삼는 데 반해, 자연의 "진리"인 정신은 자연에 "절대적인 우선자(prius)"이기도 하다.[47] 이러한 방식으로 우리는 정신에 관한 탐구에서 뒤에 오는 단계가 앞에 있는 단계의 "진리"이지 ── 이를테

• • •

45. *L* 180.

46. 이 책, p. 74-75를 보라.

47. *PhM* 8/22. 모든 사변적 논증에서, "귀결되고 출현한 것으로 설정된 것은 이것을 매개된 것으로 나타나게 하는 것의 절대적인 우선자(prius)이다." (*PhM* 283/448; *L* 377과 이 책, p. 74-75도 보라.)

면 도덕적-종교적 원리들이 "감각의 특수한 양식으로 고찰할 필요라도 있는 것처럼 보인다."며 종교의 원천을 보게 될까 두려움에 휩싸인 몇몇 사상가가 우려하는 것처럼 — 그 반대가 아님을 보게 될 것이다.[48]

대자 존재인 정신은 자기 구별하고 자기 규정하는 보편적인 것으로서 그 규정은 내적 자기 구별인 동시에 계시(Offenbarung)이다. 하지만 헤겔이 말하기를 계시된 것은 계시 과정 자체와 분리될 수 없다. 정신성의 절대적 내면성으로 인해 정신의 영역에서 발생하는 계시는 진정한 자기 계시이자 자기 창조이다. 그리하여 계시는 자연철학에서 그랬던 것과 달리 탐구자가 언명하는 바가 아니라 정신 자신에 대한 정신의 자기 계시이다.

헤겔은 유기적 세계에서조차 식물의 씨앗이 그 자신과 동등한 현실태를 산출한다고, 그리고 정신에서도 정신의 개념이 자기 자신을 완전히 실현하였을 때, 즉 스스로를 아는 정신이 자신의 개념에 관한 온전한 의식에 도달했을 때 정신의 발전이 그 목표에 이른다고 말한다. 그러나 시초와 종국의 이러한 일치는 유기체보다는 정신에서 훨씬 완전하다. 한 식물이 낳은 씨앗과 그 식물이 싹튼 씨앗이 같지 않은 것과 달리 자기 자신을 아는 정신에 의해 산출된 것은 그 정신을 산출한 것과 동일하다.[49] 정신이 자연의 진리이자 자연에 "절대적인 우선자"라는 원리는 철학적 앎으로 진전하는 중에 있는 정신에 "대해서" 진리가 된다. 이리하여 정신의 자기 계시는 자연을 정신의 세계로 정립하는 것을 포함한다.[50] 우리는 이러한 정립을 혼이 의식을 향해 발전하는 과정의 정점으로 본다. 그렇지만 정신이 주체성이자 "반성"인 한에서 정신의 정립은 이 세계를 자립적 외재성으로 "전제하는 것"이 되며, 이제 정신은 "자신의 자유에 대한 긍정과 진리"[51]를

• • •

48. *PhM* 7/22.

49. *PhM* 6/17; *HPh* Ⅰ, 22-23.

50. *PhM* 18/36.

51. *PhM* 18/36. 타자 내 자기 관계의 형식으로서 "반성" 운동을 구성하는 "정립"과

포함하면서 그러한 외재성을 타자성으로 지양하려 한다.

자연에 있는 동물적 생이 유에서 즉자적으로만 보편적인 것에 이르는 데 반해, 이성적 주체성인 인간에게서 정신은 스스로를 "자신에 대하여" 보편적인 보편자로서 실현한다. 인간의 느낌, 지각, 지성의 양상 및 인간의 인식과 자기 인식의 형식에서, 정신은 아는 주체성으로서 "대자적인 것"이 된다. 여기서 정신은 이념의 "관념적" 총체성 내에서 스스로와 연관하는, 인식하는(erkennend) 내지 의식하는 것이다.[52] 자신의 이러한 관념성의 매개 가운데 정신은 자유롭게 운동하고 그 자신의 곁에 있게 된다. 그러나 정신의 자유는 아직 즉자적이다. 인식하는 것으로서 정신은 스스로에게 "주관성"으로만, "관계의 한쪽 측면"으로만 나타난다. 자립적 외재성으로 전제된 세계는 주관에 대립하는 "타자"로서 있다. 그러므로 주관정신이 다루는 것은 유한성에 있는 정신이다.

객관정신으로서의 정신은 스스로를 주관으로만이 아니라 "인격"으로도 알며, 자신의 의지적 활동을 통해 "자신에 대하여" 자유롭게 된다. 법, 인륜 공동체, 국가, 역사의 영역에서 정신은 자신의 일면적인 이론적 태도를 극복한다. 이전에는 정신이 "참된 것"에 관한 인식에 이를 뿐이었다면 이제 정신은 "선"의 차원을 더하는 데까지 나아간다. 이전에는 정신이 세계를 자신의 앎에 주어진 것으로 전제하였다면 이제 정신은 세계를 정신 자신의 활동으로 정립하고, 스스로를 객관화하며, 그 자신의 산물과 업적을 통해 대자적인 것이 된다. 그러나 정신의 이러한 양상은 아직 "정립"된 객관성이다. 객관정신은 자신의 자유를 그 절대적 형식 속에서 인식하지

• • •

"전제"에 담긴 논리적 의미에 대해서는 *SL* 399 이하를 보라. "스스로 사유하는 이념"인 철학적 학문의 전 체계는 『엔치클로페디』의 574-577번 절에 요약되어 있다. (*PhM* 313/499 이하) 우리의 관심사는 주관정신의 영역에 한정되어 있기 때문에, 이어지는 개략적인 윤곽을 넘어서는 수준으로 상세하게 정신의 전체 운동을 뒤따르지는 않을 것이다.

52. *PhM* 20/41; *SL* 775도 보라.

못한다는 점에서 유한하다. 정립성은 극복되어야 하며, 그에 이어 객관성은 정신이 그 자신의 피조물이자 직접적이고 무매개적 존재이기도 한 진리를 파악하도록 자유로이 해방되어야 한다.

정신이 스스로를 직접적으로 정신 자신의 피조물인 진리로 파악하는 일은 최초에는 예술에서 일어나는데, 거기서 정신은 자기 자신에 관한 자신의 직관을 감각적 형태로 낳아놓는다. 종교에서 정신은 본질적이고 현실적인 것을 그 자신에게 재현적이고 구상적인 사유의 형식으로 드러낸다. 최종적으로 철학적 학문에서 정신은 자기 자신을 개념의 형식을 통해 스스로를 산출하는 이념으로 인식한다. 철학에서 정신은 자신의 절대적 확신과 진리를 소유하게 되거니와, 그러한 진리는,

> 이념이 절대정신으로 영원히 자신을 활동하게 하고, 자신을 산출하며, 자신을 향유하는 즉자대자적으로 존재하는 (an und für sich seiend) 영원한 이념이[라는 것이]다.[53]

상술한 개관은 우리에게 자연에서 정신으로 가는 헤겔식의 이행에 관한 일별을 제공하는 데 그치지 않고 우리로 하여금 우리 자신을 철학적 학문의 전 체계 내에 더욱 밀접하게 위치하게끔 한다. 우리의 특수한 탐구 영역인 인간학은 정신철학의 세 주요 부분 중 첫 번째 것이며, 그 유한성에 있는 정신의 두 영역 중 하나이다. 헤겔은 유한한 정신의 단계를 정신의 "해방" 단계로 보는데, 혼에 관한 이 연구 내내 우리는 의식을 향한 혼의 발전이 "해방 투쟁(Befreiungskampf)"의 형식을 띤다는 점에 주목할 것이다. 하지만 인간에게 "너 자신을 알라."는 명령이 외부로부터 주어지지 않은 것처럼 정신의 해방 역시 정신의 바깥에서 정신의 상위에 있는 어떠한 지배자로부터 비롯하지 않는다. 마니교를 위시한 여타의 이원론[54]과 달리 정신에 대해

• • •

53. *PhM* 315/501.

서는 그 어떤 "완전한 타자"[55]도 없다. 정신의 해방 투쟁, 즉 자신의 "타자"로부터 행해지는 자기 산출은 부정적인 것과의 다툼 및 그로 말미암은 고통에 있다.[56] 정신의 자유는 "자연적"인 것이 아니라 "획득"되어야 하는 것이다.[57] 그런데 정신은 영원할뿐더러 "본질적으로 또 현실적으로 존재하고 영원히 스스로를 산출"하는 까닭에 그 투쟁의 결과가 어떠할지에 관해서는 아무런 의심도 있을 수 없다.[58] 정신의 "유한성"은 그 개념과 현실성의 불일치(Unangemessenheit)에 있다.[59] 그러나 이는 모든 변증법적 진전을 낳는 모순이다. 진전이 계속되면서 그러한 불일치는 정신이 스스로에게 자기 자신의 "제한"[60]을 자신의 "당위"로 강제하는 "가상(Schein)"[61]임이

• • •

54. 선과 악의 문제와 관련하여 헤겔은 "부정적인 것이 긍정적인 것의 밖에서 덧붙여"지는 바람에 긍정적인 것과 부정적인 것이 "계기적이고 병렬적인 관계"로 표상되면 안 되거니와 "한쪽 편이 다른 편에서 인삭"되어야 한다고 요구한다. (*PhR* 255/274; *Phen.* 98도 보라.)

55. *PhM* 1/10.

56. 정신은 "자신과의 전쟁"을 벌이는 중에 있다. 자연에서는 평화로운 성장인 것이 정신에서는 "자신과의 혹독하고 끝없는 투쟁"이다. 정신은 자기 개념의 실현을 추구하지만, "스스로 이 개념을 놓치고, 게다가 이와 같이 자기를 소외시키는 일에 긍지와 만족을 느끼기까지 한다." (*PhH* 55/63)

57. *PhH* 41/50; *HPh* I, 23.

58. 이는 정신 자체와 관련해서는 의심의 여지가 없는 문제이지만 유한한 개별적 정신은 패배를 맛볼 수도 있다. 우리는 이 지점에서 키르케고르의 다음과 같은 언명을 헤겔과 관련하여 언급할 수 있을 터이다. "투쟁이 존재하는 한 패배의 가능성도 존재한다."

59. *FPhG* 27.

60. 제한은 부정적인 것으로 정립된 어떤 것의 한정인 동시에 본질적 규정이기도 하다. 그러므로 제한(Schranke)과 당위(Sollen)는 변증법적으로 대립하는 유한성의 두 계기이다. (*SL* 313 이하) 제한은 그 "당위"상 극복되어야 한다. "제한이 정신에 대하여 존재한다는 사실로 말미암아 정신은 그 제한을 넘어서 있게 마련이다." (*FPhG* 28)

61. 가상(Schein)은 불안정한 것, 덧없는 것, 비본질적인 것이며, 그에 따라 현존재(Dasein)

증명되며, 이에 정신은 그 제한을 극복하여 자기 자유에 관한 대자적 인식 내에서 스스로에게 귀환한다.[62] 이리하여 헤겔이 말하기를 유한한 정신의 단계들은 그 가상들의 단계에 다름 아니고, 그 단계들을 편력하여 자기 자유의 획득으로 한 걸음씩 나아가는 것이야말로 정신의 운명이다. 이러한 자유에 관한 절대적 진리는, 주관정신이 세계를 "전제된 것"으로 "발견하는 것", 객관정신이 그 세계를 자신의 것으로 "정립하는 것", 절대정신이 그 정립된 세계로부터 또 그 세계 속에서 자유롭다는 것이, 정신의 영원성 내에서는 모두 동일하다는 사실이다.[63]

정신의 유한성에 담긴 의미에 관한 이와 같은 간략한 검토 및 이후 논의에서 중요하게 여겨질 특정한 논리적 범주에 관한 설명과 더불어, 우리는 결국 헤겔의 주관정신 개념을 직접적으로 언급할 지점까지 오게 되었다. 우리는 이 영역에 접근하려는 헤겔의 주장이 인식에 관한 그 당대 —— 특히 비판철학 —— 의 문제의식을 맥락으로 한다는 데 주목하였다. 또한 우리는 주관정신의 영역을 헤겔의 철학적 학문의 전체 체계 내에 위치시키기도 하였다. 그렇다면 이제는 주관적 의식 및 인식론의 문제와 관련한 헤겔의 최종 진술을 재현하는 주관정신론을 예비적으로 볼 필요가 있겠다. 인간학 내지 혼으로서의 정신에 관한 학문은 주관정신을 다루는 학문의 첫 부분이며, 주관정신 개념의 첫 번째 계기에 해당한다.

· · ·

의 단순한 직접성이 아니라 "즉자대자적으로 무의미"한 직접성이다. 이 때문에 가상 자체를 넘어서 본질을 지시하는 가운데 가상은 자신의 무실성을 갖게 된다. 그러나 가상과 본질을 구별하는 규정성들은 본질 자체의 규정성일 뿐이기에 가상으로서의 본질이 지닌 양상은 본질 내에서 지양된다. (*SL* 397/2권 24) 그리하여 본질은 "자기 내에서의 가상"이거니와, 그때 가상은 본질의 "현현(Er-scheinen, 밖으로 드러남)" 내지 "현상"이 된다. (*L* 239/215) 이러한 논리적 범주들은 자신의 "현상" 가운데 있는 정신인 의식 개념에 중요하다. (이 책, p. 243 이하를 보라.)

62. *FPhG* 29.
63. *PhM* 22/44; *PhM* 181-182도 보라.

헤겔은 그 "관념성" 속에서 스스로를 발전시키는 정신을, 인식하는 혹은 아는 정신이라고 말한다.[64] 인식하는 정신은 주관정신이다.[65] 그 자신과 "타자"처럼 "관계"할 때 정신은 자연에서 발생하였을지언정 자연성이라는 자신의 형식을 극복해야만 하는 유한한 주관정신이다. 우리가 보았듯 감성적인 동물적 생이 이미 즉자적으로 자연의 시공간적 상호 외재 존재(Aussereinandersein)를 극복했다 하더라도, 그러한 외재성을 극복하는 주관적 의식의 더욱 관념화된 양상들은 시공간적 상호 외재 존재 자체와 관련한다.[66] 이 때문에 주관정신의 모든 활동은 자신을 직접적 실재에 대한 관념성으로 증명하여 스스로를 정신으로 파악하는 데로 나아간다.[67] 이러한 노고는 [주관]정신에게 그 유한한 주관성을 극복하는 최종 계기라는 특징을 부여한다. 따라서 주관정신에 관한 학문의 결론 및 그 가장 고차적인 단계 ── "정신 자체"에 관한 학문인 심리학 ── 에서 주관정신은 개념 파악적 사유(begreifendes Denken)에 도달하기 직전에 머물러 시공간의 조건에 묶인 "표상적 사유"의 양상을 극복하는 데 열중한다. 주관정신은 자유로운 객관적 의지에 도달하기 직전에 있는 자기 안의 자연적 "충동"을

• • •

64. *PhM* 25/51.

65. 인식의 논리적 이념에서 주관성의 자기 구별은 자기가 자신을 분리하여 스스로를 외적 우주로 전제하는 것이다. (*L* 362/303) 주관적 이념에게 객관적인 것은 "앞서 주어져 있는 직접적 세계(die vorgefundene unmittelbare Welt)"이다. (*L* 363/303) 생의 이념에서 자신의 유기적 과정에 있는 생동하는 개체가 자신과 그 비유기적 자연 간의 대립을 극복하고자 나아가는 것처럼, "주체성"으로서의 정신적 개별성은 인식에서도 이러한 대립의 극복을 계속한다. 정신의 더욱 높은 관념성을 자연적 생과 가르는 결정적인 차이는 "생명이 그와 같은 전제를 지니듯이 주관정신은 객관 세계를 자기 자신의 전제로 삼는다."는 데 있다. (*SL* 760/3권 307)

66. 개념적 사유에 도달하기에 앞서, 사유의 유한한 양상에 있는 주관정신은 자기 앞에 놓인 내용을 "표상의 영역인 시간과 공간으로 끌어내리는데, 이러한 상태에서는 서로 모순하는 것이 외면으로 분화한 채 다만 병렬적이고 연속적인 상태에 놓임으로써 아무런 상호 접촉이 없는 것으로 의식 앞에 대두된다." (*SL* 835/3권 428)

67. *PhM* 21/42; *SL* 781-82.

통제하고 지배하고자 힘쓴다.[68]

정신의 모든 앎이 즉자적으로든 대자적으로든 정신의 자기 자신의 곁에 있음(Beisichselbstsein)의 형식을 띠므로, 주관정신 개념은 스스로를 세 개의 계기로 분할하며, 그 분할을 통해 정신은 "즉자적"으로 있는 자신을 "대자적"으로 만든다.[69] 첫 번째 계기에서 정신은 "즉자적"으로, 즉 자신의 "직접성"과 즉자성 내에 존재한다. 여기서 정신은 혼(Seele) 내지 자연적 정신(Naturgeist)의 형식을 취한다. 정신의 이와 같은 발전은 인간학의 소재를 이룬다.

우리 연구의 주된 초점이 맞추어질 이 운동에서 정신은 혼이라는 자신의 자연적 존재로부터 스스로를 분리하고, 자기와 타자 —— 이때 "타자"는 정신이 자신으로 하여금 "관계"하게 하는 객관적인 외부 세계에서 형성된다 —— 를 동일하게 반영하는 매개를 통해 "대자적"인 것이 된다. 여기서 정신은 "의식"인데, 타자에 자기를 현현하는 이러한 정신의 운동은 자신의 "현상"에 있는 정신을 그 특징으로 한다. 의식에 관한 학문 혹은 자기 현상 가운데 있는 정신에 관한 학문은 현상학이다.

의식 내에서 주객 관계의 외재성을 극복하고, 자신 안에서 스스로를 "대자적"인 주체로 규정함으로써 —— 혹은 주관과 객관의 동일성 가운데 —— 정신은 "이성(Vernunft)"에 이르렀다. 유한한 개별적 지성과 의지인 주관정신의 범위 내에서 이성으로서의 정신은 심리학의 소재가 된다.

요컨대 주관정신론은 유한한 정신이 혼으로부터 의식을 거쳐 이성으로 가는 발전을 논증한다. 그렇지만 헤겔은 그 "발전"이 정신이나 혼이 무엇인지를, 즉 "혼에게 무엇이 일어나고 혼이 무엇을 행하는지"를 서술하는 "통속 심리학"을 통해서는 이해될 수 없음을 우리에게 알리고자 한다.[70]

• • •

68. *PhM* 234/360.

69. *PhM* 25/51.

70. *PhM* 25/51-52. 이 책, p. 34도 보라.

주관정신의 개념은 혼을, 우리가 혼이 드러낸 "발현"을 통해 그것이 소유한 "능력"과 "힘"을 추론할 수 있는 "완결된 주체(fertiges Subjekt)"로 전제하지 않는다. 그러한 외재적 접근은 모든 정신적 전개의 핵심을 놓친다. 자신의 "본질"에 관한 혼의 "발현"은 혼이 "자신에 대하여" 있다는 것을 내재적으로 정립하는데, 이렇듯 혼은 그것이 본래 운동인 까닭에 자기 자신에 대한 더욱 고차적인 규정을 이미 확보하였다. 주관정신의 개념적 발전이 개별적 주관의 정신적 도야(Bildung)나 교육과 연관할 때가 있는 건 맞다. 물론 그러한 도야는 훈련과 지도를 통해 보편적인 것을 개체 안에 존재하게 하는 것을 목적으로 한다. 그러나 철학적 학문에서 정신은 정신이라는 자기 개념의 필연성을 따르는 정신의 자기 형성 가운데 고찰된다. 정신의 형성은 정신이 "자기 자신에게 스스로를 산출하는 것"이라는 계기에 다름 아니며, 이 계기는 정신이 "자기 자신과 완결되는 것"과 동일하거니와, 이러한 과정을 통해 정신은 최초의 현실적 정신이 된다.

자기 고유의 개념에 따른 내적 발전을 행하는 와중에 주관정신은 추상적 보편성, 특수성, 개별성 내지 구체적 보편성이라는 개념 자체의 세 계기를 드러낸다.[71] 혼으로서의 정신은 그 규정이 즉자적이고 혼 자체 "내"에 있기 때문에 추상적 보편성의 형식으로 존재한다. 의식에서 규정들은 "타자", 즉 외재적 세계로부터 주체에게 주어진 "반영[반성]"의 구별들로 존재한다. 이러한 이유로 의식은 주객관적 대립 내 특수화(Besonderung)의 계기이자, 여타의 자기의식에 반하는 개별적 자기의식의 특수화라는 계기이다. 유한한 개별성인 주관정신이 현실화된 바인 이성에서도 주체의 구별들은 혼에서처럼 다시 한 번 주체 "내"에 있다. 그러나 이제 구별들은 보편적인 이성적 자기의식인 주체에 "대한" 구별이기도 하며, 이 구별 내에서 주체는 자신의 규정성 속에서 대자적으로 "자신에 대하여" 있다. 따라서 이성 내지 정신 자체는 자신의 그 개념상 주관정신의 자기로 돌아오는 귀환이자

• • •

71. *PhM* 26/53.

보편적인 것이 즉자대자적 개별성으로서 이루는 실현이다.

주관정신론이 자연에서 정신이 출현하는 자신의 "성과"와 더불어 시작하는 까닭에 주관정신의 첫 번째 학문인 인간학은 인간을 그의 "보편적인 자연적 존재", 즉 "인간의 보편적 토대"에서 다룬다.[72] 말하자면 혼으로서의 정신은 자연으로부터 "새롭게 태어난 것"이다. 정신은 자신의 물리적 존재 내지 신체성에 빠져버렸기에 대자적이지도 자유롭지도 못하다. 그래서 정신이 혼으로서 행하는 발전은 오로지 "우리에 대하여", 즉 관찰자에 대하여 있을 뿐 정신 자체에 대해 있지 않다. 그러나 정신의 본질은 "대자적"으로 되는 것이다. 자신의 이러한 모순 속에서 정신은 자연적 존재에 빠져 있는 자신을 부정적으로 대함으로써 스스로를 의식으로 고양한다.

의식에서 정신은 자아, 즉 "타자"와의 대립으로 매개된 "대자적인 것"이 된다. 의식으로서의 정신은 더 이상 자신의 자연적 존재에 빠져 있지 않은 채 자연적 존재를 외부 세계 —— 정신은 이 외부 세계를 원인과 결과 같은 객관적 범주의 관점에서 구성된 자립적인 외재성으로 안다 —— 로 삼아 부정적으로 관계한다. 여기서 자신의 타자로 있는 정신의 대자 존재는 아직 그 개념의 즉자대자적 존재가 아니다. 오히려 그 대자 존재 고유의 규정들은 타자를 통한 "가상"으로 나타나며, 이리하여 의식의 영역은 정신의 현상학을 이룬다.[73] 정신은 자신 고유의 주체성으로 자신의 객관을 관통하고 그와 동시에 자신의 주관성을 객관적인 것으로 만들어 이성에 이른다.

이성적 지성으로서 정신은 자신이 주관적인 동시에 객관적인 것이기도 한 자기 규정성과 연관함을 안다. 주관정신의 이러한 즉자대자적 존재는 주관정신의 가장 고차적인 학인 심리학을 구성한다. 소여성과 직접성의 양상이라는 내용을 제거함으로써 지성은 직관과 표상의 형식을 거쳐 스스로를 개념적 사유로까지 고양한다. 따라서 개념에 관한 사유에 도달한

● ● ●

72. *PhM* 27/54; *SL* 781.

73. *SL* 781/3권 342.

정신은 자신의 개념을 이론적 정신으로 실현한 뒤 이에 실천적 정신으로 이행한다. 이제 자신의 것이 될 것임을 아는 내용과 더불어 정신은 자신의 충동, 정념, 경향을 "소재"로 삼아 자기 우연성과 개별성에서 필연성과 보편성으로 고양하기를 계속한다. 이로써 정신은 이전에는 자신의 자연적 존재 가운데 자아의 어두운 구석에 있던 그러한 충동들을 자기 자신의 것으로 삼는다. 이렇게 하여 정신은 의식일 때 지녔던 자신의 특수성에서 혼으로서의 자신과 행하는 통일로 귀환하였다. 그렇지만 이제 정신의 규정성들은 더 이상 보편적인 자연적 존재일 때 지녔던 몰의식적인 심리적 생의 규정성이 아니라 구체적인 자유로운 개별성으로서 알고 활동하는 정신의 표현이다.

주관정신의 내적 자기 구별과 통일로의 귀환을 다루고자 인간학, 현상학, 심리학이라는 세 학문을 언급하면서, 헤겔은 대담할뿐더러 지나치게 멀리 나간 듯한 철학적 주장을 여럿 제기한다. 우선 그의 논증은 자연에 묶여 있던 정신이 해방되어 유한한 주관성의 영역에서나마 자유로운 지성과 자유 의지에 도달한다는 것을 나름대로 증명하고자 한다. 게다가 헤겔은 의식이 혼 속에서 "깨어나고" 스스로를 이성으로 고양하는 자기 필연성으로 나아가는 것을 보이면서, 데카르트 이후의 모든 철학이 붙잡혀 있던 주객관의 대립으로부터 철학적 사유를 해방하겠다고 한다.[74] 이는 비판철

• • •

74. 데카르트에서 칸트까지 이르는 많은 사상가 중 라이프니츠만이 내적으로 필연화된 "출현"의 관점에서 의식과 이성을 고찰하였다. 단자의 순수한 내적 발전 가운데 "통각"은 그보다 낮은 "지각"의 단계로부터 발생한다. 통각에 선행하는 영혼의 활동은 미세 지각(petites perceptions)의 관점에서 파악되며, 자기의식을 향한 운동은 "모호"하고 "판명하지 않은" 표상이 "명석"하고 "판명"하며 "적절"한 표상으로 가는 진전으로 고찰된다. 우리는 칸트가 이러한 입장을 논리적 원리를 결여한 것으로 어떻게 비판하였는지를, 또한 그가 출현의 관점에서 통각을 설명하는 노력에서 어떻게 등을 돌렸는지를 보았다. 우리가 앞으로 볼 것처럼 헤겔은 의식의 출현을 입법 행위 내지 논리적 원리로서 볼 것을 주장한다. 헤겔은 단자의 발전에 그 어떤 필연성도 없다며 라이프니츠를 비판한다. 헤겔에 따르면 라이프니츠의 단자가 "그

학을 회피하는 것이 아니라 그 철학의 요구를 가능한 한 근본적인 방식으로 만족시킴으로써 어떻게든 완수된다. 우리가 증명하고자 노력했듯이 실로 "사변적 방법"의 기획은 인식에 관한 칸트의 문제 제기에서 등장한 것이자 그에 대한 답변이기도 하다.

주관정신에 관한 학문은 철학적 학문의 원환 안에 또 다른 원환을 형성한다. 이성은 혼과 의식의 토대이자 진리임이 증명된다. 다시 한 번 말하거니와 진전은 시초로의 귀환이고, 정신 개념은 자연의 "진리"이다. 이러한 방식으로 주관정신에 관한 학문은 유한한 개별적 정신이 자유로 발전하는 것을 보이며 —— 이러한 발전은 곧 정신이 자신의 부적절하고 "참되지 못한" 형식을 극복하는 일인 까닭에 —— 앎의 내재적 자기비판이라는 형식을 취하는 발생적 인식론도 제안한다. 이 비판 안에서 정신이 자신의 "도구"로 삼는 것은 스스로를 산출하는 정신 고유의 양상뿐이다.

서장의 끝에서는 일반적인 진술을 제시하는 것 정도가 무난하겠다. 헤겔 철학을 공부하는 거의 모든 학생은 '어떻게 해야 헤겔 철학으로 들어설 수 있는가?'라는 절망적인 물음을 품곤 한다. 하나의 난해한 작업이 마무리되었다 싶으면 또 다른 작업이 이어지기 때문에, 헤겔의 진지는 침입자를 막기 위해 사방으로 무장한 것만 같다. 이 가공할 만한 요새를 꿰뚫고자 우리는 비판철학과 헤겔 간의 대결(Auseinandersetzung) 및 그와 연관한 여러 문제를 다루었다. 이제 그 성의 거인은 어느 만큼은 자신의 요새 안에서 나와 공개적인 전투에 자신의 모습을 드러낸 것 같다. 우리가 칸트에 대한 헤겔의 비판을 활용하기는 했으나, 헤겔 관념론의 주된 목표는 칸트의 초월론을 거부하는 것이 아니라 우리로 하여금 헤겔 자신이 행하고

• • •

자체 내로부터' 관념과 표상을 전개하기는 하지만, "이러한 단자는 결코 생산적이거나 결합할 수 있는 힘이 못 되며 다만 그 단자 속에서 여러 표상이 거품과 같이 떠오를 따름이다. 그 모든 표상은 그것들이 각기 무관한 상태에서 서로 직접적으로 대치되어 있는 까닭에 단자 자체에 대해서도 무관심하다." (*SL* 396/2권 27)

자 했던 바를 보다 잘 이해하게 하는 것이었다. 나는 이러한 접근이 우리를 오도하기보다는 근본 문제에 관한 헤겔 자신의 의도와 전개에 근접하게 해주리라 믿는다.[75] 이와 같은 이유로 비판철학과 연관한다는 점에서는 물론이고 헤겔 특유의 입장을 확립하는 점에서도 중요성을 띠는 헤겔 영혼론의 여러 측면에 계속 관심을 기울이겠다. 우선 우리는 "나는 생각한다." 에 선행하는 주관성을 논증하는 헤겔의 주장에 주목한다. 이러한 혼적 주관성은 칸트가 말하는 지성적 범주의 도움을 받지 않고도 신체의 다양성을 관통하며, 아직 객관적인 것이 아닌데도 나름의 의미를 확보한다. 이 논증의 함의는 많은 면에서 중요하다는 게 곧 증명될 것이다.

인간 능력의 공통 원천을 통찰할 수 없으리라는 칸트의 주장과 대비하여,[76] 헤겔은 —— 배아적인 수준의 정신적 생인 —— 혼이 어떻게 세 개의 능력이나 두 개의 분리된 인식 계통을 산출하는지가 아니라 혼이 어떻게 자기 자신을 정신적 총체성으로서 유기적으로 산출하는지를 어떻게든 증명하려고 한다. 혼이 자신의 발전 과정 가운데 정신적 힘을 모으고 또 자기보다 낮은 단계의 자연적 충동에서 해방된다는 사실이, 주관성이 객관적 의식과 객관적 인식의 차원에 도달한다는 사실과 별개가 아님도 증명될 것이다. 스스로를 실현하는 와중에 혼이 자립적인 외부 세계를 자신의 내용으로 "정립"할 것이기에 이러한 발전에 관한 논증은 어떻게 "사물 자체"가 사유하는 의식의 활동에 의해 발생하는지를 나름대로 밝히기도 한다. 주객관적 관계가 혼의 발전에서 발생한다는 걸 증명하는 논증은 현상학이라는 새로운 학문을 산출하기를 요구하거니와, 현상학은 객관적

• • •

75. 헤겔은 칸트의 철학적 입장이 "근래 독일 철학의 토대와 시초를 구성하며, 그 안에서 어떠한 결함이 발견되더라도 칸트 철학의 의미는 퇴색되지 않"으리라고 말한다. (*SL* 61)

76. "영혼의 모든 기능과 능력은 하나의 공통된 토대에서 도출된 세 개의 능력으로 환원될 수 있는데, 그것들은 각기 인식의 능력, 쾌락과 고통의 느낌, 욕망의 능력이다." (*CJ* 13/160)

범주를 형식주의적으로 연역하기는커녕 오히려 —— 즉자적으로는 주관성 자신의 보편적 자아이기도 한 —— 자연적-사회적 세계와 주관성 간의 생동하는 조우로부터 연역할 것이다.

헤겔의 영혼론은 이론적 자기 인식이 "내적 감각의 생리학"을 이룰 수 없다고 하는 칸트의 제한을 논박하고자 한다. 이는 철학적 심리학을 사변적 학문으로 삼은 뒤 그 토대를 위대한 고전적 전통 내에 확립하고자 하는 작업이다. 헤겔의 영혼론은 우리 자신을 감각적인 자연적 존재 내지 현상과, 초감각적-도덕적 존재 내지 예지체로 나누어 인식하는 칸트적 이분법을 제거하기를 요구한다. 이 요구는 우리 안과 밖 어디에서나 존재하는 알 수 없는 초월론적 x를 거부하기 위한 길을 닦을 것이다.

우리 연구의 영역을 파격적으로 넓히지 않고서는 이미 멀리 나가 있는 헤겔의 주장을 올바르게 평가하기는 어렵다. 어떤 지점에서 우리는 헤겔이 내놓은 기획이 그 기획 자체의 요구를 만족시켰는지 의문을 제기하기도 할 터이다. 이곳저곳에서 —— 직관 지(schauendes Wissen, 꿰뚫어 보는 앎)에 관한 헤겔의 다소 모호한 검토에서처럼 —— 우리는 칸트의 입장을 취했을 때 가능할 법한 "온건한" 고찰을 덧붙이려고 한다. 그렇지만 전체적으로 보아 우리의 노력은, 비판철학이 인식론을 고찰하면서 보였던 편협함과 고립성을 열어젖히고자 압박하는 동시에 인식의 선험적 요소에 대한 탐색을 대체하고자 자연적 존재에서조차 인간의 정신적 근원을 찾는 헤겔 영혼관의 추진을 포착하는 데 있겠다.

2부

혼으로서의 정신: 인간학

혼은 실존하는 개념이고, 사변적인 것의 실존이다.

(*PhM* 93/152)

의식은 혼에서 *깨어난다*.

(*PhM* 25/51)

제4장 자연적 혼

우리가 보았듯이 헤겔의 사변적 접근에서 구체적 정신으로서 처음 등장하는 정신은 "자연의 진리"가 되는 정신이다. 그래서 헤겔의 정신철학은 "성과"와 더불어 시작하며, 철학적 학문의 전 체계 내에서 이 성과가 갖는 의미와 필연성은 이 책 서장에서 이미 논의된 바 있다. 이렇듯 성과와 더불어 시작하는 연유로 우리가 다루는 정신 개념은 빈 서판(tabula rasa)도 아니고, 연장을 가진 실체(res extensa)와 대립하는 사유하는 실체(res cogitans)도 아니다. 그렇다고 이 말이 정신과 신체의 관계에 관한 문제들이 우리가 손대기도 전에 해결되어 있음을 뜻하는 것도 아니다. 그 말은 해결책의 전제 조건들이 정신철학에 앞서 있는 체계에 대한 해명 속에 예비되어 있음을 뜻한다.

헤겔이 말하기를 [신체와 정신이라는] 두 측면이 "물질성"과 "비물질성" 내지 물리적인 것과 정신적인 것이 그러한 것처럼 서로 외재적으로 관계하는 자립적 실체로 간주될 때마다 데카르트적인 심신 이원론이 제기될 수밖에 없다. 이러한 방식으로 고찰하면 영혼과 신체의 "공동체"에 관한 의문이 발생할 수밖에 없을뿐더러 그 공동체는 여전히 파악될 수 없는 신비로 남을 따름이다.[1] 그러나 헤겔에 따르면 이러한 신비는 부적절한 문제 제기의 귀결이다. 영혼과 신체의 관계는 원인과 결과, 교호 작용, 예정 조화설 같은 관점에서 파악될 수 없다.[2] 비물질적인 혼이 물질적인 것과 맺는 관계는 하나의 특수한 것이 다른 특수한 것과 맺는 관계가 아니라 "이것 옆의 이것"이 관념적 계기로 지양되는 단순한 보편성과 같은 관계이다.

헤겔은 데카르트와 말브랑슈의 신 개념, 스피노자의 실체론, 라이프니츠의 단자론을 비롯한 여러 이론에 비물질적인 것과 물질적인 것의 통일이 확증되어 있다는 점에 주목한다. 하지만 그와 같은 통일에 관한 이 사상가들 각자의 논증은 추상적 정의와 외재적 반성의 형식을 취한다.[3] 철학적 학문의 사변적 체계에 속하는 『자연철학』은 감성적인 동물적 혼이 그 신체성의 모든 지점에 편재함에 따라[4] 자연이 물질적인 자기 외 존재 (Aussersichsein)였던 자기 자신을 넘어서게 됨을 보여주었다. 정신의 영역에서 개별적 주관성은 "절대적 부정성"인데, 이 부정성의 단순한 보편성 내에서 물질성이라는 부분 밖에 있는 또 다른 부분은 소멸하는 계기에 다름 아니다. 그러므로 이러한 "성과"와 더불어 시작하는 정신에 관한

• • •

1. *PhM* 30/61.

2. *Phen.* 356/1권 351의 몇몇 곳을 보라. 원인과 결과 및 교호 작용처럼 여전히 칸트적 지성 범주에 속하는 범주들은 본질에서 개념에 이르는 논리적 운동 속에서 나름대로 극복되었다. (이 책, p. 73을 보라.)

3. 이를테면 스피노자는 실체를 사유와 연장의 통일이라고 말하지만 헤겔이 보기에 "그는 이러한 구별을 어떻게 얻었는지 혹은 실체의 통일로는 어떻게 거슬러 올라갔는지를 증명하지 않았다." (*L* 275. 칸트 역시 이와 유사한 내용으로 스피노자를 비판한 바 있다. *CJ* 270-271/490, 290을 보라.) 물질적인 것과 비물질적인 것을 통일하려는 스피노자, 말브랑슈, 라이프니츠의 노력에 관한 헤겔의 또 다른 비판을 보려면, *PhM* 30/61 이하, *SL* 161 이하, *SL* 536 이하를 참조. 이 사상가들에 관한 헤겔의 검토는 *HPh* III에 실려 있다.

4. 이 책, p. 84-85를 보라.

탐구를 행할 때 영혼과 신체의 관계에 관한 물음은 더 이상 그 둘의 "공동체"가 어떻게 해야 가능한지를 묻는 것이 아니라, 단순한 보편성인 혼이 다양한 신체적 규정성에 대한 힘 —— 신체를 혼 자신의 주체적 내면성에 관한 외재적 발현으로 만드는 힘 —— 을 얻게 되는 일련의 방식을 묻는 것이어야 한다.

헤겔은 객관적 의식에 선행하는 혼에 관한 최초의 규정에서조차 정신이 "대자적으로" 비물질적이라고 말한다. 자신의 대자 존재(Fürsichsein)에 있는 개별적 혼은 자연의 보편적 비물질성인 동시에 자연의 "단순한 관념적 생"이기도 하다. 여기서 헤겔이 라이프니츠의 개념을 차용한다는 데에는 의심의 여지가 없으나, 그는 라이프니츠는 실행할 수 없었던 방식으로 그 개념을 발전시킬 것이다.[5] 헤겔은 아리스토텔레스에게 진 빚도 언급한다.

헤겔은 혼이 정신의 "실체", 즉 정신이 의식이자 이성적 지성으로서 행하는 모든 특수화의 토대라고 말한다. 정신은 혼에서 자기 규정의 모든 소재(Stoff)를 확보한다. 그렇지만 "자연적 혼"이라는 그 최초의 계기에 있는 혼은 정신의 "수면"에 불과하다. 혼은 빈 서판이 아니라 아리스토텔레스의 수동 이성(passive Nous)처럼 "가능성의 측면에서 볼 때 모든 것"[6]이다. 아리스토텔레스가 말한 바와 동일한 의미에서는 아니지만 수동 이성과 마찬가지로 혼은 추상적인 동시에 구체적이다. 혼은 그것이 무엇이 "되었는지"와 관련하여 "구체적"이다. 자연의 가장 고차적인 전개 지점인 유적 과정에 대한 진리로서 혼은 "구체적 보편성"[7]이며, 혼의 이러한 보편성은 그 안에서 혼 자신이 대자적인 것이 되는 자신의 "현존재(Dasein)"이기도

• • •

5. 이 책, p. 98, 72번 각주를 보라.

6. *PhM* 29/58. Walter Kern이 쓰고 번역한 바 있는 "Eine Übersetzung Hegels zu De anima Ⅲ, 4-5", *Hegel-Studien*, Ⅰ(1961)을 보라.

7. 이 책, p. 87을 보라.

하다.[8] 하지만 정신이 최초로 출현한 양상인 혼은 자신의 규정성을 정신성 이라는 새로운 차원에서 정신적 규정성으로 명확하게 구별시키지는 못하 였다. 이러한 점에서 혼은 아직 "추상적"이다.

자신을 발전시키는 중에 있는 "자연적 혼(natürliche Seele)"은 인간학의 첫 번째 "추론(Schluss)"을 구성한다.[9] 자연적 혼은 자연과의 직접적 통일을 이룬 "즉자적"인 혼이요, 자신의 즉자성과 몰의식성(Bewusstlosigkeit)에 있는 혼이다. 스스로는 인식하지 못하는 혼 자신의 규정은 인종적 특징, 개인적 성숙의 양상, 수면과 각성의 교차라는 순수한 자연적 "성질", "변화", "상태"와 같은 속성의 방식으로 혼에게 속한다. 이러한 규정을 거쳐 가는 혼의 발전에 관한 헤겔의 검토가 자연적 혼을 다루는 이 장의 내용에 해당한다.

자신의 자연적 존재와의 직접적 통일로부터 자기 규정을 지닌 "대자적인

• • •

8. SL 775/3권 332.

9. 헤겔에게 추론(Schluss) 내지 사변적 추론은 개념이 자신을 구별한 뒤 통일로 귀환하는 일이다. 보편성, 특수성, 개별성이라는 개념의 계기들은 자기 운동하고 자기 매개하는 "스스로와 완결되는 것"을 구성하고자 결합된 여러 판단 형식을 통해 발현된다. 헤겔 에 따르면 사변적 추론은 추론의 한갓된 주관적 형식이 아니며, 개념 또한 사유의 한갓된 주관적 형식이 아니다. 추론이란 "완전하게 정립된 개념이다. 그러므로 이성적 인 것이다." (SL 664/3권 156; L 314도 보라.) 철학적으로 고찰할 때 "모든 [화학] 과정은 일련의 추론으로 서술되어야 한다." (PhN 412/1권 678) 헤겔에 따르면 자신의 추론은 "그 내용과 일치하는 그 자체를 통한 인식"이라는 점에서 아리스토텔레스의 추론과 다르다. (HPh III, 179-180) 헤겔은 아리스토텔레스가 그[아리스토텔레스]의 추론을 더욱 고차적인 철학 안에 "끼워 넣지" 않았다고 한다. (L 322/269) 헤겔의 추론 개념과 아리스토텔레스를 위시한 몇몇 사상가의 추론 개념을 대비한 간략한 검토로는, Mure, A Study of Hegel's Logic, op. cit., pp. 224-227을 보라. 이 책에서 우리가 기울이는 노력의 상당 부분은 헤겔의 추론 구조 속에서 발전하는 영혼에 관한 논증을 파악하는 데 있다. Mure는 헤겔의 추론에서는 "개별성으로 특수화된 유의 총체성으로 매개항이 발전한다."고 말한다. (Mure, op. cit., p. 224) 우리는 이 운동이 어떻게 "자연적 혼", "느끼는 혼", "현실적 혼"이라는 각기 자체로 하나의 추론이기도 한 계기들로 발생하는지를 볼 것이다.

것"이 되고자 혼은 스스로를 분리한다. 뒤에 나오겠지만 여기에서 혼은 자신의 자연적 존재에 반하여 능동적인 대립, 즉 자기와의 투쟁 —— 이를테면 정신병 —— 에 착수한다. 이는 인간학의 두 번째 추론인 "느끼는 혼(fühlende Seele)"에 관한 추론을 구성한다. 이 투쟁 속에서 혼은 자기 신체성에 대한 지배를 획득하거니와 이 와중에 신체성은 혼의 내면성과 관념성을 드러내는 외적 기호로 환원된다.

이리하여 혼은 자신의 물리적 실재성 가운데에서 "즉자대자적인 것"이 되는데, 이것이 곧 "현실적 혼(wirkliche Seele)"이다. 자신의 자연적 존재에서 벗어나는 이와 같은 해방은 자기 자신과의 통일을 향한 귀환이기도 하다. 그렇지만 여기서 이 통일은 혼 자신에 의해 "만들어진" 것이다. 혼은 스스로를 의식하는 자아로 정립하며, 정신 자신이 스스로와 "관계"할 수 있도록 자신의 내용을 외재적 세계로 정립한다. 의식에의 도달은 인간학 내에서 벌어지는 운동의 목표이자 종결인 동시에 현상학에서 논증된 의식의 운동이 출발하는 시작점이기도 하다.

a. 자연적 질

헤겔은 "직접적"인 보편적 실체의 상태로 있는 혼을 "세계영혼(Weltseele)"[10]이라고 일컫는다. 여기서 헤겔의 생각은 그리 자명하지 않다. 헤겔은 세계영혼이 "주체", 즉 개별적 영혼에서 떨어져 자립적으로 실존하는 것으로 간주되어서는 안 된다고 해명한다.[11] 세계영혼은 자신의 "현실적

---

10. *PhM* 35/67.

11. 생의 논리적 이념에서 "창조적인 보편적 혼"은 "개념의 보편성의 측면, 곧 본질적으로 주관에 내속하고 또 자립적인 대자적 상태에서 주관에 무관심적인 직접적 존재의 형식을 취한 추상적 보편성"으로 고찰된다. (*SL* 764-765/3권 314-315) 헤겔은 지질학적 자연이 "참된 주관성"이 아니라 "즉자적으로만 유기체"이며, 이에 "생동하는 피조물로" 존재하지 않는다고 말한다. (*PhN* 275/2권 71, 277) 『현상학』에서의 세계영혼(die Seele der Welt)에 관한 서술(이 책, p. 72-73을 보라.)은 『자연철학』이나 정신철

진리"를 개별성, 주관성으로만 갖는 추상적 보편성인 영혼이다.[12] 주관성으로서의 세계영혼은 "자신에게서(an ihr)"[13] 자연적 규정만을 지니는 "그저 존재하는 혼(nur seiende Seele)"이라는 최초의 영혼으로 있다. 이러한 규정들은 "자기 관념성의 배후에 자유로운 실존을 가지지만", 다시 말해 태양이 그러하듯 이성적 의식에 대해서는 자연의 대상이지만, 혼 자체는 외재적인 것으로서의 그러한 규정들에 "대자적"으로 관계하지 않는다. 혼은 규정을 "자연적 질"이라는 형식 가운데 자신에게 속하는 것으로 삼아 자기 자신에게서(an ihr selbst) 품는다.[14]

• • •

학에서 현실성에 관해 서술한 것보다 더 나아간 듯하다.

12. 우리가 세계영혼(WeltSeele)을 무엇이라 생각하든 간에 그것은 "창조된 것 중 최고의 것"인 플라톤의 세계영혼(『티마이오스(Timaeus)』 37; 『법률(Laws)』 X, 896)과 동일시될 수 없다. 헤겔이 볼 때 "신의 사랑의 대상이자 목적"인 개별적 혼과 [이 개별적 혼이] "정신인 신과의 절대적 관계"를 소유하는 일은 자연 내의 그 어느 것보다도 무한히 고차적이다. (PhM 240/376을 보라.; PhN 18)

13. 논리학에서 헤겔은 'an sich'와 'an ihm' —— 혼 같은 여성 명사의 경우에는 'an ihr' —— 를 "어떤 것(Etwas)"의 상이한 규정으로 구별한다. 'an sich'는 숨어 있고, 내재적이며, 잠재적이라는 의미에서 "즉자적(in inself)"으로 번역되는 편이다. 그러나 헤겔은 "자신 안에(in inself)(여기서 강조점은 '안(in)'에 있다) 혹은 자기 내에 (within it) 규정이나 환경 —— 이 환경이 겉으로나마 그것 안에(in it) 있는 한—— 을 갖는 어떤 것을 대타 존재"라고 말한다. (SL 120) Josiah Royce는 그 구별에 대해 다음과 같이 덧붙인다. "'an ihm'은 주관 내에 있되 보다 외재적으로 드러난 성격을 가리키며, 혹자가 말하듯 이 주관에게 귀착되어 그 주관과 타자 간의 관계를 규정하는 것으로 볼 수 있다." ("Hegel's Terminology", Baldwin's Dictionary of Philosophy and Psychology, ed. James M. Baldwin, New York, 1901, vol. I, pp. 454-464.) 지금 맥락에서 타자(자연)와 혼의 관계는 혼 속에 혼의 규정(Bestimmung)으로 존재하지만, [혼은 그 자체로 머물지 않고] 자신의 타자와 연루하는(verwickelt) 방식으로 존재한다.

14. 논리학에서 질은 존재의 "가장 이른" 규정 중 하나이고, 그 때문에 범주 중 가장 추상적이고 풍성하지 못한 것이다. (SL 111) 헤겔에 따르면 질은 정신에서 부차적인 위치를 점하거니와 더욱 정확히 말하자면 자연의 영역에 속한다. (L 171/175) 혼의 첫 번째 계기는 "질"인데, 이는 질이 정신의 "단순한 존재에 속하기" 때문이다.

이리하여 그 첫 번째 계기에서 자연적 혼으로 존재하는 정신은 보편적인 자연적 "실체"인 동시에 극도의 추상적 직접성과 즉자성 가운데 있는 "주관성"으로 이해된다. 그러나 아직 혼은 자연의 행성 궤도나 계절의 순환 같은 "무언의 교감"에 머무는 정신적 생일 뿐이다. 헤겔은 정신의 이러한 계기를 단순한 "맥박", 즉 정신성을 동요시키는 자기 내 자기에 그치는 바로서 서술한다. 보편적인 것이 개별적인 것 안에서만 현실적이기는 하지만, 이러한 직접성의 계기에는 개체성이 보편성에 반한다든가 혹은 혼 자체가 자연에 반한다든가 하는 그 어떤 "정립된" 구별도 없다. 그럼에도 자연의 "진리"가 되어가는 가운데 정신적 생의 이러한 첫 번째 계기는 자연적 규정의 형식을 띤 채 자기 내에 내재적 구별을 지닌다. 이러한 규정들은 물리적 자연 속에서는 "자유롭게 흩어져 있는 영역으로, 일련의 자립적인 형태"로 현상하지만, 영혼의 단순한 관념성 속에서는 영혼의 "질"로 전락한다(herabgesetzt).[15]

자연적 혼으로서 정신은 보편적인 행성적 생과의 일종의 원시적 공생(Mitleben) 가운데 살고 있다.[16] 기후의 구별, 계절의 순환, 밤낮의 교차 등은 혼에게 흐릿한 기분으로 다가온다. 헤겔은 혼과 자연 간의 이와 같은 근본적인 친화성을 어느 만큼은 원시인의 생활 방식에서 여전히 찾아볼 수 있다고 주장한다. 오늘날 우리의 몇몇 휴일과 축제에도 주기적 의례의 측면이 있다. 살다보면 유독 어릴 적에 우리는 자연에 신비롭게 이끌리는 느낌을 받을 때가 있다. 우리의 기분과 성향은 어느 정도 계절 및 하루의 시간대를 반영한다. 헤겔이 말하기를 겨울은 우리를 우리 자신 속에 침잠하게 하며, 봄은 정력의 재탄생과 유출을 이끌어낸다. 아침에는 "차분한 빛"

• • •

(*FPhG* 30)

15. "우리는 혼을 자연 전체라는 대우주와 비교하여 소우주로 특징지을 수 있다. 대우주는 이 소우주로 응축됨으로써 자신의 상호 외재 존재를 지양한다." (*PhM* 36/68)
16. *PhN* 102/1권 294.

이 있고, 해가 긴 날의 "객관성"은 우리에게 지정된 업무를 마치도록 요구하며, 저녁의 부드러움은 휴식 및 상상의 자유로운 흐름을 가능케 한다. 그러나 헤겔은 인간 안의 이러한 것들 중 그 무엇도 한갓된 본능적인 것이 아닐뿐더러 인간의 의지 없이는 일어나지 않는다고 말한다.

헤겔은 보편적인 행성적 생과 추상적 공생을 이루는 자연적 혼의 이러한 첫 번째 계기가 인간의 현실적 생에 그리 중요하지는 않다고 본다. 그는 당대 낭만주의 문학의 주요 주제였던 자연과의 공감(Mitempfinden)에도 거의 관심을 기울이지 않는다.[17] 헤겔이 말하기를 우리는 한때 인간에게 중대한 영향을 끼친다고 가정되었던 별의 운행이나 지구의 힘에 시간을 허비해서는 안 된다. 그는 천문학이 미신이라고 주장하는데, 이는 행성이 우리에게서 멀리 떨어져 있어서가 아니라 태양계 내 행성의 생이 단지 시공간을 규정적 특징으로 하는 외재적 운동의 생이기 때문이다. 자연적 유기체에만 와도 그러한 외재성은 부차적이다. 우리가 보았듯[18] 자연적 생은 자기 고유의 시공간을 만들려 한다. 수명, 질병과 건강이라는 형태, 시간 안에서의 운동 같은 자연적 생의 물리적 변화는 자기 삶의 과정과 자기 목적(Selbstzweck)에 의해 규정된다. 물론 식물은 계절의 변화에 의존하며, 동물적 생조차 동면, 이주, 교미기에서 볼 수 있듯이 어느 정도는 이러한 주기에 속박되어 있다. 하지만 본질적으로 정신의 활동은 자신의 자유와 자립성 속에서 스스로를 파악하고자 자연과의 연루로부터 자기 자신을 끌어내는 데에서 성립한다.[19] 인간은 자신의 문화를 통해 자연의 몰정신적 주기에서 스스로를 해방하였다. 인간은 자연의 변화를 취하여 그것을 인간 고유의 리듬 및 노동과 휴식의 일과, 즉 자신의 습속과 삶의

• • •

17. *FPhG* 45.

18. 이 책, p. 84-85를 보라.

19. "인간적인 모든 것은 그것이 어떻게 현상하든 간에 꼭 그렇게 될 수밖에 없는데, 그 안에 담긴 사유가 작동하고 또 작동해왔기 때문이다." (*HPh* Ⅰ, 4)

양식으로 만들었다. "자연이 절대적이고 궁극적인 목적을 담지하지 않기"[20] 때문에 인간은 자연에 반하는 방식으로 자연을 사용한다.[21] 인간에게 정신으로서 주어진 운명은 행성적 시공간이라는 자기 외재성을 부정하고, 역사 속에 자기 자신의 시간을 창조하여, 자연 세계를 인간 이성이라는 우주를 위한 공간으로 만드는 것이다.

스스로를 지구의 대륙에 대략 일치하고 또 인류의 주요 인종을 구성하는 특수한 자연적 정신으로 구체화하는 와중에, 추상적인 보편적 혼은 자신의 보편적인 자연적 규정을 자기 자신에게 더욱 참되게 "결박한다."[22] 이렇듯 포괄적인 인종 분리는 삶의 방식, 몸집, 기질적 특징, 헤겔이 중요시하는 지적-인류적 조직 능력에 따라, 사람과 집단을 구별하는 민족적-지역적 혼으로 계속해서 구별된다.

헤겔은 대륙의 분리를 단순히 우연적인 것으로 보지 않는다.[23] 헤겔에 따르면 각 대륙의 여러 인간 공동체는 자연적 정신(Naturgeist)으로서 정신이 그 개념상 지니는 세 단계, 즉 직접성 내지 추상적 보편성, 상호 외재성, 자유로운 구체적 개별성을 나타낸다. 산맥과 사막으로 지중해와 분리된

• • •

20. *PhN* 4/1권 25. 칸트에게도 "자연의 목적은 자연 너머에서 찾아져야 한다." (*CJ* 225) 그렇지만 헤겔이 『자연철학』에 언급한 바와 달리 칸트는 어떻게 자연이 자신의 "진리"인 정신을 향해 스스로 자신을 지양하는지에 대한 논증을 제시하지 않는다. 칸트의 입장에서 볼 때 이론적 목적을 위한 그러한 노력은 모두 이성의 위법적 사용일 터이다.

21. *PhN* 5/1권 26; *PhH* 27.

22. 여기서 (*PhM* 40/75 이하) 그리고 다른 저술에서도 헤겔은 인간 공동체에 —— 특히 세계사에 결정적인 역할을 했다고 간주되는 인물들에게 —— 지리적 요인이 끼친 영향을 다룬다. 여기서의 논의가 혼과 주관정신 일반의 개념에서 그리 중점적이지는 않기에 우리는 헤겔의 주장 중 주요한 요점만 몇 개 추리는 데 그치겠다.

23. 구세계를 구성하는 세 개의 대륙은 개념의 세 단계에 상응하며 서로 본질적인 관계를 맺는다. (*PhN* 285/2권 50) 세계사에서 가장 중요한 지역은 지중해 주변이다. 헤겔에 따르면 동아시아는 거의 중요하지 않고, 신세계는 일반적인 역사 전개 과정의 바깥에 있다. ("The Geographical Basis of World History", *PhH* 79 이하를 보라.)

아프리카는 자체 안에 갇힌 자연적 고착 상태에 처해 있다. 자연적 생의 직접성에서 스스로를 거의 분리하지 못한 아프리카인은 "유아"와 같으며, 그들 삶의 방식에는 자발성과 활력만이 있을 뿐 멀리 떨어져 있는 비개인적인 목표를 위한 인내심은 결여되어 있다.[24] 그들의 사회적-정치적 조직은 친족과 부족의 유대 수준을 벗어나지 못하고, 종교적 신념 역시 물활론과 물신 숭배를 넘어서지 못한다.[25] 아시아 대륙은 광활한 초원과 평지를 해안선에서 갈라놓는 산맥들로 나누어져 있으며, 아시아 정신은 몽골인의 극단적인 폭력성부터 중국인과 인도인의 정적인 성격까지 걸쳐 있다. 아시아인은 아프리카인의 직접성을 넘어서 보편성에 이르렀지만, 한편으로는 (라마교의 인간-신 같은) 직접성 개별성과 다른 한편으로는 (인도의 범신론 같은) 추상적 보편성을 동시에 취하는 모순적인 형태를 띤다. 이렇듯 매개되지 않은 대립 속에서 아시아적 영혼은 구체적 개별성, 자유로운 인격의 의식에 결코 도달하지 못한다. 그러한 의식은 유럽에서야 표면화되는데, 바다에 활짝 열려 있는 유럽은 여러 민족의 자유로운 혼합과 이동에 가장 적절하며 상업의 활발한 교류를 자극하는 환경에 처해 있기 때문이다. 헤겔에 따르면 유럽인만이 세상의 그 어느 것도 사유에 외재적이지 않다는, 즉 모든 것이 종교, 국가, 철학 내에서 이루어지는 자유로운 개별성과 구체적 보편성의 통일에 외재적이지 않다는 자신감을 얻었다.[26]

• • •

24. 그렇지만 헤겔은 인종 차이가 지배나 자유의 박탈을 정당화하는 것은 거부한다. "인간은 즉자적으로 이성적이다. 여기에 모든 인간의 권리가 평등하다는 가능성이 있다." (PhM 41/76)

25. 아프리카 정신의 "직접성"이 무엇을 뜻하는지에 관한 사례로는 물신 숭배에 대한 헤겔의 언급을 인용할 수 있겠다. 헤겔이 말하기를 물신은 표면적으로는 객관적 자립성을 띠지만, 여기서의 "객관성"은 "자신에게 자기 직관(Selbstanschauung)을 산출하는 개인의 자의성이고, 그 자기 직관의 상을 지배하는 것도 자의성일 수밖에 없다." 하지만 그와 같은 자의성이 [유일하게] 실현된 실체적 객관성"이기만 한다면 정신은 그 어떤 보편성도 의식할 수 없다. (PhH 94-95/101)

26. 인종적-민족적 정신에 관한 헤겔의 논의는 빈번히 비판받았으며 정당화될 여지

헤겔이 경험적이고 서술적인 수준에 불과한 것으로 간주해야 한다고 말하는 특수한 민족적 정신에 관한 논의조차 그의 이론에서는 어느 정도나마 개념의 특징을 드러내는 것으로 고찰된다. 일례로 남부 유럽, 그중에서도 유독 이탈리아 남부에서 개별성은 대체로 직접적 개별성의 형식으로 있다. 다시 말해 그곳의 개별적 성격은 단적으로 자기 자신인 바와 다른 어떤 것이 되고자 하지 않는다.[27] 그들은 정치 체제와 같은 비개인적 영역에 허술하고 관심도 없으며 보편적인 목표에 대해서도 열의가 부족하지만, 활발한 몸짓이 넘칠뿐더러 개인적 관계와 표현에서 거리낌이 없다. 헤겔은 독일적 정신이 거의 정반대에 있다고 하는데, 그들은 생각에 잠겨 내면성을 향하고, 모든 활동의 보편적 근거를 추구하며, 체계화를 위한 열정은 그들을 한갓된 형식주의로 몰아치거니와, 결국 그들은 한 인간의 개별성보다 그의 관명과 관직을 존경한다.[28]

여러 인종적-민족적 정신으로 특수화함으로써 보편적인 자연적 혼은 개별적 주관을 통해 드러나게 된다. 이 지점에서 주관성은 자연적 개별성에 다름 아니며, 이러한 자연적 개별성의 규정성은 아직 타고난 경향, 소질, 특징 등 대체로 유전적 요소를 갖는 형식으로 있다. 자연적 개별성의 이 첫 번째 현상에서, 추상적인 보편적 혼은 보편적 혼 자신을 잃어버린 것 같았던 다양한 집단정신으로부터 자연적 질을 "도로 되찾아" 자신에게

• • •

또한 없다. 대륙에 근거한 "연역"에 대한 희롱이 계속되어 왔는데(Morris R. Cohen, "Hegel's Rationalism", *Philosophical Review*, vol. 41, no. 3, May 1932를 보라.), 그 이유는 그가 개념에 "유용하지" 않은 것을 [고의적으로] 빠뜨렸으며, 상대적으로 거의 알지 못했던 문명들을 싸잡아 언급했다는 데 있다. (Bertrand Russell, *A History of Western Philosophy*, New York, 1945, p. 735를 보라.) 대다수의 비평가는 정신의 보편적 규정이라는 관점에서 지리적-종족적 공동체의 다양한 현상을 고찰하고자 한 헤겔의 노력을 진지하게 받아들이지 않고 비난하는 데 그쳤다. 물신주의 역시 헤겔의 고찰에 담긴 암시를 드러내는 작은 사례로 의도된 데 불과하다.

27. *PhM* 48/85.
28. *PhM* 51/90.

부여하며, 이로써 자연적 혼은 인간의 개별적 혼으로서 구체적인 것이 된다. 헤겔은 개별적 혼의 자연적 질을 크게 "재능", "기질", "성격"으로 나눈다.

재능은 직접성 내지 "한갓된 존재하는 것(blosse Seiendes)"의 형식을 취한다. 개인에게 주어진 자연적 천성의 세 형식을 말하자면 그것들은 무엇보다도 개인 속에서 그저 "발견"되거나 개인 안에 "있는" 어떤 것의 본성을 지니는 것 같다. 개인의 일생 내내 지속될지언정 재능은 그것이 직접적인 것인 까닭에 계발되고 전개되려면 그 외부에 있는 어떤 것을 필요로 한다. 어린아이가 그림을 잘 그린다고 해도 그러한 취미가 목적을 가지고 전개되기 전까지는 아이가 진정한 재능을 가졌는지 그저 끄적거리는 것에 불과한지를 말하는 일은 불가능하다.[29]

헤겔이 말하기를 우리가 개인의 "기질"을 구성한답시고 뭉뚱그려 간주하는 특징들은 특이체질(Idiosykrasien)까지 포함할 정도로 무한히 넓어 애매하기 짝이 없으며, 이들 경향은 우연적인 것의 영역에 해당하여 철학에 대한 본질적인 관심도 거의 받지 못한다.[30] 때로는 단순한 "기분"에 가까울 정도인 기질적 특징은 재능과 달리 "고정된 존재"를 갖지 못하기에 한 개인은 그 인생 역정 가운데 한 종류의 기질에서 다른 기질로 이끌릴 수 있다. 헤겔이 말하기를 기질 일반은 개인이 자기 자신을 외부 세계와

• • •

29. 헤겔에 따르면 예술에서는 재능과 천재성 모두가 "자연적 천성이 의심할 여지없이 본질적인 역할을 하는" 구체적인 소질을 요구한다. 미(美)가 감각적 형태로 있는 이념인 까닭에 예술가는 "감각적 지각과 감정의 영역 안"에서 그리고 "주어진 감각적 소재와 관련하여" 자기 예술의 내용을 발견하고 구현해야 하기 때문이다. 그리하여 예술적 창조성은 필연적으로 "직접성의 측면"을 포함하거니와 "개인은 자기 자신에게서 이러한 현상을 이끌어낼 수 없으며, 그와 같은 현상을 조금이라도 찾아낸다면 예술가 자신에게 직접적으로 나타난 것으로서 발견할 수밖에 없다." (The Philosophy of Fine Art, trans. F. P. B. Osmaston, 4 vols. (London, 1920), vol. I, p. 385)

30. 인간 지(Menschenkennery)에 관한 헤겔의 견해로는, 이 책, p. 29를 보라.

관계하게끔 하는 방식을 구성한다. 기질에 관한 이러한 개념에 따라 기질은 개인의 활동이 "외향적(in die Sache hineinbegibt)"인지 아니면 자신의 개별성을 향하는 "내향적"인지를 기준으로 구별된다.

헤겔은 칸트의 4분류[31]에 주목하지만 이러한 도식을 개인에게 고정적으로 적용하는 일에는 주의를 구한다. 양 극단의 기질을 언급하면서 헤겔은 대립하는 기질들이 사실 변증법적 대립임을 시사한다. 다혈질인 사람은 자신의 실체를 그의 다양한 "사태"에 소진하고는 한다. 그러나 다혈질의 반대로 보이는 점액질 역시 사태에(in die Sache) 집중한 나머지 자기 자신이 추구하는 바에 갇혀 스스로를 잃기도 한다. 외적 지향성을 지닌 이 두 극단 모두는 외재성 가운데 자신을 상실하는 일면적 객관성을 드러낸다고 볼 수 있다. 반면 담즙질의 광란적인 유동성은 그를 사태에 머무르지 못하게 하는 내적 동요에서 비롯하며, 우울한 기질을 가진 사람의 내적 사색은 자기 몰두의 또 다른 표현에 다름 아니다. 앞의 한 쌍은 객관성과의 관계를 놓쳐 자기를 상실하고, 뒤의 한 쌍은 자신과의 관계를 놓쳐 객관성과의 교섭을 상실한다. 결국 이 두 쌍은 타자와의 관계 내에서 또 그 관계를 통해 이루어지는 자기 관계에 다름 아닌 정신의 본질을 일면적이고 불충분하게 표현함으로써 양 극단의 본성을 나타낸다.

기질이라는 특징이 성향 이상의 무언가인 데 반해 성격에서 자연적 재능과 자질은 한갓된 존재하는 것(Seienden)으로서 갖는 자신의 직접성을 상실한다. 자연적 재능과 자질은 자기 직접성 속에서 부정된 뒤 의지에 의해 전개되는 성격의 지속으로 이어진다. 여기서는 의지가 본질적이기 때문에 성격에 관한 온전한 논의는 자연적 주관성이라는 현 차원이 아닌 자유로운 이성적 지성이라는 훨씬 높은 차원에 속한다.[32] 그러므로 헤겔은

• • •

31. 칸트는 개인의 생적 활동을 흥분(Erregbarkeit)시키거나 이완(Abspannung)하는 기질의 물리적 토대를 강조한다. 그는 기질을 (다혈질과 우울질이라는) 감정에 관한 것과 (담즙질과 점액질이라는) 활동에 관한 것으로 양분한다. (*APH* 286/235 이하)

몇 개의 일반적인 진술을 제시하는 데 만족한다. 그가 말하기를 "덕에 대한 천재성"은 없는데, 본질적으로 인간의 성격이란 타고난 것이 아니라 그 자신의 피조물인 연유에서이다. 그런데도 헤겔은 그 "형식적" 측면에서 볼 때 성격이 정력 —— 개인이 자신의 목표를 추구하고 다양한 행위 가운데 자신에 관한 감각을 간직하게 하는 것 —— 에 어떠한 자연적 토대를 둔다고 말한다. 헤겔에 따르면 여기서 우리는 성격과 아집(Eigensinn)을 구별해야 한다. "성격의 패러디"[33]라 할 수 있는 아집에서 개인의 활동은 그의 주관적 특이성을 위한 배출구에 불과하다. 진정한 성격 속에서 개인의 활동이 목표로 삼는 바는 실체적이고 보편적인 내용에 관한 것인 동시에 개인이 자유로이 자기만족을 얻을 수 있는 그 자신 고유의 내용이다.[34]

"성격"에서 혼의 개별화는 인간학의 첫 번째 계기를 완결한다. "자연적 질"이라는 이 계기는 가장 추상적인 의미로나마 개별적 혼이 "될 바"를 의미하였다. 여태껏 혼이 확보한 규정은 자기 현존재(Dasein)를 자연적 개별성으로서 확립하기에 적합한 수준에 그친다.[35] 자연적 혼의 질은 보편적인 자연적 정신(Naturgeist)이 인종적-민족적 정신으로 특수화할 때 또 그것이 현존재인 개별적 혼에서 보편적인 것으로 실현할 때 비롯한다.

이 지점에서 방법과 관련한 몇 가지 사항을 검토하는 것도 나쁘지 않겠다. 인간학으로의 입장을 허가하는 헤겔의 설명은 서술적인 수준에 그친다. 자연적 혼이 세계영혼이라는 보편성에서 특수한 인종적 정신과 개별적 혼으로 운동한다는 설명은 명백한 반박을 회피하며,[36] 재능, 기질, 성격의

• • •

32. *PhM* 228/355 이하.
33. *PhM* 53/93. Aristotle, 『니코마코스 윤리학(*Nicomachean Ethics*)』, 1151b5 이하에 서술된 고집과 자제력 간의 비교를 참조하라.
34. *PhM* 53/93. *PhR* 83도 보라.
35. 현존재(Dasein) 내지 글자 그대로 "거기 존재하는 것"은 "직접적으로 존재한다는 (seiende) 규정성(Bestimmtheit)을 갖는 존재, 바로 질이다." (*L* 170/174)
36. 인종적 정신의 출현은 자연적 정신(Naturgeist)의 보편적인 행성적 생이 분열

관점에서 개별적 혼 자체에 대해 이루어진 논의 역시 엄밀한 추론으로는 의도되지 않은 듯하다. 헤겔 고유의 방법론적 주장을 감안할 때 우리는 [원천적으로 반박이 불가능한 서술이 아니라] 연역을 요구해야 하는 게 아닌가? [하지만] 개념의 특정한 계기라는 소재 내에서 이루어진 현상에 주목하는 걸 넘어 이러한 초기 단계에서 그와 같은 요구를 내세우는 것은 적절하지 않을 터이다. 개별적 혼의 발전이 진행되고 그 형태가 규정성 속에서 발전하면서 부정성의 계기와 그에 따른 매개는 그 운동에 참된 추론의 형식을 부여할 것이다.[37]

자연적 혼의 다음 계기로 나아가기 전에 방법과 관련한 또 다른 점에 간략하게나마 주목하도록 하자. 이와 같은 단순한 시초에 있는 우리는 의식적 주관성의 차원으로부터 멀리 떨어져 있다. 그런데도 헤겔은 우리가 일상적으로 의식과 연관시키는 소재, 이를테면 재능의 수행이나 기질과 성격의 표현과 같은 소재를 끌어들인다. 이 규정을 포함한 인간학의 규정들

• • •

(Zerfallen)된 것으로(*PhM* 40/75; *PhN* 273도 보라.), 개별화(Vereinzelung)는 일종의 "진전(Fortschreiten, Fortführen)"으로도 설명된다. 헤겔은 개별화의 운동을 은유적으로 말하기도 한다. "빛이 수많은 별들로 흩어지는(zerspringt) 것처럼, 보편적인 자연적 혼도 무수히 많은 개별적 혼으로 조각조각 흩어진다. 그것들 간의 유일한 구별이 있다면, 빛이 별들로부터 독립된 존립의 가상을 갖는 반면에 보편적인 자연적 혼은 한갓 개별적 혼에서 현실성에 이른다는 것이다." (*PhM* 35/66)

민족적-지역적 정신 내지 혼과 관련하여 헤겔은 우리가 연역이 불가능한 영역에 있다고 한다. 우리가 "자연의 무능력"(*PhN* 23/1권 70)을 설명해야 하는 물리적 영역에서와 마찬가지로 여기서 개념은 자신의 순수한 계기 내에서 스스로를 보존할 힘을 갖지 못하기에 "우연적이고 외재적인 규정"(*ibid.*)으로 나아간다. 헤겔에 따르면 특수성이 존재하든 않든 간에 우연성은 그것이 개념에 아무런 구별을 만들지 않을 때마다 압도적인 힘을 얻는다. (*L* 11/64) 우연성은 현상계 내에서 자신의 "할 일"을 가지기 때문에 철학이 모든 실존 내에서 선험적인 필연성을 찾고자 한다면 그것은 무모한 일이겠다. (*L* 265; *PhN* 23)

37. 논리학에서 부정은 대자 존재의 범주 전까지는 명확히 규명되지 못한다. 한낱 현존재 자체에서 부정의 계기는 덮여 (als eingehüllt) 있다. (*L* 172) 질의 범주에서 우리는 대자 존재에 이르지 못하였다.

은 의식적 생의 내용이라는 관점 바깥에서는 검토될 수 없는 의식의 "계기" 들—— 이들 계기는 의식을 "향한" 주관성의 "전개" 속에서 벌어지는 논리적 진전이다—— 로 파악되도록 의도되었다. 우리의 방법이 연역에서 나타나지 않은 발전의 여러 단계에 관한 "예견"을 요구한다는 헤겔의 언급은 이러한 의미를 담는다.[38]

b. 자연적 변화

앞서 다룬 바 있는 자연적 질이라는 자연적 혼의 첫 번째 계기에서, 개별적 혼은 추상적이고 보편적인 자연적 정신(Naturgeist)의 실현으로서 출현하였다. 개별적 혼의 이 출현과 더불어 규정들은 질과는 다른 논리적 성격을 취하게 된다. 여기서 규정은 개별적 혼 자체 내에서 벌어지는 보편적인 것과 개별적인 것 간의 대립에서 비롯한다. 혼은 개별성으로서 자기 자신의 내적 보편성 내지 "실체"[39]와의 대립에 들어선다. 개별적 혼에서 구별들은 우선 "변화(Veränderungen)"[40]의 형식을 띤다. 변화는 개체"에게서(an ihm)" 벌어지며, 이때 개체는 종이라는 보편적 생에 따른 자기 전개의 이러한 계기 속에서 영속적인 주체로 존재한다. 논리적 관점에서 볼 때 자연적 변화가 주관과 맺는 관계는 자연적 질이 주관과 맺는 관계보다 고차적, 다시 말해 관념적이다. 질이 다소간 고정된 존재하는 것(Seienden)에 그치는 반면 변화는 동일한 주관의 연속적인 양상이다.[41] 일차적으로 변화란 "연령의 경과(Verlauf der Lebensalter)"를 구성하는, 개인의 성장과

• • •

38. *PhM* 55/95; 이 책, p. 80도 보라.

39. *PhM* 55/96; *FPhG* 33.

40. *PhM* 55/95.

41. "변화"에 관한 헤겔의 논리적 정의는 다음과 같다. "어떠한 것이 변화하는 한 변화는 그 어떤 것의 형성 내에 있게 마련이다. 타자가 되는 것은 그 어떤 것 내에 있다. 어떤 것 자체는 변화 속에서 그 자신을 보존하며, 이러한 변화는 그저 그 타자성의 불안정한 표면에만 작용하지 그 규정에는 그렇게 하지 못한다." (*SL* 124)

성숙의 단계이다.

연령의 경과는 보편적인 것이 태아라는 직접적 개별성 속에서 맞는 모순에서 시작한 뒤 그것이 개인의 죽음 속에서 거두게 되는 승리로 종결된다. 자연적 생으로서의 개인은 자기 개별성에 대한 "추상적 부정성"인 죽음에 굴복한다. 물론 유적 과정이란 "주체가 스스로와 합일하는 것"[42]을 의미하기 때문에 자연에서조차 개별자에 대한 이러한 추상적 부정성을 넘어서는 것이 없지만은 않다. 그렇지만 동물적 주체는 보편적인 것을 대자적으로 실현하지 못한다. 동물적 생의 영역에서 유인 것은 정신의 영역에서는 객관적 이성성에 해당한다.[43] 헤겔은 인간 개인이 정신으로서 보편적인 것을 대자적으로 실현할 힘을 지닌다고, 또 연령의 경과가 생물학적 발전일 뿐 아니라 더욱 본질적으로는 정신이라는 인간의 보편성 속에서 개인의 도야(Bildung)를 위한 토대를 놓는 것이라고도 한다. 하지만 여기서 정신의 과정이 자연적 차원에만 머무는 까닭에 발전의 여러 단계는 일련의 연속하는 상태(Zustände)가 되어 시간 속에서 흩어진다.

헤겔에 따르면 사변적 고찰의 관점에서 볼 때 연령의 경과는 시초와 종국을 함께 완결하는 운동을 구성한다. "자기 안에 감춰진 정신"인 유아기에서 시작하여, 청소년기의 개별적 혼은 스스로를 특수한 것과 보편적인 것의 대립으로 분리하고, 성년에 와서는 보편적인 것을 수용하여 그 대립을 극복하거니와, 결국 노년에는 죽음을 예비하는 무신경한 습관에 빠져 아이와 같은 단순한 통일로 귀환한다.[44]

헤겔은 태아가 개별성과 보편성의 직접적이고 추상적 통일, 즉 한갓된 즉자성 내지 잠재성으로서의 유적 생이라고 말한다.[45] 개별성의 이러한

• • •

42. 이 책, p. 86을 보라.

43. *FPhG* 33.

44. *PhM* 64/108.

45. "식물은 씨앗 속에서 식물 자신과 종 사이의 단순한 직접적 통일로 나타난다."

첫 번째 계기에서 태아는 혼의 자기 자신과의 단순한 통일, 자기 자신 안에 닫힌 정신에 다름 아니다. 태어나지 않은 아기가 개별성이기는 어려우므로 그는 특수한 방식으로 특수한 것에 관계하지도 못한다. 양수에 둘러싸인 태아는 지속적으로 흘러 들어오는 영양을 섭취할 뿐 아직 간헐적인 호흡은 하지 않는다.[46] "엄청난 비약"인 태아의 출생은 대립 없는 이러한 통일의 첫 분리이자 개체와 타자성 간의 특수화된 관계로의 첫 발걸음이다. 신생아 최초의 자립적인 행위인 호흡은 그를 둘러싸고 있는 물질을 신체의 특정한 부위에 흡입하고 방출하는 일이다. 그러나 헤겔에 따르면 이러한 최초의 섭취 활동에서조차 아이는 자기 자신이 동물적 생과 다름을 증명한다. 아이의 신체는 동물 새끼의 신체보다 훨씬 더 섬세하며, 그에게 동물보다 큰 욕구가 있다는 것은 그의 본성이 더욱 고차적임을 밝힌다. 동물 새끼의 첫 호흡이 침묵 속에서 이루어지는 데 반해 아이의 호흡은 거만한 울음을 수반하는데, 울음이라는 이 "관념적 활동"은 자신에게는 충족을 요구할 "권리"가 있다는, 즉 외재적인 것의 자립성은 인간에게 공허한 것에 그친다는 아이의 즉자적 확신을 드러낸다.[47]

헤겔은 유아기와 소년기를 자연적 조화의 시기로 본다. 아이의 욕구는 가족의 애정 속에서 충족되고, 아이는 부모의 사랑과 보살핌으로 둘러싸인 단순한 순진성 가운데 살아간다. 하지만 아이는 아직 완전한 주체가 아니다. 아이는 "또 다른 주체를 통해서만", 즉 부모의 주체를 통해서만 대자적이다. 그렇지만 정신으로서 아이의 운명은 자기 자신을 대자적 주체로 실현하는 것이다. 아이는 치아가 자라고, 두 발로 서고, 걷는 법을 익히고, 자기 자신으로 하여금 외재적 실재성을 향하게 하는데, 이렇듯 스스로

• • •
(*PhN* 323/2권 144)

46. *PhN* 367/2권 240, 353; *FPhG* 35.
47. *PhM* 59/100. 아이의 첫 울음을, 현재 자신의 무기력함에 대하여 자기의 타고난 자유를 갈파하는 것으로 고찰하는 칸트를 참조할 것. (*APH* 268/295, 327n.)

외부로 향하는 것은 자신의 개별성을 획득하는 일이기도 하다.[48] 아이가 "나"라고 말하기를 배우는 것은 자기 자신의 보편성을 감각하는 일이자 사물을 보편적인 것으로 파악하는 출발점이다.[49] 소년이 되면서 아이는 자기 세계와는 다른 성인의 세계를 점점 더 접하고, 그가 마땅히 자신이어야 할 바가 아니라는 감정이 자기 내부에서 깨어남을 인식하게 된다. 소년은 영웅을 숭배하고, 위대한 업적을 꿈꾸며, 자신의 행동 모델을 모방한다. 여전히 직접성이라는 틀 안에 있기에 소년은 "고차적인 것"을 개별적 인격의 형식으로만 직관할 따름이다. 사춘기로의 진입과 더불어 유(類)의 생이 소년 내에서 싹트고 그 충족을 추구하면서 소년기는 청소년기로 성숙해간다.

청소년은 소년의 모방성과 영웅 숭배에서 벗어나 보편성의 형식으로 존재하는 이상을 지향한다. 그러나 헤겔이 말하기를 청소년의 이상주의는 일면적 주관성의 형식을 띤다. 청소년이 보기에 사회는 속물 자체이다. 청소년은 세계를 재정비하는 사명이 자신에게 주어졌다고 생각하나, 그의 이상이 실현되지 않는 연유로 자기 자신이 배제되고 인정받지 못했다고 느낀다. 각자가 자신의 개인적 이익에만 열중하는 시민사회[50]로의 현실적 진입은 고통스러운 충격으로 다가온다. 청소년의 고상한 감각과 그가 품위를 떨어뜨리는 특수성으로 간주하는 바에 대한 강제된 열중 간의 모순은 그로 하여금 우울증에 빠지게 할 수도 있거니와, 헤겔에 따르면 우울증은

• • •

48. *FPhG* 35.

49. 칸트에 따르면, "나"라고 말하기 전까지 아이는 "자기 자신을 느낄 뿐이고 그렇게 말하고서야 비로소 스스로를 사유한다." (*APH* 127/19-20) 셸링은 다음과 같이 말한다. "그의 인간학에서 칸트는 아이가 대명사 '나'를 통해 그 자신을 말하기 시작함과 동시에 아이에게 새로운 세계가 떠오른다는 데 주목한다." (『초월론적 관념론의 체계(*System des transzendentalen Idealismus*)』, Hamburg, 1957, p. 42)

50. 헤겔에 따르면 "시민사회"에서 개인은 "자신의 이익을 목적으로 삼는 사적인 인격체"이다. (*PhR* 124/362)

청소년이 자신의 일면적 주관성을 포기하지 않으려 하는 의지나 능력 속에 존재하는 자기 외재성의 조건이다.

　적어도 활동의 어떤 특수한 영역에서나마 스스로를 세계와 연관할 수 있는 한, 성인은 세계 속에서 객관적 필연성과 이성성을 인식한다. [이상과 현실의] 일치는 최초에는 한갓된 욕구의 관점에서 나타나곤 한다. 세계는 "네 이상을 폐기하거나 너 자신이 무너지거라."라는 양자택일만을 제시하는 것 같다. 그러나 헤겔은 세계가 어떤 정적이고 죽어 있는 사물이 아니라 생의 과정 자체처럼 자신을 보존하면서도 끝없이 새로운 무언가를 산출하는 것이라고 말한다. 헤겔이 말하기를 그 활동이 사적 이익의 추구라는 양상으로 드러나기는 하지만 성인의 활동은 이러한 보존적 산출(erhaltende Hervorbringen)에서 성립한다. 원숙한 성인은 가족과 공동체에서 자신이 맡은 역할 중 청소년기의 이상에 합치하는 참된 것은 실현하지만 공허하고 참되지 못한 것은 "잘라낸다." 헤겔이 주장하기를 [성인이] 노력하는 그 모든 분야의 저변에는 인륜적인 것, 정치적인 것, 종교적인 것이라는 실체성이 존재하고, 그 실체성 속에서 개인은 전체성 및 보편적인 것과의 통일을 찾을 수 있다.[51]

　수년에 걸쳐 성인에게는 자신의 모든 활동에 대한 보편적 시각이 출현한다. 모든 특수성이 어떠한 패턴 속에서 제자리를 찾으면 그 어느 새로운 것도 있을 수 없다는 사실이 드러난다. 노인은 복잡한 이해관계로부터의 해방과 자유 속에서 산다. 그는 더 이상 앞을 바라보지 않을 텐데, 이는 어떠한 미래가 다가오더라도 그것이 익숙한 모습을 띠고 오리라는 그의 믿음 때문이다. 노인의 초연한 지혜 역시 그가 현재의 우연성 및 특수성과 접촉하지 않음을 의미한다. 헤겔은 주관성과 객관적 세계 간의 이러한

● ● ●

51. 개인이 보편적인 것, 즉 "본질적으로 영원하고 신적인 것"과 가장 고차적인 관계를 맺는 곳은 "개인 일반이 수단의 범주 아래 있다고 간주되는" 역사라는 "도살대"가 아니라 "도덕, 인륜, 종교"이다. (PhH 33/31)

일치가 사실상 소년기의 몰대립적 통일을 향한 회귀라고 말한다. "생의 과정은 습관이라는 비활동성이 되"[52]며, 유기체의 둔감한 습관화는 개별적 생이 죽음을 통해 보편적인 것의 위력 속으로 함몰하는 것이다.[53]

이로써 헤겔에게 인간의 수명은 정신의 운동이라는 의미를 지닌다. 그와 같은 과정이 "자연적"으로, 즉 시간 속에서 일어난다고 할지라도, 특수한 단계들의 의미뿐 아니라 그 단계 전체의 본질적 의미가 도출되는 것은 개념의 계기에서이다. "연령"이 여러 시인과 작가에게 사랑받아온 주제이기는 하지만, 이와 달리 사변적 고찰은 ' "연령"이란 무엇인가?', '왜 이 "단계"는 전체 속에서 특수한 경계로 존재하는가?'라는 물음을 던진다. 부분이 전체에 대해 외재적 관계 이상의 것을 취하려면, 부분이 "이" 부분으로서 함축하는 의미는 내재적으로 타자와 전체를 지칭해야 한다. 부분이 전체 내에 있어야 함은 물론이고 전체 또한 어떠한 방식으로든 부분 내에 있어야 한다는 말이다. 연령에 관한 개념에서와 마찬가지로 정신의 영역에서도 헤겔은 각 단계가 그 단계 특유의 방식으로 개념을 드러내는 동시에 전체를 드러낸다고 생각한다.[54] 이 생각은 부분이 전체 내에 있다고 말하는 것보다 혹은 "각 부분은 전체를 통해서만 이해될 수 있다." ― 이 명제는 비유기적 자연의 특정한 영역에서는 이미 참이다 ― 라고 말하는 것보다 더 나아간다. 유기체는 물론이고 정신에서는 더욱 명백하게 "형식 전체가

• • •

52. *PhN* 441/2권 403. "개별적인 것으로서의 생명체는 자신의 신체, 자신의 실재성에 익숙해짐으로서 생명의 습관으로 죽는다. 생명성은 활동성들이 보편화함으로써 자신을 대자적으로 보편적인 것으로 만든다. 이러한 보편성 속에서 대립을 필요로 하는 바로 그 생명성은 죽는다. 생명성은 과정이지만, 이제 타자, 즉 그 생명성이 극복해야 했던 것은 생명성에는 더 이상 타자가 아니기 때문이다." (*PhN* 442/2권 404; *PhR* 260-61도 보라.)

53. *PhM* 64/108.

54. "모든 단계는 본래 이념이지만, 이전 단계들은 이념을 좀 더 추상적인 형식으로만 포함할 뿐이다." (*PhR* 253/255)

각 부분 속에 현현한다."[55]

일례로 청소년기에 관한 헤겔의 설명에서, 엄밀히 말해 [청소년기라는] 특수한 단계는 전체를 표현하는 "이" 특수성이다. 헤겔에 따르면 청소년기의 특징은 소년기에 일어났던 개별성과 보편성의 추상적 동일성을 파열하게 하는 상호 외재 존재와 특수화이다. 이러한 파열은 성년기에 이루어지는 구체적 개별성과 보편성 간의 통일을 가능케 하기도 한다. 청소년기의 상호 외재 존재는 "최초의 부정"이라는 계기이며, 부정성의 변증법적 의미에 관한 한 청소년기보다 강력한 예를 찾기는 분명 어려울 터이다. 청소년은 부모, 전통, 자기 자신 등 이전까지 소년기의 즉자적 믿음으로 수용했던 모든 것에 반항적이고 도전적인 태도를 취한다. 모든 것은 시험되어야 하고 부족한 것으로 여겨진다. 청소년은 성인의 세계에 있는 그 어떤 가식도 닮지 않으려 한다. 자신 안에 담긴 순수한 이상이라고 생각하는 진실만을 감내할 것이다. 헤겔은 이러한 부정성이 청소년으로 하여금 자립적인 개별성이 되게 하는 데 본질적임을 명시한다. 청소년이 "이미 실존하는" 세계를 자기 자신에게서 밀어내는 것은 자신과 세계의 새로운 결합, 다시 말해 깨어나지 못한 아이의 단순한 통일이 아니라 세계를 자신에 의해 정립시킴으로써 또 그 자신 안에서 부정적인 것과 밖에서 부정적인 것 모두를 스스로 극복함으로써 세계를 자신의 것으로 만드는 결합에 필연적이다. 이에 따라 보편적인 것은 청소년 속에, 엄밀히 말하면 보편적인 것에 대한 그의 부정성 속에 존재한다. 상호 외재의 단계는 전체의 계기이고, 즉자적으로 전체를 포함할뿐더러, 스스로를 "이" 단계로 삼아 극복함으로써 전체가 된다.

연령의 경과는 자연적 변화에 관한 추론의 첫 번째 계기이다. 보편적인 것이 소년기, 원숙, 죽음이라는 연속하는 단계를 거치며 자연적 생에서 실현되는 한, 연령의 경과는 개별적 혼이 자연적 생의 차원에서 완성되는

• • •
55. *PhN* 161/1권 434.

모습을 나타낸다.

자연적 변화의 두 번째 계기는 자기 자신에 대한 개체의 "실질적 대립 (reeller Gegensatz)"이라는 계기이다. 이는 개체가 다른 개체 속에서 자기 자신을 추구하고 찾는 것, 즉 성관계이다.[56] 자연적 정신(Naturgeist)의 이 차원에서도 규정이 한갓 자연적인 것이 아니라 본질적으로 정신적인 것임을 아는 일은 중요하다. 헤겔에 따르면 식물적 생은 성관계의 "유비"만을 표현할 뿐인데, "[식물적 생에서] 관계하는 것은 두 개체가 아니"[57]며 또 그 유적 과정이 "형식적"[58]인 데 그치기 때문이다. [반면] 동물의 성관계는 두 개체 간에 이루어지지만, 우리가 보았듯 동물적 개별성은 또 다른 개별성이라는 직접적 형식 속에서만 보편적인 것을 감각한다. 자연적 유기체의 개념에서 번식 과정은 "진행의 악무한으로 끝"나고, 유(類)는 "개체의 몰락에 의해서만 자신을 유지하거니와 개체는 교미과정 속에서 자신의 규정을 수행하며 더 높은 규정을 갖지 않는 한 그럼으로써 죽음을 향해 간다."[59] 정신의 영역에서 개체는 더욱 고차적인 규정을 품는다. 보편적인 것이 개체에 대해서만 보편적인 것으로 존재할 수 있는 것과 달리 여기서 성관계는 개별적 혼이 정신이라는 자신의 보편성 속에서 대자적인 것이 되고자 나아가는 길이다.

"실질적 대립"이라는 이 두 번째 계기에서, 개별성이자 보편성인 혼의 자기 관계는 연령의 경과에서 행해지는 자기 관계와 다르다. 연령에서의 규정들이 그 규정 속에서 "지속하는 하나의 주체"인 개체의 변화인 데 반해, 성관계는 개체로 하여금 "자기 자신으로부터 벗어나" "실질적" 타자 속에서 스스로를 찾고 발견하게 한다. 이와 같은 실질적 대립을 통해 개별

• • •

57. *PhN* 344/2권 189.

58. *PhN* 346/2권 196.

59. *PhN* 414/2권 370.

적 혼은 보편적 실제로서의 자기 자신과 더욱 고차적인, 즉 더욱 관념적인 관계에 이르게 되는데, 이는 현 지점에서는 부정과 매개가 존재하기 때문이다. 이제 개별적인 것과 보편적인 것 간의 대립과 통일은 지속하는 하나의 주체 안에서 벌어지는 변화의 형식을 버린 채, 개별성이 그 자신과 부정적으로 관계하는 동시에 다른 개별성 속에서 또 그 개별성을 통해 자신으로 귀환하는 운동을 구성한다.[60]

그리하여 정신의 영역에서 성관계는 보편적인 것을 보편적인 것에 대하여 보편적인 것으로서 산출한다.[61] 물론 인간학의 모든 영역이 그러하듯이 성의 구별에는 자연적 토대가 있다. 아리스토텔레스와 마찬가지로 헤겔에게서도 남성은 활동적 형상과 수여적 본성을 지니며, 여성은 수동적 형상과 수용적 질료를 지닌다.[62] 그러나 주체로서의 정신에 관한 헤겔의 개념에는 아리스토텔레스적 의미에서 이루어지는 질료 및 형상의 구별과 다소 다른 의미가 있다. 남성과 여성은 "대자 존재적 주체"로서 보편적인 것의 상호보완적 계기가 된다.

헤겔이 말하기를 여성성을 띤 개별적 주체가 보편성으로서의 자기 자신과의 감정적 통일을 이루는 것은 도덕적 생, 사랑, 가족 내에서일 뿐이며, 여성에게는 정치적, 학문적, 예술적 추구 속에서 보편적인 것을 폭넓게 표현할 열정이 결여한다. 이와 달리 남성적 본성은 자신의 본성 및 세계 속에서 실존하고 있는 조건에 보편적인 객관적 목표를 적용하는 일에 활동적으로 참여하며, 그럼으로써 세계를 바꾸고 자기 자신 역시 변화시키거나

• • •

60. "사랑의 으뜸가는 요소는 내가 나만의 독립된 인격이기를 바라지 않는다는 데 있지만, 만약 그렇다고 한다면 나는 스스로에게 결함이 있고 불완전하다는 느낌을 받게 될 것이다. 둘째 요소는 내가 다른 인격에게서 나를 획득하고 다른 인격 속에서 가치를 발휘한다는 것인데, 그런가 하면 또 다른 인격 역시 나에게서 그런 모습을 띠게 된다." (*PhR* 261/322; *JR* 200 이하도 보라.)

61. *PhN* 414/2권 371.

62. *PhN* 413/2권 367-368.

와, 이러한 방식으로 스스로를 보편적인 것과 통일시킨다.[63] 헤겔의 관점에서 여성적 정신은 가정과 아이에서 만족하고, 지적으로 탁월하다기보다는 직관적으로 예민하며, 추상적 사안보다는 직접적인 사적 문제에서 편안함을 느낀다. 남성적 정신은 상상 속에서 자유롭고, 개념적 사고에 강하며, 공적 생활과 지적 추구라는 더욱 광범위한 목표를 지향한다.[64] 이러한 대립적인 것들을 통일하게끔 하는 사랑은 정신의 자기 자신과 행하는 "감정적 통일"이다.[65]

혼으로 하여금 그 자신을 벗어나게 하는 혼 내부의 "실질적 대립"을 넘어서면 혼이 자기 자신과 벌이는 새로운 구별이 발생한다. 그 새로운 구별은 혼 "자신에게서" 일어날 뿐 아니라 혼에 "대하여"도 일어난다. 자연적 변화의 세 번째이자 최종적 계기 가운데 혼은 그 고유의 의미에서 주체로서 얻은 자기 최초의 대자 존재에 도달한다.[66]

헤겔은 대자 존재(Fürsichsein)의 이러한 최초의 등장을 혼의 자연적 "깨어남(Erwachen)"이라고 일컫는다.[67] 여기서 혼의 대자 존재는 그것이 여전히 자연적 규정이기에 "수면" 상태에 대립하고 또 "수면" 상태에 의해 대립하는 "상태(Zustand)"의 형식을 띤다. 헤겔이 말하기를 혼의 깨어남은 관찰자인 "우리에 대하여" 존재할 뿐 아니라 혼의 "직접적 판단"이며,[68]

• • •

63. *PhM* 64/109. 남성과 여성의 "실질적 대립"과 더불어 "각 개체의 본성은 양자를 관통해 있으며, 양자는 이러한 보편성의 영역 내부에 존재한다." (*PhN* 412/2권 364)

64. *PhR* 114-115/332-334.

65. *PhR* 110/321. 사랑에서, "생은 그 자체의 모사물로, 또 개체적인 동시에 통일된 자신으로 현존한다." (*Early Theological Writings*, trans. T. M. Knox, Chicago, 1948, p. 305)

66. 우리가 객관적 의식의 차원으로부터는 여전히 멀리 떨어져 있지만 말이다.

67. *PhM* 65/109.

68. 이 책, p. 46을 보라. 칸트에게 판단이 지성의 기능에 속하는 데 반해 헤겔은 판단을 기능이 아니라 개념으로서의 정신이 행하는 본질적인 자기 내 분리로 본다. 이에

이 판단은 혼이 스스로를 자신의 실체적 존재에 대립시키어 그것을 "혼에 대하여" 정립함으로써 자신을 자기 자신과 분할하게 한다. 그래서 구별은 개별적 주관성 내에서 벌어질뿐더러 개별성인 혼이 보편성과 새로운 관계를 맺게 하기도 한다.

헤겔에 따르면 혼의 이와 같은 자연적 깨어남을 통해서야 비로소 혼은 주체성의 성격을 띠게 된다. 지금까지 혼의 규정은 "자신에게(an ihr)" 있는 것, 다시 말해 혼에 속한 것이었지 혼 자신에 "대하여" 있지는 않았다. 우리 관찰자만이 연령의 단계와 같은 규정들을 구별하였을 따름이다. 물론 여기에서도 혼은 특정한 의미에서 "대자적인 것"인데, 우리가 주목하였듯이 보편적인 것은 각각의 특수한 단계에 즉자적으로 현존하기 때문이다. 하지만 [이제까지는] 연속하는 구별들이 자연적 과정으로서 맹목적으로 행해졌으나, 앞으로 혼은 여태까지의 발전 와중에 나타나지 않았던 방식의 구별을 통해 "대자적인 것"이 된다. 그렇지만 ["대자적인 것"이라는 표현보다는] 이러한 최초의 "깨어남" 속에서 혼이 자신의 대자 존재에 이르렀다고 말하는 게 더욱 올바를 듯하다. 지금의 자연적 차원에서 깨어남은 혼의 최초의 "자기 발견(Sichfinden)"이라는 단순한 "사건"의 성격을 가질 따름인데, 이러한 자기 발견은 그 출현이 또 다른 의미에서의 "깨어남"으로 불리는 이성적 의식의 차원과는 무척 동떨어져 있기 때문이다.

정신의 자기의식적 이성적 활동의 전 범위는 의식의 깨어 있는 상태에 해당한다. 잠들고 깨어나는 현 차원에 있는 주체가 자연적 혼이라는 수준에서 확보하는 가장 일차적인 대자 존재를 고찰하려면 우리는 잠들고 깨어나는 활동 자체로부터는 관심을 거둘 수밖에 없다. 그러므로 여기서의 깨어남

• • •

혼의 운동 속에서 우리는 지성의 맹아적 발전이라고 부를 만한 것을 보게 될 터이다. 판단에 관한 헤겔의 개념에서 (여기서는 물론이고 혼의 이후 단계에서도) 우리는 "아무것도 직관하지 못하는" 지성과 "아무것도 사유하지 못하는" 감성이라는, 인식의 "두 계통"에 관한 칸트의 이분법을 극복하려는 헤겔의 노력에 주목해야 한다. (CPR A 51 = B 75)

은 정신이 다만 존재하는(nur seiende) 자기 자신으로부터 스스로를 추상적으로 구별하는 일에 다름 아니다. 자신의 깨어남 속에서 이루어지는 혼의 자기 분할은 혼이 자기 자신에 대립하는 것(gegenübertreten)이다. 하지만 이 분할은 자기 폐쇄적인 자연적 생인 혼 자체 내에서 이루어진다. 아직 분할은 혼이 자신의 내용을 외재적 세계로 정립하여 혼으로 하여금 의식으로 출현하게 할 수준이 못 된다. 혼은 자신의 수면이라는 존재할 뿐인 (seiende) 자아와 스스로를 대립시킨 뒤 이 대립 속에서 자신의 대자 존재를 취한다.

헤겔에 따르면 수면은 혼이 자신의 무차별적인 실체적 통일 내지 보편성에 빠져 있는 상태이다. 깨어남은 혼이 이러한 자신의 보편적 존재와의 대립에 착수한 상태이다. 그렇지만 수면과 깨어남의 성격은 단순한 변화가 아니라 하나가 다른 하나로 이행하는 "변화하는 상태(wechselnden Züstande)"이다. 수면은 혼이 자신의 보편적인 자연적 존재 및 자신과의 무차별적 통일로 귀환하는 것이다. 그러므로 헤겔이 말하기를 수면은 활동이 중단된 정지에 그치지 않는다. 수면은 혼이 자신의 단순한 보편성 속에서 자기 자신으로 돌아오는 일이며, 깨어 있는 생의 특수한 것들 속에 흩어져 있던 스스로를 자신의 전체성으로 회복하는 일이다.[69] 이후에 나타날 이성적 의식과 관련하여 수면은 활동적 주체성의 포기 및 의식 속에서 벌어지는 자기 괴리의 "치유"를 뜻한다. 수면은 외부 세계를 지성의 객관적 범주에 의해 구성된 연관성으로 파악하는 이성적 의식으로부터 자연적 주관성으로 빠지는 퇴각이다. 그런 까닭에 헤겔에 따르면[70] "내가 꿈을 꾸고 있지 않다는 것을 어떻게 알 수 있는가?"라는 오래된 난문에 답하려면,

●●●

69. "인간은 자신의 의식적 정신에서 오래 머무를 수 없으며, 이따금씩은 자기 존재가 뿌리를 두고 있는 무의식적 정신으로 도피할 수밖에 없다." (Thomas Mann, 『바이마르의 로테(*The Beloved Returns*)』 중 괴테의 허구적 독백에서 인용.)

70. *PhM* 66/111; *JR* 180, 184도 보라.

우리는 표상과 "모든 현실적인 경험의 기준"[71]의 "합치", 다시 말해 양자의 필연적 연관성이라는 칸트의 구별을 활용하면 될 것이거니와, 이러한 연관성은 꿈을 꾸는 상태 동안 정신 속을 흘러가는 상들의 우연적 유희에 대비된다.[72]

깨어 있음과 수면은 혼이 발전할 때 우리가 앞서 주목한 바 있는 질을 비롯한 여러 규정을 자기 안으로 취한다. 이를테면 [깨어 있음과 수면이라는] 두 상태는 낮과 밤이라는 행성적 변화를 나타낸다. 헤겔은 혼이 수면이라는 무차별적 단일성으로 퇴각하는 것이 밤의 어둠 속에 있는 사물의 흐릿한 구별성에 상응한다고 말한다.[73] 혼이 자기 구별로 깨어나는 것은 낮의 빛 속에서 사물의 구별성이 깨어나고 이런저런 업무가 환기되는 것과 같다. 수면할 때에는 감각처럼 외적인 것에 맞추어졌던 혼의 기관 및 기능이 비활동적으로 되거나 침체하는 반면 혼이 "자신에게" 전념하는 것과 연관된 기관 및 기능은 작동을 계속한다. 깨어 있는 상태에서 내용이 정신에게 단일하고 무차별적인 양상을 취할 때 우리가 지루하고 졸려하는 이유는 깨어 있는 상태의 생동성을 만드는 것이 "정신 및 그 대상 간의 대립과 통일"이기 때문이다.

혼이 자신의 직접적인 실체적 존재 내에서 자기 자신을 번갈아가며 추스르는 것과 혼이 객관적 활동이라는 낮의 햇빛 속으로 나아가는 것은

• • •

71. *CPR* B 278. (국역본으로는 B 279에 해당한다. —— 옮긴이)

72. 칸트는 꿈속에서 이루어지는 "표상의 유희"를 객관적 의식의 구성된 경험에 대비하는 방식으로 여러 차례 언급한다. 헤겔은 그러한 표상 자체가 어떻게 가능한지를 설명하는 문제에는 별 관심이 없다. 수면과 깨어남이라는 혼의 판단 개념에서 헤겔이 증명하고자 하는 것은 특수한 내용 자체 —— 어떠한 차원에 있는 것이든 간에 —— 에 관한 "인식"이 어떻게 가능한지이다.

73. "밤은 모든 것을 기르는 어머니다. 그리고 빛은 밤과의 통일 속에서 비로소 존재를 갖는 순수한 형식이다." 그러나 헤겔이 말하기를 "진리"는 "둘[밤과 낮]의 통일"이다. (*PhN* 201/1권 539)

느슨하게나마 성의 정신적 구별에 상응하는 듯하다. (여성의) 내적인 도덕적 감정의 직접성은 (남성의) 목적적 활동에 따르는 넓은 범위의 목표에, (여성의) "지하 세계"의 위력은 (남성의) "의식적 실존이라는 낮의 빛"에, (여성의) "내면적 생의 법칙"은 (남성의) "지상의 법칙"에 대비된다.[74]

자연적 혼의 두 번째 계기를 이루는 자연적 변화에 관한 헤겔의 개념은 일견 이상한 것으로 독자에게 충격을 주지 않을 수 없다. 상식적인 관점에서 볼 때 연령, 성관계, 수면과 깨어남이라는 세 계기가 "내적 연관"[75]을 이룬다는 주장은 상식 밖의 것임이 분명하다. 그러나 헤겔은 상식이 철학적 관점에 따라 도야되어야지 철학이 상식에 순응해서는 안 된다고 주장한다. 우리는 어떠한 소재에 관한 사변적 고찰에서는 일상적인 경험에 길들여진 연쇄와 연관을 예상하지 말아야 한다는 경고를 받은 바 있다. 헤겔에 따르면 자연적 변화의 연쇄가 추론을 형성한다고 하니 우리는 그 추론의 논리적 운동을 간략하게나마 밝히려 한다.

자연적 혼의 전개를 논리적인 관점에서 보면 깨어남은 연령과 성관계라는 앞선 두 계기의 통일이다. 우리는 두 계기 모두에서 혼이 주관성으로서 유적 생 내지 보편적인 것인 자기 실체성과 맺은 관계가 개별성과 보편성 간의 대립이자 동일성의 관계이었음을 상기한다. 혼이 깨어나는 와중에 이와 같은 관계는 더욱 높은 정신적 층위, 다시 말해 특수한 내용 속에서 주체가 대자 존재라는 관념성으로 새로이 출현하는 데 이른다. 하지만

- - -

74. *Phen.* 482/2권 40, 739와 *PhR* 115를 보라. 지나친 해석의 위험을 무릅쓰고 말한다면 우리는 —— 자기 자신을 벗어나 "타자" 속에서 자신을 발견하게 하는 "실질적 대립"에 이어지는 —— 수면과 깨어남이라는 판단(Urteil)이 자연적 혼이라는 이 원초적 차원에서 모든 내용에 관한 일차적인 "의식" 자체를 산출하는 영혼(psyche)의 근본적인 힘에 대한 헤겔식의 설명이라 말할 수도 있을 것이다. "상식"에 관한 아리스토텔레스의 견해로는, 『잠과 깨어 있음에 관하여(*On Sleep and Waking*)』 (455a15 이하)를 보라.

75. *PhM* 66/111을 보라.

혼이 보다 높은 층위에 도달한다는 것은 도대체 어떠한 의미인가? 개별성과 보편성 간의 논리적 관계인 관념성 내에서 일어나는 상승이 바로 그 대답이다. [한편으로] 연령에서 우리는 혼이 유적 생이라는 보편적인 것에 의해 자신 안에 야기된 연속하는 변화(fliessende Veränderungen)로써 자기 자신을 구별하고 이로써 그 자신을 지속하는 단순한 주체임을 본 바 있다. 종국에 와서 개체는 죽음을 통해 보편적인 것에 굴복한다. 다른 한편으로 성관계에서 유 내지 보편적인 것은 개체 내에서의 "실질적 대립"을 통해 개체 안에서 활동한다. "고정된 대립(feste Gegensatz)"은 연속하는 변화보다 고차적인 관념성의 규정인데, 그러한 고정된 대립은 자기 총체성 내에서 이루어지는 개체의 구별,[76] 즉 개체로 하여금 자신을 벗어나 다른 개체에서 자신을 찾고 발견하게 하는 개체 내 결핍의 감정이기 때문이다. 여기서 자연적 개별성에 대해 보편적인 것이 갖는 죽음의 위력은 스스로를 다른 것과 정신적으로 통일하는 개별적 혼 자신에 의해 "억눌러"지거나 "억제" 된다. 최종적으로 깨어남은 한층 고차적인 규정이니, 그 이유는 여기서도 다시 한 번 개체가 자신의 전체성 속에서 스스로를 구별하기는 하지만 [깨어남에서] 이 구별은 고정된 대립의 형식 속에 이루어지지 않고 또 이 구별이 관계하는 대립자가 자기 자신의 "변화하는 상태"에 다름 아니기 때문이다. 대립의 고정성은 극복되었으며, 혼은 자기 자신과의 통일로 귀환 하였거니와, 이 귀환은 일시적인 변화 속에서 수동적으로 지속하는 주체가 아닌 그 대립자 속에서 "대자적인 것"으로 있는 주체로 돌아오는 일이다.[77]

• • •

76. Plato, 『향연(*Symposium*)』 중 아리스토파네스의 이야기를 보라. (189c 이하 —— 옮긴 이)

77. 헤겔은 우리가 곧 살펴볼 감성 내지 감각(sentience)으로 논의를 옮겨왔으며, 자연적 변화에 관한 논증은 감각에 대한 연역에서 비롯한 것임이 분명하다. 이 논증에서 성관계가 맡는 역할은 헤겔이 동물과 식물을 구별하는 가운데 자연적 유기체의 차원에서 파악될 수 있겠다. 식물의 생식은 [동물이 행하는] 성관계 내의 "참으로 상호 분리되어 나타나는 것"이라는 의미를 지닌 "대립을 통해 매개되어 있지 않"다.

주관성으로서의 개별적 혼은 이제 깨어남과 수면의 관계 속에서 보편적인 것인 자기 자신과 관계한다. 관념성 내에서의 상승은 1) 연속적인 변화로부터 2) 실질적 대립을 거쳐 3) 변화하는 상태를 향하는 규정의 운동을 그 특징으로 한다. 자연적 혼의 현 차원에서 수면과 깨어남이 서로 지속적으로 이행하는 것은 혼의 즉자 존재적 실체성과 그 대자 존재적 주관성 간의 통일이 최초로 드러나는 방식이다.

c. 감각

우리가 방금 보았듯이 수면과 깨어남은 단순한 변화가 아니라 하나가 다른 하나를 야기하고 하나가 다른 하나로 이행하는 변화이다. 자연적 상태로서 각각이 자기 밖의 타자에서 자신의 "제한"을 얻으므로 이러한 "제한"은 자기 고유의 타자이다.[78] 그 둘 모두가 자기 안에서 벌어지는 개체의 실질적 대립에서 발생하기 때문에 각 상태는 즉자적으로 자기 안에 타자를 내포한다. 즉, 개별적인 것은 깨어 있는 생에서는 자기를 분산하며, 수면에서는 자신의 자연적 존재라는 일차적 원천으로 귀환함으로써 스스로를 새롭게 한다. 따라서 자신의 분리성 속에 있는 각 상태는 일면성이자 혼의 비진리에 다름 아니고, 하나의 상태가 다른 상태로 끝없이 이행하고 돌아오는 것은 그 상태들의 즉자적 통일에 대한 불완전한 발현에 다름

• • •

동물과 달리 식물은 "내자 존재가 외재적인 것에 대해서 자립적인 신경조직으로 아직 발달해 있지 않"기에 아무런 감정도 갖지 못한다. "감각(Empfindung)을 자신 안에 갖는 것이 비로소 타자로서의 자신을 견뎌낼 수 있고, 이 타자를 개체성의 완고함을 가지고 수용할 수 있으며, 그리고 다른 개체성과의 투쟁에 뛰어들 수 있다. 식물은 직접적인 유기적 개체성이다. 유기적 개체성에서는 유가 우위를 가지며, 반성은 아직 개체적이지 않다. 개체적인 것은 자체로서는 자신에게로 귀환해 있지 않고 하나의 타자이며, 따라서 자기감정을 갖지 않는다." (*PhN* 309, 312/2권 111-112; 이 책, p. 139도 보라.)

78. *L* 173 이하를 보라.

아니다. 끝없는 변화의 표면적인 "악무한" 속에는 각 상태의 진리가 대립자로의 이행이 아니라 그 둘의 통일에 있다는 긍정적 함의가 존재한다.[79]

깨어 있음과 수면의 통일은 세 번째 "상태"가 아니다. 더 이상 이 통일은 상태(Zu-stand, 맞서 있음)의 형식으로 있는 혼의 구별, 즉 시간 속에서 타자의 곁에 혹은 타자의 밖에 있는 어떤 것이 아니다.[80] 그러한 통일은 그 안에서 혼이 "즉자적인 것"인 동시에 "대자적인 것"이 되는 규정이며, 이에 따라 혼이 자연의 이것 옆의 이것(Nacheinandersein)을 극복하는 사례이다.[81] 깨어 있는 혼이 스스로를 수면이라는 대립 상태에 있는 자기 자신과 추상적으로 구별하는 혼의 실체적 존재는 이제 혼의 자기 구별 속에서 관념적 계기로 "보존(enthalten)"된다. 그래서 헤겔은 혼의 수면하는 본성에 대한 내용 규정이 "깨어 있는 혼의 자기 자신 안에서, 더욱이 대자적으로 발견된다."[82]고 말한다. 이로써 구별은 더 이상 자기의 한갓된 존재라는 규정을 띤 혼에게(an ihr) 있는 "질"의 수준에 그치지 않는다. 발견된 내용은 주관성의 동일성으로부터 구별되는 동시에 주관성의 단순성에 단적으로 포함되어 있다.[83] 헤겔이 말하기를 이렇듯 자기 내에서 자신의 내용을 "발견"함으로써 혼은 "감각하는 자(emp-findend, 발견하여 받아들이는 자)"가 된다.

그렇지만 감각적 혼이 이렇게 처음으로 깨어나 자신의 내용을 발견한다고 해서 혼이 객관적인 외부 세계를 발견된 내용의 원천이나 장소로 인식하는 것은 아직 아니다. 이러한 의미에서 외재성은 여전히 심리적 주관성에 대해 발생하지 않았다. 헤겔은 발견된 내용이 비롯하는 곳이란 깨어난

• • •

79. 진무한과 위무한의 의미에 대해서는, 이 책, p. 87, 41번 각주를 보라.

80. *PhM* 67/112.

81. 이 책, p. 81-82를 보라.

82. *PhM* 71/118.

83. *ibid.*; *FPhG* 37도 보라.

상태에 있는 혼에게 "타자"인 혼 자신의 "어두운" 측면이라고 말한다. 발견된 내용은 "직접적"인, 즉 혼 자신의 타자를 통해 그냥 "주어진" 어떤 것이다. 이리하여 감각 자체는 "자기 자신 내 혼의 반성과 혼의 외재성 간의 모순"[84]이다. 그렇지만 "주어진 것"은 그 자연적 실체성 가운데 있는 혼 자신에 다름 아닌 "타자"에 의해 주어지며, 우리가 보았듯이 혼은 자기 외재성인 자연의 진리로 "생성"하였다. 이로써 주어진 것은 즉자적으로 그 직접성과 개별성 속에서 부정되고, 그것이 혼 안에 있다는 사실로 말미암아 관념적으로 구성된다. 헤겔은 깨어 있는 혼의 대자 존재가 감각에 와서야 그 "최초의 충만"을 얻는다고 말한다. [이제야] 처음으로 우리는 혼을 주관성으로서 자신이 지닌 자기 규정들에 대한 관념성이라고 말할 수 있겠다. 감각적 혼은 "하나의 직접적 규정성에서 자신의 본성을 형성하는 보편적인 것이 혼에 대해 있게 되는"[85] 혼의 발전 단계이다.

그렇지만 감각은 주관성의 최초의 현상에 다름 아니기에 헤겔이 주장하듯이 정신적인 것의 "가장 저열한" 형식이다. 감각은 "정신이 무의식적이고 지성적이지 못한 개체성에서 무디게 활동하는(dumpfes Weben) 형식"[86]이다. 감각적 혼은 전개되지 않고 주로 수동적이며 대체로 시간과 공간이라는 우연적 외재성에 의해 규정되는, 그리하여 이후에 사유의 더욱 고차적인 형식 가운데 자신의 소재를 지배할 것과는 다른 자연적 혼이다.

감각적 혼은 자신의 직접적 개별성에 있는 주관성이다. 헤겔이 보기에 우리가 모든 것은 감각(Empfindung) 속에 있다고, 의식적 지성 내에서 일어나는 모든 것은 감각에 그 원천을 둔다고 말할 수 있다는 데에는 의심의 여지가 없다. 도덕과 종교조차 내 지성만이 아니라, 자아가 최초로 내용을 "진짜 나의 것"으로 만드는 감정에도 그 뿌리를 두어야 한다. 그러나

• • •

84. *FPhG* 37.
85. *PhM* 72/120.
86. *PhM* 73/121.

헤겔은 "'악한', '나쁜', '사악한', '비열한' 등의 감정이니 심정이 존재한다고 하는 것"보다 더 "진부한" 경험이 어디 있겠느냐고 묻는다. 헤겔에 따르면 감정의 양상이 이성적 의지보다 먼저 일어나는 것은 사실이지만 이성적 의지는 감정의 양상에 대하여 진리이다. 정신에 관한 사변적 연구가 시초를 향한 진보인 이유로 말미암아[87] 헤겔은 "감각 속에 존재하지 않았던 것은 지성 속에 존재하지 않는다(Nihil est in intellectu quod non fuerit in sensu)."라는 언명을 받아들일 수 있으며,[88] 이와 동시에 그 언명의 더욱 깊은 의미와 진리가 그 명제의 역에 있다고 주장하기도 한다.

헤겔에 따르면 감각적 혼의 규정은 1) "외적" 감각에서 비롯한 것과 2) 혼의 "내면"에서 비롯한 것으로 구별될 수 있다. 감각적 혼이 자신 안에서 발견한 것은 한편으로는 혼 속에서 관념화되고 "그 자신의 것이 된" "자연적이고 직접적인 것"이며, 다른 한편으로는 대자 존재로서의 혼 자신에 속하고 "자연적 신체성으로 구체화"된 정념과 정감이다.[89] 따라서 헤겔에게 감각은 한갓된 수동적 수용성의 관점에서 이해될 수 없다.

• • •

87. 이 책, p. 74-75를 보라. "고차적인 것이 언제나 자기 내 모순이라는 낮은 단계가 스스로를 고차적인 것으로 지양한다는 사실을 통해 출현하듯이, 정신으로 하여금 감각을 넘어서도록, 아니, 감각을 지양하도록 추동하는 것은 감각 내의 모순임이 분명하다." (FPhG 38)

88. 헤겔은 "사변 철학이 이 언명을 받아들이기 거부한다."면 그것은 "오해에서 비롯한 것이 아닐 수 없다."고 말한다. 철학은 감각에 있지 않은 것은 사유에도 있을 수 없다고 단언하는데, 헤겔은 이것이 두 가지 방식으로 이해될 수 있다고 본다. 1) "누스(Nous)나 정신(근대 사상에서 누스보다 심오한 관념이다.)은 세계의 원인이다." 2) 도덕과 종교에 관한 감각은 "오직 사유에서 발생하고 사유에만 의거할 수 있"는 종류의 것이다. (L 15/67) 후자와 관련하여 칸트와 헤겔은 그 견해를 같이한다. 그러나 칸트의 입장에서 우리가 초감각적인 것에 이르는 길은 감각적인 것에서 우리의 도덕적 자유로의 지양(Aufheben)이 아닌 고양(Erheben)을 통해서이다.

89. 헤겔은 "외적"과 "내적"의 구별이 아직은 우리 관찰자들에 대해서만 있을 뿐, 자신의 내용을 객관적인 외부 세계로 정립하지 못한 혼 자체에 대해서는 있지 않음을 우리가 알기 바란다.

첫 번째 영역에서 (눈을 비롯한 여러 감각 기관이라는) 신체성의 규정들은 혼의 대자 존재 내에서 "상기(erinnert, 내면화)"되어야 하며, 이러한 대자 존재에서의 상기를 통해서만 그 규정들은 "감각"될 수 있다. 두 번째 영역에서 규정들은 정신 속에서(im Geiste) 발생하는데, "발견"되어 감각되기 위해서는 "신체화"되어야 한다. 헤겔은 내용이 혼 속에서 "정립"된 바가 되어 주체 안에 있는 것은 바로 이러한 방식을 통해서라고 한다.[90] 첫 번째 영역의 특수화는 오감의 체계에서 이루어진다. 두 번째 영역 역시 체계적으로 특수화되는데 이 특수화는 주로 신체의 내장에서 이루어진다.

이렇게 하여 감각적 혼이 그 최초의 충만을 "발견"을 통해 획득하기는 하지만 헤겔은 정신의 생이 거치는 모든 단계가 그러하듯이 감각 속에도 [정신적] 활동의 본질적 계기가 있음을 우리가 알기 희망한다. 헤겔에게 감각은 칸트의 감성(Sinnlichkeit)처럼 순수한 수용성과 수동성의 능력이 아니다.[91] 헤겔은 감각을 능력이 아니라 자아, 즉 "감각적 혼"으로 고찰하기 때문이다. 감각적 혼이 자신 속에서 그 내용을 "정립"하는 행위에 담긴 의미는 우리가 앞서 보았듯이 혼이 (판단(Urteil)을 통해) 자기 자신을 분할한 후 수면과 깨어남의 상태 가운데 자신으로 귀환하는 데에서 도출된다. 하지만 감각에 관한 헤겔의 개념을 전면적인 차원에서 고찰하려면 우리는 다시 한 번 자연철학을 검토할 필요가 있다. 헤겔이 감각에 관한 자기

• • •

90. *PhM* 76/125.

91. *APH* 140/37. 헤겔에게 어떤 것이 정신에 현존하게 되는 것은 자기 규정하는 정신이 그것을 자기 속에 정립함으로써만 가능하다. (*FPhG* 41-42) 헤겔은 셸링의 "외재적 가능성에 의한 자극" 개념을 "외재적 원인의 활동" 개념보다는 진보한 것으로 간주하지만 그럼에도 전자를 부적절한 것으로 간주한다. "그러나 오랫동안 철학적으로 인정되어 온 그러한 형식적으로 물질적인 관계를 자극 이론에 도입하는 것은 반성 규정의 그 어떤 학문적 뒤범벅과 마찬가지로 매우 비철학적이다. 예를 들어 수용성과 작용 능력을 전적으로 추상적으로 대립시키는 것이 그러하다. [이에 따르면] 수용성과 작용 능력은 요인으로 서로 양의 반비례 관계에 있다." (*PhN* 385-386/2권 279-281)

논지를 자연적 물질성 개념에 관한 논지와 연계히는 와중에 자신의 감각적 혼 개념에 대한 몇 가지 원대한 주장을 제시하는 까닭에서이다.

유기체에 관한 학에서 헤겔은 우리에게 동물적 개체가 "밖을 향한 자신의 과정에서 자기중심적 통일을 자신 안에서 유지"하는 한 "주체성"으로 실존한다고 말한다.[92] 이렇듯 밖을 향한 과정을 통해 감각적 유기체는 식물적 유기체와 구별된다. 자신을 외재화하면서 감각적 유기체는 "자기감정"의 형식으로 그 자신에게 귀환한다.[93] 타자에 대한 식물의 관계가 "동화"에 그치는 데 반해 동물은 그 밖에도 "이론적 관계"까지 맺는다. 물론 이론적 과정 자체는 동화의 계기, 즉 동화하는 동물의 진전된 진보로서 유기적으로 이해되어야 한다.[94] 본질적인 생적 과정인 동화는 유기체가 자신의 비유기적 자연을 "자기 안에 관념적으로" "정립"하는 데에서 성립한다.[95] 그렇지만 이 이론적 과정에서 유기체는 이러한 정립을 영양 섭취에서처럼 물리적으로 행하지 않고 관념적으로 행하며, 그리하여 그 타자와 관계하는 동안에 유기체는 "제 자신과도 관련하기 때문에 대상에 대해 자유롭게 자신을 유지"하거니와, "따라서 대상도 동시에 해방되어 있다."[96] 식물의 경우 동화 중에 이루어지는 자기로의 귀환은 자기감정을 결과하지 못한다. 그러한 결과는 밖을 향한 과정 중에 있는 동물적 본성이 "직접적 개별성의 현실성과 외재성 속"에 있는 동시에 "자신 안으로 반성한 개별성의 자기이자 자신 안에 존재하는 주체적 보편성"[97]일 때에만 발생할 수 있다. 감각의 이론적 관계를 가능케 하는 것은 이러한 자신 안으로의 반성성이다. 따라서

• • •

92. *PhN* 351/2권 207.
93. 이 책, p. 134, 77번 각주를 보라.
94. *PhN* 380-81/2권 271-272.
95. *PhN* 356/2권 216.
96. *PhN* 180/1권 493.
97. *PhN* 351/2권 207.

빛은 식물의 색채에서는 "타자에 대한 존재"[98]로만 있을 수 있다. 식물에서 "대상적 현재로서 빛의 자기중심성(Selbstischkeit)은 시각이 되지 않는다." 빛에 대한 식물의 관계는 "[식물이 식물] 자신과 합일되는 것이 아니라 [식물이] 자신을 빛의 식물(Lichtpflanze)로 형성하는 것"[99]이다. 그래서 어떠한 의미에서 빛은 식물 속으로 동화되었으나 여전히 "색채"로 그러나 식물의 속성으로 존재하며, 이러한 규정에 있는 식물은 "대자적인 것"이 아니다. 식물은 이론적 과정을 내포하지 않는다. 식물 "속"에 있는 색채는 "잠들어 있는 한밤중에, 즉 순수한 자아의 암흑에 다시 태어난 빛이 아니며, 실존하는 부정성으로서 이와 같이 정신화한 빛"[100]은 아니다.

이리하여 우리는 감각적 유기체가 생적 과정과 맺는 이론적 관계 속에서 감각적 유기체와 정신으로서의 감각적 혼 개념 간의 연속성을 본다. 감각적 혼이 자기 안에서 자신의 규정들을 "정립"하는 것이 수면과 깨어남 속에서 자신을 판단하는 것으로부터 직접적으로 비롯하는 데 반해, 정신으로서의 감각적 주관성에 의한 이와 같은 정립은 자신의 생적 과정 가운데 있는 감각적 유기체의 더욱 근본적이고 순수하게 자연적인 내적 반성성의 또 다른 특수화이자 발전으로 이해되어야 한다.

헤겔은 자신의 자연철학에서 "동물 유기체는 소우주, 즉 독자적인 것이 된 자연의 중심이다. 그 안에는 비유기적 자연 전체가 총괄되고 관념화되어 있다."[101]는 것이 증명되었다고 주장한다. 이 점이 동물적 유기체에 그러하다면, 그것은 "완전한 동물, 즉 인간 유기체"[102]에서도 더욱 강력히(a for-

• • •

98. *ibid.*

99. *PhN* 336/2권 172.

100. *PhN* 337/2권 173. "한밤중"과 "순수한 자아의 암흑"에 관해서는, 이 책, p. 167, 4번 각주를 보라.

101. *PhN* 356/2권 216. "일반적으로 유기적인 것의 현존재는 땅 전체가 자신을 개별화하고 수축하는 행위이며, 보편자가 자신을-자신-안으로-반성하게-하는-것이다." (*PhN* 302/2권 91)

tiori) 참이 아닐 수 없다. 그러므로 헤겔이 말하기를 외적 감각에서는 우리의 신체가 외재적으로 규정되지만,[103] 여기서 우리는 외부로부터의 "인상"을 통해 충만을 얻는 빈 서판 개념과 더불어서도, 추상적 수용성과 수동성이라는 개념과 더불어서도 시작하지 않는다. 헤겔에게서 감각적 혼은 "스스로를 아는" 자연이다. 이러한 앎이 지적인 정신에 속하는 종류의 고차적인 앎은 아닐지언정 말이다.

헤겔은 감각 일반을 혼 자신의 신체성 안에서 영위되는 개별적 혼의 건강한 공생(Mitleben)으로 말할 수 있다고 한다. "내 신체는 그것으로 말미암아 내가 외재적 세계 일반과 만나는 매사(Mitte)이다."[104] 헤겔에 따르면 외적 감각은 특수화된 신체성(Körperlichkeit)이라는 단순한 조직체를 구성한다. 혼은 일반적으로 자신의 신체라는 단순한 관념성 속에 있는데 그에 못지않게 감각을 통하여 외재적 신체의 관념성이 되기도 한다. 헤겔이 말하기를 우리에게 오감이 있는 이유와 또 이 오감을 개념적으로 파악된 자연적 신체의 본성에 따라 논증할 수 있는 이유는 바로 여기에 있다.[105]

헤겔의 구별에 의하면 오감은 1) 시각과 청각, 2) 후각과 미각, 3) 감정 내지 촉각이라는 세 종류로 구성된다. 헤겔은 이 세 종류가 추상적인 물리적 관념성, 실재적 차이, 지상적 총체성이라는 자연적 신체의 세 계기 내지 추상적 보편성, 특수성, 구체적 개별성이라는 개념의 형식적 계기에 상응한다고 주장한다. 감각의 각 종류는 물질적 신체의 계기를 그 개념에 따라 제시한다. 개념의 삼조성이 감각의 오조성으로 이행하는 이유는 곧

●●●

102. *PhN* 357/2권 217. "자연, 나는 무엇보다도 나 자신을 통해 그대를 알며, 나 자신을 통해 그대를 가장 심원하게 느낍니다." (Thomas Mann, *op. cit.* 중 괴테의 "독백"에서.)

103. *PhM* 77/127.

104. *PhM* 146/231; *SL* 766도 보라.

105. *PhM* 76, 77/126; *PhN* 382 이하.

분명해질 것이다. 헤겔이 우리에게 말하기를 [물질적 신체의] 계기들이 혼의 관념성과 완전히 분리되는 실존을 갖는 까닭은 감각적 혼이 그 자체 아직 —— 통일하는 활동의 형식이 특수한 실존, 다시 말해 다양한 감각으로 이행하는 —— 자연적 주관성이라는 사실에 있다.[106] 우리가 감각들을 고찰하는 순서는 중요하지 않다. 중요한 점은 감각이 "이성적인 것으로서 총체성을 형성한다."[107]는 사실이며, 그리고 이렇게 감각적 총체성이 된 감각적 혼이 외재적 물질성에 대한 진리라는 사실이다.

헤겔에 따르면 시각과 청각은 특수한 물체를 추상적 보편성으로 현현하게끔 한다. 시각에 대해 물체의 관념성은 단순한 자기 관계의 형식에서 스스로를 현시한다. 시각은 자신의 추상적 관념성의 계기에 있는 물질적인 것, 즉 빛에 관한 감각이다.[108] 시각에서 특수한 물체는 스스로를 공간적으로 현시한다. 모든 사물이 보이게끔 하는 빛 자체는 "물리화된 공간(der physikalischgewordene Raum)"[109]이다. 공간과 마찬가지로 빛은 모든 내적 규정과 내적 구별을 결여하는 나누어질 수 없는 연장이기에 "단순한 자기 외 존재"이다. 자기 외재적인 동시에 자기 자신과 추상적으로 동일한 것으로서 빛은 "물질적 관념성"이고, "비물질적 물질"이며, "절대적으로 가벼운 것(das absolut Leichte)"[110]이다. 빛은 자기 안에 그 어떤 제한도 내포하지 않고, 그 어떤 저항도 없으며, 모든 방향으로 퍼져나가는 불가량의 것이다. 시각은 오로지 이러한 관념적 요소 및 "어둠"을 통한 "흐려짐(Trübung)"

• • •

106. *PhN* 382/2권 273 이하; *PhM* 76/125 이하.

107. *PhN* 384/2권 276.

108. 빛은 "자신과의 순수한 동일성, 즉 자신-안으로의-반성의-통일"로서의 물질이며, "물질의 실존하는 보편적 자기(self)"이다. (*PhN* 87/1권 247) 물체의 개념에 관한 계기들과 각 감각 간의 관계를 드러내는 가운데 우리가 그나마 다룰 수 있는 것이라고는 『자연철학』에서 이루어진 물체에 관한 해명 중 몇몇 주요 지점뿐이다.

109. *PhM* 78/129.

110. *PhN* 91/1권 258.

── 다시 말해 색 ── 과만 관계한다.

자기 이론의 상당 부분을 괴테의 연구에 근거하면서 헤겔은 빛(태양빛)이 여러 상이한 색으로 구성되어 있다는 뉴턴의 관점을 장황하게 반박한다.[111] 헤겔에 따르면 빛은 단순하다. 색은 빛과 어둠의 결합으로써만 발생하고, 여기서 이러한 결합은 "구별되어 있으면서 하나로도 정립되는 결합이다. 이 두 규정은 분리되어 있으면서도 한쪽이 다른 쪽에서 비쳐 보인다."[112] 이러한 연유로 어둠은 "모든 색채 현상 가운데 실존한다." 색채 속에서 맺어지는 빛과 어둠의 관계는 모든 규정이 부정이라는 헤겔의 근본 원리를 내포한다. 빛은 "현시 작용 이외에는 아무것도 아닌 순수한 현시 작용"[113]이다. "추상적 동일성"인 빛은 "자신의 바깥"에 자신의 구별을 두며, 이 구별은 물리적 물체성으로 현존하는 "빛이 아님"이다. 현시된 규정들은 빛의 "제한"인 어딘가로부터 비롯해야 한다. 빛 자체는 비가시적이다. "순수한 빛 속에서는 순수한 암흑 속에서와 마찬가지로 아무것도 보이지 않는다."[114] 부정의 계기 ── "이에 따라 규정의 계기" ── 가 비로소 발생하는 것은 제한에서이다. 제한은 "무거운 물질"이자 "특수한 물질"인 어두운 물체 속에서 실존하며, 절대적으로 가벼운 것은 그것에 아직 외재적인 "타자"에 그러하듯이 그 제한과 관계한다. 여기서 물질적 특수화는 표면의 한갓된 공간적 구별이다. 물체성은 거칠고, 부드럽고, 뾰족하며, 따라서 위치를 확보한다. 이런 점에서 가시적인 사물의 구별은 최초에는 공간적 형태의 구별이다. "오직 이렇게 해서만 빛과 그림자는 성립한다." 현시 자체의 이 첫 번째 계기 속에서 규정은 "다만 공간적"이다.

그렇지만 어둠의 요소는 색채를 산출하기도 한다. 헤겔에게 빛에 대해

•••

111. *PhN* 198/1권 527 이하.
112. *PhN* 198/1권 528.
113. *PhN* 91/1권 258.
114. *PhN* 89/1권 252; *Phen.* 192.

부정적인 것인 어둠은 빛의 부재에 그치지 않으며 "긍정적인 것", 즉 독자적인 어떤 것이기도 하다.[115] 하지만 어둠이 최초에 "실질적"인 것이 되는 때는 "그 내적 실존" 가운데 있는 "물리적이고 개체화한 물체성"으로서이다.[116] 어둠은 깨지기 쉬움(Sprödigkeit)이라는 계기로 존재하는 물체성의 "능동적 원리"인데,[117] 이 원리는 "투명하며 빛에 대한 매질"이라는 "순수한 결정"인 물질과의 구별이다.[118] 깨지기 쉬운 상태에 처한 능동적 원리는 "균질성, 수동적 응집력이라는 추상적인 일면적 극단(금속성)"[119]으로 전개한다. "색채의 현시"는 "구체적이고 개체화한 통일" 속에서 투명성을 매개로 한, "독자적으로 실존하는 어두운 것과 독자적으로 현존하는 밝은 것"의 정립이다.[120] 따라서 한편으로 물질적 개별성은 그것이 "타자에 대한 관념적 현시를 외재"하는 한에는 "자신 안에서의 암흑화"이나 다른 한편으로 그것은 깨지기 쉬움을 포함한 특수한 중력이라는 여러 규정 속에서 총체성으로서 "자신의 물질로 침투해 들어간" 개별적 형식이거니와, "바로 그렇게 함으로써 자신을 현시로 정립했으며 색채의 규정을 포함한 현존재(Dasein)의 이러한 관념성을 향해 계속 나아간다."[121] 색채가 속성인 것은 이러한 방식으로이다. 다시 말해 색채의 속성이란 물질의 "현시" 내지 타자에 대하여 존재함의 계기와 자기 자신의 규정에서 자기 자신 곁에

• • •

115. *PhN* 95/1권 273.

116. *PhN* 195/1권 522.

117. *PhN* 194/1권 522.

118. *PhN* 182/1권 496.

119. *PhN* 195/1권 522. 색을 설명하는 어두워짐이라는 과정의 "근본 규정"은 "밝아짐을 방해하는 것이 비중과 응집력에 연관되어 있다는 사실"이다. (빛 자체와 같은) 순수한 현시의 추상적 동일성에 대비하며 (깨어지기 쉬움을 포함하는) 이러한 규정들은 "물체성의 특유성과 특수화"이다. (*PhN* 196/1권 526)

120. *PhN* 195/1권 522.

121. *PhN* 184/1권 500.

머물러 있음을 동일시키는 것이다.[122]

시각이 관념적 요소인 빛 및 색채 속의 암흑 —— 이는 물체의 고유한 물질적 성격이다 —— 과만 관계하는 연유로 물체의 입체성은 시각에 드러나지 않는다. 순수한 감각으로서 우리의 봄은 표면을 보는 것이다.[123] 우리는 촉각으로 경험한 후에만 깊이와 입체성을 지각한다.[124] 우리가 두 눈으로 "동일한 바"를 보는 건 두 눈이 "대상을 보는 것을 하나의 보는 것으로 만들기" 때문이며, 여기서는 "감각하는 것의 상이성"이 "방향의 통일"에 의해 지양되어 있다.[125] 그렇지만 눈이 시야에 있는 어떤 [다른] 것에 집중할 때에는 그 대상을 "이중으로" 볼 수도 있다.

그렇지만 시각은 물체가 그 관념성 속에서 현시하는 두 감각 중 하나일 뿐이다. 보편성으로서의 물체 개념에 대한 이 첫 번째 계기에서 관념성은 자신의 추상적 자기 관계에 머무르는 물체의 관념성이기에 "구체적" 총체성이 될 수 없으며 또한 두 개의 상호 무차별적인 규정으로 분리된다고도 헤겔은 말하거니와, 그 하나는 시각에 주어진 단순한 자기 관계의 외적 현시요, 다른 하나는 청각에 주어진 자기 부정의 내적 현시이다.[126]

• • •

122. "속성으로서의 색은 이제 하나의 주체를 전제하며, 색이 이러한 주체성 속에서 유지된다(gehalten)는 것을 전제한다. 그러나 색은 또한 하나의 특수한 것으로서 타자에 대하여 존재한다. —— 이는 각각의 속성 자체가 오직 생명 있는 것의 감관에 대해서만 존재하는 것과 같다. 이 타자가 우리, 즉 감수성이 있는 것이다. 우리의 시각은 색에 의해 규정된다. …… 색이 타자에 대하여 있기 때문에, 타자는 색을 물체에 내맡기지 않을 수 없고, 이리하여 타자는 단지 이론적으로만 색과 관계하지 실천적으로 관계하지 않는다. (시각의) 감관은 속성을 있는 그대로 내버려둔다. 속성은 물론 감관에 대하여 있지만 감관을 독점하지는 않는다." (*PhN* 216/1권 577)

123. "시각에 대해서는 오직 색만이 있다. 형태는 촉각에 속하고, [이 형태는] 시각에는 단지 어둠과 밝음의 교체에 의해 추론된 것일 뿐이다." (*PhN* 216/1권 577)

124. *PhM* 78/130.

125. *PhN* 383/2권 275.

빛이 물리화된 공간인 반면 소리는 물리화된 시간이다.[127] 빛이 부서지지 않은 연장의 성격을 띤 물리적 관념성인 반면 소리는 압축된 내적 운동에 다름 아닌 관념성이다. 그래서 소리는 물체가 자신 안에서 일으키는 순수한 진동, 역학적 떨림(Erzittern)으로서 "물질적인 것의 비물질성"이고, 이렇게 떨릴 때 물체는 자신의 상대적 위치를 변화시킬 필요 없이 단지 자신의 일부를 움직일 따름이다. 소리에서 물체는 자신의 "내적 공간성"[128]을 시간적으로 정립한다. 자신의 "순수한 내면성"을 드러내고 또 자기 부분의 역학적 떨림으로부터 스스로를 직접적으로 회복하는 가운데 물체는 자신이 물질성으로서 지니는 상호 외재 존재를 관념적으로 부정한다.

결국 시각이 "외재적인 것에 대해 외재적인 것을 현시하는 것으로서의 관념성의 감각"[129]인 데 반해 청각은 "내면성"의 감각이라는 것이 헤겔의 이야기이다. 헤겔은 청각을 "그것 자체로서의 자신을 자신의 발현 속에서 알리는 내면성의 감각, 즉 음의 감각"[130]인 음성과 연관시킨다. 시각에서 외재적 대상은 "무관심한 자기"이지만 청각에서 그것은 "자기 자신을 지양하는 자기"이다. 헤겔이 말하기를 음성에서 감각은 "자신의 내적인 것으로 되돌아간다." "활동적 청각"인 음성은 자신의 특수한 감정을 발현하면서 스스로를 보편적인 것으로 정립하는 순수한 자기이다.[131]

그리하여 우리가 곧 주목할 것처럼 헤겔이 볼 때 우리의 본성은 다른

• • •

126. *PhN* 382/2권 274, 384 ; *PhM* 78/130.

127. *PhN* 137/1권 379-380, 384.

128. 소리는 "우선 내면적인 형식이다. 이 형식이 물질적 상호 외재로의 침잠을 뚫고 나온다면 이 형식은 물체의 이러한 상호 외재 존재가 독자적으로 존립하는 것을 부정하게 된다." (*PhN* 136-137/1권 377)

129. *PhN* 382/2권 273.

130. *ibid.*

131. "어떤 동물이든 폭력적인 죽음을 당하면서 소리를 내어 자신을 지양된 자기로 언표한다." (*PhN* 384/1권 277)

감각은 물론이고 특히 시각과 청각에서 자연의 진리이다. 우리의 외적 감관 체계는 우리 자신이 물리적 외재성과 관계하는 근본 양상을 구성할 뿐 아니라 물리적 외재성의 즉자적 진리를 개념의 계기에 따라 신체화하기도 한다. 물론 우리의 시감각은 빛이 "물리화된 공간"이라는 것을 말하지 않으며, 우리의 청감각 역시 소리가 "물질성으로부터의 벗어남"이자 "비물질적인 것과 관념적인 것으로의 이행"을 드러낸다는 것을 말하지 않는다. 우리의 감각은 자연의 즉자적 진리를 함유할 따름이지 자연에 관한 철학자가 아니다. 그렇지만 외재적 물체와 감각 간의 일반적 관계에서 우리는 철학적 인간학의 관심을 끌 만한 몇몇 정신적 양상을 볼 수 있다.

헤겔은 우리의 봄이 물체를 몰시간적 정지를 특징으로 하는 그 순수한 연장성 속에서 보는 것임을 지적한다. 우리는 거리를 두고 보며,[132] "관망" 하고, 우리의 태도는 우리가 대상을 영원히 변하지 않는 것으로 둔 채 그 대상을 전적으로 그 관념적 측면에서 취하는 무심한 주시이다.[133] 시각에서 우리는 물체를 그 고유의 물질적 측면 —— 헤겔은 이를 무게라고 한다 —— 에서 접하지 않는데, 헤겔에 따르면 이러한 이유로 시각은 감각 중 가장 고귀한 것으로 불린다. 소리 —— 물질성의 이러한 "역학적인 혼이 가득 찬 것(Seelenhaftigkeit)" —— 를 들으면서 우리는 무심한 주시와는 다른 방식으로 [소리의 대상에] "사로잡힌다." 소리 속에서 우리는 "무게에서 분리된 특수한 내자 존재의 출현"을 보는데, 이는 소리가 "타자의 이러한 강제력 속에서 관념적인 것이 탄식하는 소리이지만 마찬가지로 관념적인

• • •

132. Aristotle, 『혼에 관하여(De Anima)』, 419a13을 참조할 것.

133. "우리는 가시성을 다루고 있으므로 관념성의 영역에 있다. 가시성 일반은 타자 속에 자신을-관념적으로-정립하는-것이기 때문이다." (PhN 189/1권 509) 철학의 순수 개념 중 가장 첫 번째 것일 플라톤의 'eidos'는 문자 그대로는 '보인 것'을 뜻한다. "눈은 사물에 거리를 더함으로써 그것을 대상으로 만든다." (Bruno Snell, The Discovery of the Mind, trans. T. G. Rosenmeyer, Harper Torchbook, 1960, p. 33) (브루노 스넬, 『정신의 발견』, 김재홍 역, 까치, 2002)

것이 강제력 속에서 자신을 유지하기 때문"[134]이다. 소리는 우리의 가장 내적인 감정을 감응시킨다. "음조는 내적 혼에 호소한다. 음조는 자체가 내적인 것, 주관적인 것이기 때문이다."[135] 헤겔이 말하기를 "자연적 인간"은 "소리에 놀란다. 소리에서 내자 존재가 드러나기 때문이다. 그런데 자연적 인간은 그 경우 물질적인 것이 아니라 혼이 들어 있는 것(ein Seelenhaftes)을 전제한다."[136]

시각과 청각에 관한 헤겔의 논의에서 우리는 인간을 자연의 진리로, 즉 인간을 인간 자신의 표피적인 앎이 아닌 그 존재 속에서 고찰하고자 하는 헤겔의 노력을 더 살펴보겠다. 칸트가 자연에 대한 우리의 주관적 목적성을 읽어내는 것이 미학적 혹은 목적론적 판단에서만 허용될 뿐 학문적 인식을 위해 "구성적"으로는 활용될 수 없다고 한 것과 달리 헤겔은 이러한 종류의 경계짓기를 거부한다.[137] 그가 이렇게 하는 것은 칸트와 다른 감각관을 바탕에 두기 때문이다. 헤겔은 우리의 감각이 우리를 자연과 떼어놓지 않고 자연과 우리 사이의 연속성을 확립한다는 점을 증명하고자 한다. 헤겔은 원시인이 소리가 나는 것에서 혼이 들어 있는 것을 지각하는 게 그리 잘못된 일은 아니라고 하는데, 소리는 실로 물질성의 "역학적인 혼이 가득 찬 것"이기 때문이다. 칸트가 의인화된 초물리학으로서의 기계론을 넘어서는 자연에 관한 학문적 고찰을 거부하는 것과 달리, 헤겔이라면 자연학이 수학을 내포하는 한에서만 학문적이라고 주장하는 것 역시 그에 못지않게 의인화되었다고 반박할 터이다.[138]

• • •

134. *PhN* 139/1권 381.

135. Heinz Heimsoeth, "Hegels Philsophie der Musik", *Hegel-Studien*, bd. 2, 1963, p. 167 이하를 보라.

136. *PhN* 138/1권 380.

137. 헤겔은 그것을 "칸트 철학에서의 영속적인 모순"이라고 말한다. (*HPh* III, p. 472; *L* 114를 보라.)

138. 칸트에게는 "그 어떤 자연론도 그 안에서 수학이 발견되는 한에서만 참된 학이다."

후각과 미각이라는 두 번째 종류의 감관은 실질적 구별 내지 대립이라는 물체성(Körperlichkeit) 개념의 두 번째 계기에 있는 자연적 물체와 관계한다.[139] 이 계기는 자신의 해체 혹은 분해의 과정, 즉 타자로의 생성 속에 있는 물체이다. 후각과 미각을 물질성 자체의 "자기 발전하는 과정"을 관통하는 "구별의 감각"으로 이해하려면, 우리는 간략하게나마 헤겔의 "원소" 개념 및 그 구별 과정 와중에 실행되는 원소의 역할에 주목하지 않을 수 없다.

빛이 물질의 추상적인 "보편적 자기"이자 물질의 몰규정적 관념성인데 비해, "직접적으로는 자유롭게 독자적으로 존립하는 물체들"을 갖는 "원소적 총체성"의 규정은 공기, 불, 물, 흙이라는 네 개의 "보편적인 물리학적 원소들"이다.[140] 냄새와 맛은 "물리학적 특수화"라는 규정 속에 있으며, 그 안에서 이러한 규정들의 "주어"로서 개체적 신체는 "규정을 속성이나 술어로 포함"하고 있거니와, 이러한 포함은 그 규정들이 "속박되지 않은 보편적 원소에 대한 자신의 관계인 동시에 이 원소들을 수반하는 과정"[141]인 방식으로 이루어진다. 냄새의 경우 원소는 불과 공기이며, 맛의 경우에는 물이다.

소진이라는 "파괴적" 과정에서는 불이고 침투하는 "잠행적" 과정에서는 공기인,[142] "불에 탈 수 있는 것, 작열하는 것"[143]은 물체의 냄새, 즉 "지속적

• • •

(『자연과학의 형이상학적 원리(*Metaphysical Foundations of Natural Science*)』, trans. J. Ellington, New York, 1970, p. 6)

139. *PhN* 382/2권 271 ; *PhM* 76/126, 79/130.

140. *PhN* 105/1권 306 이하. 헤겔에게 "원소"라는 용어는 화학적 의미에서의 단성물이라는 일반적인 의미가 아니다. 헤겔의 "물리학적 원소"는 "보편적 물질이며 오직 개념의 계기들에 따라 특수화해 있는 물질"이거니와, 여기서 이[개념]는 "단지 개체성의 생성을 다루고, 더욱이 처음에는 보편적 개체, 즉 흙의 생성을 다룬다. 원소는 보편적 개체의 이러한 생성의 계기를 이루는 구별되어 있는 물질이다." (*PhN* 107/1권 310)

141. *PhN* 178/1권 489.

150   2부 혼으로서의 정신: 인간학

이고 의심할 여지없이 다 소진되는 것"이다. 하지만 헤겔이 말하기를 여기서 소진은 화학적 의미에서의 산화가 아닌 "특수한 과정의 단순성으로 개체화된 공기"[144]라는 의미를 지닌다. 그래서 냄새는 "단순하고 이론적인 과정으로서의 특수한 개체성이며, 물체가 공기에 닿아 눈에 띄지 않게 발산해버리는 것"[145]을 나타낸다. 냄새는 "물체에 내재하는 이러한 소리 없는 공기 속에서의 소실"에 관한 우리의 감각인데, "공기는 다름 아니라…… 모든 냄새를 해체하기 때문에 그 자체가 냄새나지는 않는다."[146] 냄새는 물체의 특수한 개체성이 "차이 속에 농축된 것"이며, "밖을 향해 있고 그 안에서 자신을 소진시키는 물체의 독특성 전체"이다.

"단적으로 불안정하고 소진시키는 원소"인 불은 타자를 소진시키는 가운데 "제 자신을 소진"시키기도 하며 이로써 "중성으로 이행한다."[147] "중성적 원소"는 물인데, 그 속에서 대립은 "자신 안에서 조화를 이루고" 있다. 물은 "과정이라는 꿈틀댐"을 제 자신 안에 지니지 않는 "전적으로 과정의 가능성이자 가용성(可溶性)일 뿐"이다.[148] 중립성의 계기는 "개별화되어 염성(鹽性)이라는 특정한 물리적 중성과 이 염성의 규정, 즉 산 등이 된다.

• • •

142. 공기 자체는 "은밀하게 먹어 들어가는 위력"이다. "공기는 잠들어 있는 불이다." (*PhN* 110/1권 312, 318)

143. 불은 "물질화된 시간 혹은 자기중심성(열과 동일한 빛)이고, 단적으로 불안정하고 소진시키는 것"이다. (*PhN* 110/1권 318)

144. *PhN* 179/1권 491. 공기는 "진직으로 부식시키는 것이고, 개체를 보편적 원소로 만들어버리는 개체의 적"이다. (*PhN* 108/1권 313) 공기는 "냄새나게 하는 것이다. 냄새가 난다는 것은 개체와 공기 사이의 이러한 눈에 보이지 않는, 항상 계속되는 과정일 뿐이기 때문이다. 모든 것은 증발하고 미세한 조각들로 흩어져 날아간다. 그리고 잔존물은 냄새가 나지 않는다." (*PhN* 109/1권 313-314)

145. *PhN* 217/1권 582.

146. *PhN* 218/1권 584.

147. *PhN* 110/1권 318.

148. *PhN* 111/1권 321.

이것이 맛이다. 맛이라는 속성은 중성인 물체로 하여금 녹을 수 있게 하는 물이라는 추상적인 중성적 원소와도 관계를 맺는다."[149]

여기서 우리는 헤겔이 "맛"을 우리의 감각과 꽤나 동떨어진 것으로 정의했음을 본다. 색 및 냄새와 마찬가지로 맛은 개체적 물체의 특수화 자체라는 규정이고 이런 까닭에 물질성 일반에 관한 헤겔의 개념 중 일부이다. 이와 같은 이유로 말미암아, 맛에 대한 우리의 감각이 인식론적으로 대단한 중요성을 띠지는 않을지언정, 우리의 감각에 현시하는 물체의 속성이 "한갓 주관적인 것"이 아닌 "사물들 자체" 가운데 존재한다는 헤겔의 입장을 더욱 명확히 하려면 [맛에 관한] 그의 설명을 계속 살펴볼 필요가 있다.

헤겔은 "중립적" 속성인 맛이 "원소[즉, 물]에 대한 이러한 관계를 다시 지양하여 이 관계로부터 물러나 있다."고 말한다. 이는 맛의 과정이 냄새와 달리 항상 "직접적 실존"을 가지지 않은 채 "두 측면의 우연한 마주침"에 의존한다는 말이다.[150] 두 측면(여기서는 주관과 객관이 아니라 물과 가용적인 것을 뜻한다.)은 "서로에 대해 무관심한 상태로 존재한다." 그러므로 맛은 색과 냄새에서 볼 수 있는 물체와 원소 간의 과정, 말하자면 보편적인 것이 모든 것을 꿰뚫는 자신의 힘으로써 특수한 것을 용해시키는 관계에 그치지 않는다.[151] 오히려 맛이 "물체적 개체의 물체적 개체에 대한 실재적 과정"이기도 한 까닭에 맛과 더불어 물체는 "화학적이고 실재적인 과정으로 이행한다."[152] 중립적 물체는 산과 염기로 분해된다. 물은 "추상적" 중립

• • •

149. *PhN* 219/1권 586. 헤겔은 보충에 다음과 같은 주를 덧붙인다. "화학은 용해와 분해를 구별한다. 분해는 구성 부분으로의 분리를 말하고 용해는 단순히 물로 되는 것을 말한다."

150. *PhN* 219/1권 586.

151. *ibid.*

152. 지금까지 우리는 물체를 원소와의 관계에서만 논했다. "화학 과정에서 동일한 물체가 우리 앞에 나타나지만 이 물체는 자립적인 것으로서 서로에 대한 과정에 있지 원소와의 과정에 있지는 않다." (*PhN* 220/1권 588)

성이기에 아무런 맛도 없다. 맛은 최초에는 "개체화"한 중성, 즉 "수동적 중성으로 분리해 있는 대립들의 통일"과 함께 나타난다. 그래서 그 대립자들을 상호 분리하는 소금과 같은 중성적 물체에만 "특정한 맛이 있다." 우리는 그것을 우리 감관과의 관계를 거쳐 맛으로 부르지만 헤겔이 말하기를 "여기서 타자는 아직 원소다. 물에서 용해될 수 있다는 것은 다름 아니라 물체가 맛을 낼 수 있다는 말이기 때문이다."

특수한 개체성의 물리학은 비중, 응집력, 열 — 나는 이것들은 논하지 않았다 — 및 소리 — 이에 관해서는 이미 논한 바 있다 — 를 논증한다. 총체적 개체성의 물리학은 색, 냄새, 최종적으로는 맛의 속성을 논증한다. "자기 속성의 총체성으로서" 물리적으로 개체화한 물체는 이제 "서로에 대해 차별적으로 관계한다."[153] 맛에서 "두 측면"이 "서로에 대해 무관심"한 상태로 존재할 수 있는 연유로 맛은 이행의 계기를 형성한다. 헤겔이 말하기를 물체는 "원소와" 관련하기도 하지만 전체로서의 물체는 이제 "개체적 물체"로서 서로에 대한 관계로 진입한다.[154] 이는 우선 "피상적으로는" 전기에서 일어나고, "이러한 물체가 서로 이행한 것"이라는 "실질적 관계"로서는 화학 과정에서 일어난다. 따라서 우리는 『자연철학』에서 "맛"이 맡은 역할이 감각적 유기체와 감각적 주관성의 개념에서 멀리 떨어져 있음을 본다.

유기체 개념과 관련하여 미각과 후각의 감각은 헤겔에 의해 "실천적 감각"[155]이라고 명명되는데, 그 이유는 그와 같은 감각의 대상이 "타자에 대하여 있는 사물의 실재적 존재"이고 "이 감각에 의해 사물이 소진"되기 때문이다. 후각과 미각은 감각적 주관성에 대해 존재한다는 점에서 또

• • •

153. *PhN* 221/1권 590.

154. *PhN* 220/1권 588.

155. *PhN* 383/2권 274. Kant, *APH* 154/56를 참조할 것. 거기서 촉각, 시각, 청각은 "객관적인" 감각으로, 미각과 후각은 "주관적인" 감각으로 구별되어 있다.

그 두 감각의 각 기관이 차지하는 위치가 가깝다는 점에서 밀접한 친연성을 띤다. 두 감각은 유기적 역할의 측면에서도 밀접히 연관한다. 냄새는 공기의 원리로서 내적 유기체에 속하거니와[156] 증발이라는 자신의 추상적 과정을 통해 외재적 물체를 받아들인다. 미각은 소화의 감각이다. 미각은 물리적 용해라는 구체적 과정 가운데 또 이 과정에서 등장하는 단 것, 쓴 것, 알칼리성, 신 것, 짠 것과 같은 화학적 규정성을 통해 물체를 받아들인다.[157]

감각의 세 번째 종류인 촉각 내지 감정은 "지상적 총체성"에 관한 감각이다. 원소론에서 흙은 "개체적 원소"[158]이고 감각론에서 촉각은 감각 중 가장 "구체적"인 것인데, 촉각과 물체 간의 관계는 (시각과 청각처럼) 추상적 동일성에서도 아니고 (후각과 미각처럼) 실질적 구별에서도 아닌 그 견실한 실재성(gediegene Realität)에서 이루어지기 때문이다. 촉각을 처음으로 고찰할 때 "자기중심적 타자"인 대상은 그 특수한 비중, 즉 물체의 "개체성을 처음으로 보여주는 것"[159] 속에서 발현된다. 이 때문에 촉각에는 무게의 감각이 속한다. 무게는 자신의 중심점을 자신의 밖에 두는 [해체의 과정에] "저항"하는 물체가 "추구하는 통일"이다.[160] 헤겔은 촉각의 감관에서, 즉자적으로 실존하는 개체인 '내'가, 실존하는 개체인 타자성, 다시 말해 "자립적으로 실존하는 물질적 대상, 내가 그것을 느끼기도 하는 물질적 대상"과 마주친다고 말한다.[161] 이에 따라 대상을 "대자적으로 존립하는

• • •

156. *PhN* 384/2권 277.

157. *PhM* 79/131.

158. *PhN* 113/1권 325.

159. *PhN* 128/1권 361.

160. "물질적인 것은 중심에 대한 동경을 가지고 있는데, 이러한 동경은 자신의 중심점을 자신 안에 가지고 있는 동물에서 비로소 진정된다. 자기 상실로서의 물질이 타자를 향해 이와 같이 내몰려지는 것이야말로 다름 아니라 내가 감각하는 것이다." (*PhN* 383/2권 274; *PhM* 79/131도 보라.)

161. 우리는 물질주의자를 "양손으로 움켜잡을 수 있는 그런 것 말고는 어떤 것도 있다고

것"으로 취하는 촉각의 감관에는 탄력성,[162] 경도와 유연성,[163] 깨지기 쉬움,[164] 거칠음과 부드러움 등 응집력[165]의 규정이 속한다.

헤겔에 따르면 열은 자기중심적인 물질성의 부정적인 것, 즉 물질성이 그 무형성과 유동성으로 귀환하는 것이다.[166] 이러한 이유로 또 특수한 중력 및 응집력과 연관하는 까닭에 뜨거움과 차가움은 공히 촉각에 속한다. 3차원의 형태도 마찬가지로 촉각에 속하는데 촉각은 본질적으로 역학적 규정성에 대한 감각인 연유에서이다.

이렇게 하여 우리는 주관정신론의 감각 개념이 어떻게 자연에 관한 학문에서 다루어지는 물리적 물체 개념과 관련하는지를 본다. 헤겔은 모든 "속성" 자체가 "오직 생명 있는 것의 감관에 대해서만 존재한다."고 말한

• • •

생각하지 않"는 이들로 적절히 묘사한 플라톤을 상기하게 된다. (『테아이테토스 (*Theaetetus*)』 155e)

162. 탄력성은 "운동 속에서 나타나는" 응집력, 즉 "직접적으로는 [외부의 강제력에] 내적으로 굴복하되 그러면서도 자신에 대하여 자신을 유지하는 것"이다. (*PhN* 135/1권 372)

163. "탄력성에서 많은 물질은 서로 저항을 행하면서 압박하고 접촉하며 그 공간성을 부정하지만 마찬가지로 자신의 공간성을 회복한다. 이것은 추상적 탄력성이고 밖을 향한 탄력성이었다. 여기서 탄력성은 자신을 개체화하는 물체의 내적 탄력성이다." (*PhN* 135/1권 372)

164. *PhN* 131/1권 366, 194.

165. 응집력은 "물체의 상호 외재에서의 동일성"이지만 단지 "타자에 대한 저항의 한 방식"일 뿐이다. (*PhN* 132/1권 370)

166. 헤겔에 따르면 열과 소리는 대립적인 것으로 관계한다. "열은 소리의 완성이자 물질적인 것 중에서 특출한 이러한 물질적인 것의 부정성이다." 소리에서 물질이 그 자신을 스스로 보존하는 것으로 특수하게 드러나는 반면, 열에서 물질은 "자신의 부정성"으로 드러난다. 소리가 "물질적 부분들의 특수한 상호 외재 존재의 관념적 일 뿐인 관념성"인 데 반해, 열은 "특수한 비중과 응집력의 실재적 관념성"이다. (*PhN* 147/1권 406-407) 그러므로 촉각과 청각의 감관은 역학적 영역에 대한 두 감관이다. 응집력, 음향, 열이라는 규정은 그 특수한 중력 속에 있는 특수한 물체의 "내자 존재"가 자기 자신을 드러내는 방식이다. (*PhN* 154/1권 421)

다.[167] 그렇지만 이 짐이 제1성질이 제2성질과 구별된다는 것을, 감각적 주관성이 외재적 실재성의 진리와 분리된다는 것을 뜻하지는 않는다. 장미의 색은 장미를 백합과 즉자적으로 구별하지만 그 구별은 우리에 대해서는 대자적이다. 같은 방식으로 소리, 냄새, 맛, 촉감 속에서 현시한 물체의 속성은 물체들로 하여금 서로 참으로 구별되게 하는 규정—이 규정들은 본래적으로 물체에 속하며 원소의 과정을 통해 물체들을 특수화한다—이지만, 그 규정들은 대자적으로는 "우리에 대하여" 존재하기도 한다. 그러므로 그 누구도 헤겔의 감각(Empfindung) 개념을, 감각이란 "단적으로 주관과 그 주관의 상태에 대한 변양으로서 관계 맺는 지각"[168]이라고 하는 혹은 감각이 우리 "주관의 한낱 변양"이며 "당연히 사물의 성질이 아니라"[169]고 하는 칸트의 방식으로 반박할 수 없다.

아리스토텔레스와 라이프니츠가 그러하듯이 헤겔에게는 그의 원리상 주관과 객관 사이의, 감각하는 주관성과 비감각적인 외재성 사이의 간극이 없다. 건강한 감각 기관, 즉 건강한 혼은 "척도"[170]이다. 아리스토텔레스의 지각(aisthesis)론에서 감각된 것의 활동과 감각하는 것의 활동은 감관에 위치하는 동일한 활동(energeia)이다.[171] 라이프니츠에게 지각은 "외재적 사물을 표상하는 단자의 내적 상태"[172]이다. 하지만 이 사상가들 누구도

● ● ●

167. 이 책, p. 146, 122번 각주를 보라. 우리는 헤겔이 "속성"을 상세하고 치밀하게 논의한 논리학의 다음 문장에 주목할 필요가 있다. "질은 그것이 외재적 관계 속에서 내재적 규정성으로서의 자기 자신을 드러내는 때에만 특별히 속성이다." (SL 114) "속성은 외면적 규정일 뿐 아니라 즉자대자적 실존이기도 하다." (SL 493/2권 193)

168. CPR B 377.

169. CPR A 28 = B 44.

170. Aristotle, 『형이상학(Metaphysics)』, 1063a3. Leibniz, 『인간 지성 신론(Nouveaux Essais)』, in Philosophischen Schriften, ed. C. J. Gerhardt (Hildesheim 1960), vol. 5, p. 120.

171. 『혼에 관하여(De Anima)』, 426a11.

감각 형식을 물질적 물체 자체의 필연적 특수화에 관한 논의와 연결함으로써 감각적 주관과 외재적 자연의 동일성을 논증하려 하지는 않았다. 아리스토텔레스의 자연의 계층(Scala Universi) 개념에서도,[173] 자연을 연속성으로 보는 라이프니츠의 개념에서도,[174] 우리는 자연적 물질성이 감각적 주관성으로 향하는 운동을 볼 수 없다. 우리가 지금까지 보았듯이 헤겔은 물리적 물질성의 필연적 형식이 그 속에서 "비유기적 자연 전체가 다시금 굴복하고 관념화되는" 동물적 유기체의 출현으로 발전하는 하나의 노정을, 즉 감각적 혼의 수준에 있던 정신의 "깨어남"을 통해 자신의 "수면의 암흑" 가운데 있던 외재적인 자연적 물체의 속성들이 그 물질성을 외재적으로 감각하는 주관성의 대자 존재라는 특수한 양상으로 다시 태어나는 것을 증명하고자 한다.

감각의 내용이 사유의 고차적인 형식과 비교해서는 직접적인 재료의 형식에 그친다는 데 주목하기는 했지만, 그럼에도 감각은 흄이 말하는 단순 인상처럼 원자 같은 차원에서 고찰되어서는 안 된다. 각 감각은 규정됨의 보편적 가능성을 밝힐 뿐 아니라 그 종류에서 가능한 감각의 범위 전체를 포괄한다.[175] 헤겔이 말하기를 가령 내가 푸른색만 볼 수 있다면 푸른색이 착색된 물의 성질인 것처럼 이러한 제한은 나 자신의 "질"이 될 것이다. 이는 "나에 대하여"가 아니라 외재적 관찰자에게 그러하다.

• • •

172. 『이성에 기초한 자연과 은총의 원리(*Principes de la Nature et de la Grace*)』, 4, Schriften, *op. cit.*, vol. 6, p. 600.

173. "[아리스토텔레스에게] 사물 전체의 도식은 실체의 위계이지 변증법적 계기들의 전체가 아니다." (G. R. G. Mure, *Aristotle*, New York, 1964, p. 183)

174. 헤겔은 연속성이라는 라이프니츠의 공식을 반박한다. " '자연에 비약은 없다(non datur saltus in natura).'라는 예전의 격언 혹은 소위 법칙이라는 것은 개념의 분화에는 전혀 어울리지 않는다. 개념의 제 자신과의 연속성은 그와 성격이 전혀 다르다." (*PhN* 22/1권 69-70)

175. *PhM* 77/127. "수단"으로서의 감관에 대한 아리스토텔레스의 논의를 참조할 것. (『혼에 관하여(*De Anima*)』, 424a5)

그렇지만 정신으로서 나는 자신의 특수한 규정성에서조차 보편적인 것에 대해 있는 보편적인 것이다.[176] 헤겔은 내가 푸른색을 보는 것이 즉자적으로 "색"을 보는 것이라고, 더 정확히 말하자면 채색된 갖가지 사물을 보는 것이라고 말한다. 개별 감각은 보편적 가능성의 실현이거니와 그리하여 감각은 흄에게서처럼 추상적으로 단순한 것이 아니라 타자에 대한 구별과 지시를 즉자적으로 함축하는 것이다. 게다가 감관이 "내포적 크기"를 가진다는 사실로 말미암아, 특정한 "척도"는 주관의 "즉자대자적 규정성"이 특수한 감각과 맺는 관계, 즉 외재성에 반하는 자신의 내자 존재 상태로 있는 주관의 "반작용"을 나타낸다.[177]

쾌락과 고통의 감정 및 내적 충동의 자극 — 이에 관한 논의는 이후 심리학에서 이루어진다 — 과는 별개로, "기분(Stimmung)"의 형식을 띠는 다양한 외적 감각은 혼의 "정신적 내면"에 대하여 즉자적으로 보편적인 측면을 갖기도 한다. [기분을 느낀다는 점에서] 우리와 동물 사이에 유사한 상태가 있다는 데에는 의심의 여지가 없다. 그러나 헤겔은 외적 감각이 상징적 성격과 같은 어떤 것과 더불어 탐구될 때에 한하여 기분에는 인간 고유의 무언가가 있다고 말한다.[178] 색과 기분 간의 관계는 통속적이다. 우리는 검은색의 장엄함, 온화한 푸른색, 제왕다운 자주색을 말한다. 물론 헤겔이 말하듯이 색의 "의미"에는 무척 자의적인 관습이 있음이 분명하다. 그럼에도 헤겔은 그러한 의미가 전적으로 유행의 문제이거나 우연적인 연관에 그치지는 않는다고 주장한다. [색의] 의미는 한갓 주관적인 것이 아니라 사물의 본성 가운데 존재한다.[179] 음색 또한 우리 속에서 의미 있는

• • •

176. *FPhG* 37.

177. *PhM* 80/132.

178. 여기서 "상징"은 별개의 대상을 지시하는 의미가 아니라 외적 감각을 일으키는 정신적 공감(geistige Sympathien)의 함의를 취한다.

179. 일례로 검은색은 비탄에 젖어 음울해진 우리 정신의 슬픔과 우울함뿐 아니라 "우연

"자연적" 반응을 불러일으키는데, 특히 인간의 음성에 담긴 음색은 가장 넓은 범위의 뉘앙스를 드러낼 수 있다. 따라서 감각적 혼의 이 일차적 차원에서조차 우리는 혼에 대해 있는 "의미"가 몰규정적인 공허함이 아니라 정신적 내면(geistige Innere)이라고 하는 헤겔의 의도를 알게 된다.

이렇듯 외재적 감각은 혼의 신체적 존재에 관한 "외적" 감각에 다름 아니며, 이와 같은 혼의 신체적 존재는 자신의 내적 정신성 속에서 깨어 있는 혼에 의해 정립된 것으로 "내면화"되어 "자기의 것으로 취해진다." 우리가 보았던 것처럼 "수면"이라는 본성에 있는 감각적 혼이 "발견"한 규정은 주관성의 동일성과 구별될뿐더러 "자기 단순성에 단적으로 포함되어 있기도 하다."[180]

내적 감각의 과정은 외적 감각의 과정과 반대이다. 내적 감각은 외재적인 자연적 물체에서 비롯하지 않는 혼 "자신의 것"이다. 그렇지만 신체화됨으로써만 내적 감각은 비로소 "발견"되고 감각된다. 내적 감각은 신체, 즉 혼 자신의 타자에서 현존재(Dasein)를 취한다. 헤겔이 말하기를 내적 감각은 그것이 감각되는 연유로 주관과 "구별"되어야 할 뿐만 아니라 주관과 동일한 것으로 정립되어야 한다. 하지만 이는 "감각하는 주관의 내적 규정이 외화(Entaüsserung)되고, 신체화(Verleiblichung)되었을 때에만" 일어난다.[181]

내적 감각은 최초에는 분노, 수줍음, 질투 등의 자연적 충동인데, 이것들은 모든 특수한 경우에 나의 직접적 개별성을 지시한다. 다음으로 내적

· · ·

성, 다양성, 변화 가능성 등이 들어갈 구석이 없"는 장엄함과 품위를 나타내기도 한다. 자주색은 가장 힘이 넘치고 눈에 가장 공격적인 색으로서 우리에 대해 "왕가의 색"이다. 자주색은 "밝음과 어둠이 그것들의 매우 강렬한 대립과 통일에서 삼투한다는 것을 의미한다." (*PhM* 81/134; *PhN* 210도 보라.)

180. 이 책, p. 136을 보라. 감관을 이성적 지성의 차원에서, 특히 직관 형식인 시공간과 관련하여 논한 것으로는 *PhM* 197/312 이하를 보라.

181. *PhM* 82/136.

감각은 법, 인륜성, 종교, 아름다운 것, 참된 것에 관한 보편적인 감각을 포괄하거니와, 자연적 충동과 분명히 구별되면 될수록 자신이 자연적 주관성에 속하는 것으로서 지니는 우연성에서 스스로를 자유롭게 만든다. 이러한 감각에 관한 전면적인 고찰은 우리로 하여금 자연적 혼이라는 현 차원을 넘어서게 한다. 그러니 이 지점에서 굳이 정념과 정감의 더욱 고차적인 정신적 내용에 크게 관여할 필요는 없다.[182]

외재적 물체가 나 자신의 신체라는 매개를 통해서만 "나에 대하여" 존재할 수 있는 것처럼,[183] 내적 감각 또한 신체화를 확보하는 한에서만 나에 대하여 존재할 수 있다. 자연적 혼에 속하는 내적 감각이 직접적인 현존재를 획득해야만 자연적인 주체가 그 안에서 "대자적"인 것이 될 수 있기 때문이다. 내적 감각은 다양한 방식으로 신체 전체에 신체화될 뿐 아니라 심리적 총체성에 대한 개개의 의미에 상응하는 특정한 기관에도 자리를 잡는다. 이를테면 혼이 무력하게 자기 안에 매몰되어 있는 바인 슬픔, 근심, 고뇌(Kummer) 등은 동물적 주체가 자신으로 향하는 "부정적 귀환"을 구성하는 "재생산" 체계에 주로 위치한다는 것이 헤겔의 주장이다.[184] 외부

• • •

182. 다시 한 번 우리는 헤겔이 지금 다루는 것이 장차 의식적 생으로 이행할 터이나 다만 지금은 그것을 의식의 관점에서 전적으로 설명할 수 없는 단계임을 염두에 두어야 한다. 예를 들어 부끄러움을 논할 때 헤겔은 부끄러움을 그것을 야기할 만한 일종의 사회적 당혹감이 아니라 그것이 심리적 반작용으로서 갖는 성격만을 다룬다.

183. 이 책, p. 142를 보라.

184. 여기서 헤겔이 재생산 체계로 뜻하는 바는 소화 체계이다. (*PhN* 359/2권 221 이하를 보라.) 그래서 우리는 근심과 걱정에 휩싸인 이가 "꾸역꾸역 먹어댄다"고 말하는 것이다. 아리스토텔레스는 감춰진 분노와 화를 언급한 바 있다. "그들도 자신 안에서 화를 삭이는 데 시간을 필요로 한다." (『니코마코스 윤리학(*Nicomachean Ethics*)』, 1126a24. 원문에는 1120a24라고 표기되어 있으나 1126a24의 오기이다. ── 옮긴이) 소화 과정을 "대상을 향한 분노"를 내포하는 것으로 설명한 헤겔의 관점에 대해서는, *PhN* 397/2권 304, 402, 403을 보라.

의 힘에 대항하여 밖을 향하는 용기와 분노는 가슴과 심장이라는 "[자극] 감수성"의 체계, 다시 말해 "반작용"하는 외적 충동의 중심점에 자리 잡고 있다.[185] 헤겔은 수치심을 사람이 자기 자신에게 품는 노여움으로 보며, 이 노여움은 타자에 대한 나의 현상과 내가 그렇게 존재해야 하고 또 그렇게 존재하고자 의욕한 것 간의 모순이거니와, 이에 수치심은 나의 부적절한 외적 현상에 대한 내 내적 자아의 방어적 반작용이다.[186]

내적 감각에 관한 헤겔의 논의에 담긴 요지는 물리적 형태인 유기체 내에서 각 기관과 기능이 맡은 역할에 따라 이루어지는 특수한 신체화와 정신적 규정성인 내용 간의 내재적 연관을 증명하는 것이기에[187] 우리가 그러한 요지를 넘어서는 수준으로 상세히 고찰할 필요는 없다. 생리학에서 기관과 내장이 동물적 유기체의 계기로 고찰되는 데 그치는 것에 반해, 헤겔은 그것들이 "정신적인 것의 신체화"의 조직을 구성한다고도 말하고, 그렇게 조직되는 와중에 기관과 내장은 단순한 생리학적 수준을 넘어선 의미 및 "정신 생리학"의 영역이 될 바를 획득한다.[188] 헤겔 역시 그러한

• • •

185. 헤겔은 [노여움을 느낄 때] 심장이 두근거리고, 혈압이 높아지며, 근육이 긴장하는 것 등에 주목한다. 정신적 질병을 논하면서 그는 상이한 기질의 사람이 상이한 질병을 앓는 경향이 있음을 암시한다. (*PhM* 124/139)

186. 성서 속 에덴에서의 추방을 해석하면서 헤겔은 수치심의 감각, 곧 아담과 이브가 벌거벗었다고 말해주는 "인간 안의 깨어 있는 의식이 행하는 최초의 반성"을 "소박하고 심원한 특징"이라고 말한다. "수치심의 감각은 인간이 자신의 자연적–감각적 생으로부터 분리되었다는 증명을 함축하기 때문이다. 짐승은 이러한 분리에 닿지 못하므로 수치심을 느끼지 못한다. 우리가 옷의 정신적–도덕적 기원을 찾으려 하는 것은 수치라는 인간의 감정 때문이며, 이러한 감정과 비교할 때 한갓된 물리적 욕구는 부차적인 것일 따름이다." (*L* 54 이하) 그러므로 헤겔에 따르면 우리의 벌거벗음에 대한 수치심이 의미하는 바는 (한 주석가가 말하듯이) "우리 생의 감각적 측면과 우리의 정신적 운명 사이에서 벌어지는 긴장의 반영이 출현한 것"이다. (Nathan Rotenstreich, "On Shame", *Review of Metaphysics*, vol. xix, no. 1, Sept. 1965, p. 75)

187. *PhN* 357/2권 218 이하.

학문이 많은 부분 경험적일 수밖에 없음을 인정한다. 그러나 그 학문은 내적 감각의 신체화를 혼이 자기 자신에 대하여 감각적인 것이 되는 방식으로 파악하는 일반적인 철학적 개념 속에서 작동할 것이며, 여기서 '감각적인 것'이라는 말은 "현전하는 타자(vorhandene Anderes)"로서의 자기 신체라는 직접적 현존재의 형식 내에서 내적 감각의 규정을 "발견하는 것"이다. 하지만 이러한 "타자"가 그 규정 가운데 혼이 "자신에 대하여" 감각적 주체로서 존재하는 자신의 실체적 존재, 자신의 "어두운 측면"에 있는 혼 자체임은 물론이다.

감각적 혼의 개념이 그 다양한 규정들 속에 있는 "단순성"으로서의 대자존재인 까닭에 내적 감각의 신체화는 자신의 "해소(Wegschaffung)", 더욱 정확히 말하자면 지양 속에서 완료되고, 이 지양을 통해 내적 감각은 현존하는(daseinde) 특수성, 다시 말해 자립적인 규정이 된다. 예컨대 이는 웃음과 울음에서 일어난다. 헤겔이 보기에 웃음은 주체성의 승리이다. 헤겔은 우리가 웃음을 터뜨리는 것은 무언가가 느닷없이 스스로를 우리의 대자존재에 반하는 무가치한 것으로 드러낼 때, 즉 우스운 것(das Lächerliche)이 우리 앞에서 "직접적으로 자기 스스로를 무효화"하는 어떤 것으로 절하되고 붕괴될 때라고 말한다.[189] 웃음에서 숨이 내쉬어지는 것처럼 울음은 "해소"의 의미에서 "발현하고(äussern)" "외화한다(entäussern)." 헤겔은 울음이 치유라고 한다. 눈물을 흘릴 때 내적인 비탄의 고통은 물이라는 "중성적"인 원소 속에서 무관심으로 변한다.[190] 결국 웃음과 울음 모두에서 주관

• • •

188. *PhM* 76/126.

189. "자기 자신의 투명한 향유에 도달한 주관, 즉 이러한 순수한 자기, 즉 정신의 이러한 빛이 웃음 속에서 얼굴에 만연한 광채로서 신체화하기 때문이며, 동시에 그를 통해서 혼이 웃고 싶은 기분을 토해내는 정신적 작용은 끊임없이 크게 숨을 내쉬는 가운데 신체적 표현을 지속하기 때문이다." (*PhM* 86/141; *Philosophy of Fine Art*, *op. cit.*, vol. 4, p. 301 이하도 보라.)

190. *PhM* 86/142.

성은 자신의 신체적 현존재(Dasein) 상태 가운데 자기 자신과의 전체성으로 귀환한다.[191] 그러나 음성에서는 자신의 신체화 자체와 동일한 것인 내적 감각의 완전한 해소가 존재한다. 헤겔은 음성에서 비물체적 신체성, 즉 주관의 내면성으로 하여금 전반적으로 내면성의 성격을 지속하게 하는 물질성이 생산된다고 말한다. 소리의 전파는 소리의 소멸과 같다. 여기서 혼의 대자 존재적 관념성은 그 발생이 곧 소멸인 신체화를 획득한다. 헤겔이 말하기를 음성에서 내적 감각은 신체 속에서 정립되는데, 이 정립은 이렇듯 특수한 신체화이기도 한 그 해소와 동일하다.

감각적 혼은 그 운동이 인간학의 첫 번째 주요 추론(Schluss)을 구성하는 자연적 혼의 최종 계기이다. 이제 우리는 사변적 발전을 그 논증의 성격을 통해 더욱 잘 볼 수 있게 되었다. 이제까지의 운동에서 헤겔은 자신을 최초로 개체적 주체성으로서 실현하는 혼의 출현을 논증하려 하였다. 첫 번째 계기인 "자연적 질"의 계기에서 혼의 규정들은 "혼에게(an ihr)" 있었지 참으로 "혼에 대하여" 있지는 않았다. 이 규정들은 그 속에서 보편적인 세계영혼이 최초로 자연적 개체성으로서 실현되는 인종적, 민족적, 유전적 특징이었다. 혼이 이렇듯 개체성으로서 처음 출현하는 것과 더불어 운동은 개별적인 것과 보편적인 것의 대립과 동일성이라는 형식, 즉 연령의 "자연적 경과", 성관계의 실질적 대립, 수면과 깨어 있음의 교차하는 상태를 취하였다. 감각적 혼에서 우리는 시초의 직접성으로 귀환하지만 이 귀환은 관념성이라는 더욱 고차적인 차원에서 행해진다. 자연적 혼이 보편적인 행성적 생과 주상적 조화를 이루었던 우리의 시작점에서, 감각적인 것이었던 개체적 혼은 자신을 외적인 자연적 물체와 매개하는 자기 자신의 신체성과 조화를 이루며 살아간다. 건강한 감각적 혼은 새롭고 고차적인 의미에서

---

191. 칸트 역시 웃음과 울음을 본성이 "기계적으로 건강을 촉진하는" 감각으로 보지만, 그렇다고 웃음과 울음을 심리학적 주관성이 특수한 것을 해소(Wegschaffung)하여 자기 자신과의 통일로 귀환하는 것으로 보지는 않는다. (APH 261/203 이하를 보라.)

소우주 안에 있는 자연이다. 내적 감각뿐 아니라 외적 감각에서도 개체성으로서의 혼은 자신의 보편성 내지 실체적인 자연적 존재 속에서 자기 자신과 대면한다. 이리하여 감각은 혼이 "자신과 완결"하는 최초의 형식임이 증명되는데, 이는 가깝게는 자신의 깨어남이라는 근원적인 분할(Ur-teil)으로부터의 완결이고, 더욱 일반적으로는 자연적 변화의 개념을 구성하는 개별성과 보편성으로 자신을 분할하는 일로부터의 완결이다. 감각적인 것의 이와 같은 완결(Schluss) 내지 대자 존재는 최초의 대자 존재요, 주체성인 혼의 출현이다.

당연히 감각 자체에서 혼은 직접성, "발견"된 어떤 것, 개별적이고 일시적인 감각의 성격을 갖는 규정 가운데에서만 대자적이다. 그렇지만 헤겔이 증명하고자 했던 것처럼 혼이 자신의 규정을 "발견"하는 일은 혼이 자신의 자연적 존재, 즉 자신의 실체성 속에서 스스로와 건강하게 공존하는 것임이 증명된다. 우리가 증명하고자 노력했듯이 일시적인 감각은 혼에게 자기 자신의 총체성에 대한 감각을 즉자적으로 선사한다. 하지만 자신의 특수한 규정 속에 있는 총체성이라는 의미의 "대자적인 것"이 된 혼은 더 이상 감각하는 자(emp-findend)가 아니다. 혼의 규정은 더 이상 자신의 은신처를 표시하는 선을 긋는 개별적이고 일시적인 감각이 아니다. 혼은 자기 전체성, 즉 혼이 "느끼는 혼(fühlende Seele)"이 되는 자신의 "자기중심성(Selbstischkeit)"에 관한 예감(Ahnung) 내지 느낌에 이르렀다.

제5장 느끼는 혼

자신을 "발견"하는 와중에 감각하는 자(emp-findend)로 자기 자신에게 돌아오기는 하지만 여전히 혼은 느끼는 혼(fühlende Seele)으로서 지니는 자기 총체성에서만 대자적이다. 헤겔은 느끼는 혼이 감각의 "단순한 관념성"이라고 말한다. 느끼는 혼의 규정들은 더 이상 일시적인 감각이 아니라 혼의 "내면"에 담긴 고차적인 형식으로 보존된다(aufbewahrt). 감각이라는 다양성의 이러한 관념화는 혼이 자신의 자연적 존재로부터 자기 자신에게 오는 규정들을 스스로의 것으로 "삼는 일"이다. 지금까지 혼은 "자연적" 개체성이었다. [그렇지만 이제] 느끼는 혼이 된 혼은 자신의 총체성을 통해 자기감정(Selbstgefühl)을 획득한 "내적" 개체성이 된다.

실로 인간학에서 헤겔이 행하는 논증의 중심 주제인 이와 같은 내적 개체성의 목표는 자신의 자연적–실체적 존재를 의식적 주체성 내지 자아로서 "대자적"으로 "정립"하는 것이다.[1] 지금부터 이루어지는 혼의 발전은

• • •

1. *PhM* 152/240. 인간의 혼은 "한갓 자연적 구별을 가질 뿐만 아니라 동시에 자기

혼이 스스로를 "점유"하는 일이라고, 즉 이제껏 자연적 천성으로서 추상적인 차원에서 "즉자적"으로 가졌던 바를 대자적으로 정립하는 일이라고 서술될 만하다. 이와 관련하여 우리는 괴테가 쓴 『파우스트』의 한 구절을 빌려 혼의 과업을 다음과 같이 말할 수 있겠다.

> 네가 부모에게서 무엇을 물려받았든 간에,
> 그것을 네 것으로 소유하기 위해서는 노력을 기울여야만 한다.

대자 존재인 느끼는 혼은 자신에 관한 예감이나 몽상일 뿐 아직 자기의식은 아니다. 그런데도 헤겔이 느끼는 혼을 말하는 것은 그가 [자신이 말하는] 느끼는 혼과 칸트가 말하는 통각의 동일성 —— 우리가 보았듯이 헤겔은 이를 칸트의 "가장 깊은" 통찰로 간주한 바 있다 —— 을 비교하는 데에로 우리를 끌어들이려 하기 때문인 듯하다.

의식하는 자아의 동일성에 의해 규정되지 않은 표상의 다양성이 존립할 수 없듯이, 그 어떤 감정적 다양성도 혼적 주체성에 대해 제한일 수 없다고 헤겔은 말한다.[2] 이러한 다양성은 객관적 의식의 것이 아니라 혼의 실체적 존재로서 혼 앞에 꿈의 세계로, 내적 생으로 다가온다. 그 속에서 혼은 다양성을 객관적으로 구성한 자아의 대자 존재와 비교되는 의미에서 추상적으로 "대자적"이다. 그렇지만 헤겔이 증명하려 하는 것처럼 느끼는 혼은

• • •

자신 안에서 구별되고, 혼의 실체적 총체성인 그 개체적 세계는 자신과 분리되어 주관적인 것으로서 자신과 대립한다. 이 경우 혼의 목적은 즉자적으로 정신인 것이 정신에 대한 것으로 되는 것이며 —— 즉자적으로 정신 안에 포함된 우주가 정신의 의식 안으로 등장하는 것이다." (*PhM* 91/148-149)

2. *PhM* 93/152. 헤겔의 이러한 진술은 칸트가 그 자신에게 허용할 수 있는 것보다 훨씬 더 나아간 것이다. 칸트에게서 가능한 종류의 비대상적 의식을 논의한 H. J. Paton, *Kant's Metaphysic of Experience*, 2 vols. (London, 1970), vol. 1, p. 332 이하를 보라.

자신의 감정생활(Gefühlsleben)이라는 다양성을 관념적 통일성으로서 관통한다. 이 장의 관심 중 상당 부분은 어떻게 헤겔이 혼적 주체성과 그 다양성 간의 관계를 고찰하는지를 드러내는 데 있으며, 그 관계 속에서 "나"와 "객관"의 구별은 아직 존재하지 않거니와, "내가 감각하는 것은 내가 존재한다는 사실이며, 내가 존재한다는 사실을 나는 감각한다."[3]

헤겔은 이렇듯 자기 폐쇄적인 주체로 존재하는, 개체성으로서의 느끼는 혼을 "단자"라고 명명한다. 그렇지만 여기서 이 단자라는 용어는 라이프니츠에게서와 달리 형이상학적 의미를 띠지 않는다. 주체성의 현 차원에서 느끼는 혼이 단자인 것은 혼의 세계가 아직 혼에 의해 객관적인 것으로 구별되지 않은 채 혼 자체 내에 "포괄되어" 있는 한에서이다. 이러한 내적 세계의 내용은 우선은 감각적 혼의 다양성이다. 그러나 느끼는 혼은 감각적으로 현존하는 것에 제한되지 않는다. 헤겔이 말하기를 감각의 규정들은 혼의 "무시간적이고 무차별적인 내면" 속에서 지양된다.[4] 그렇게 지양된 규정들은 혼 안에서 아무런 대자적 현존이나 "거기에-존재함(Dasein)"을 갖지 못한다. 하지만 지양된 규정들은 흔적도 없이 소멸하는 게 아니라 꿈속에서 그러하듯이 혼적 주체성에게 일어날 수도 있다. 그리하여 느끼는 혼에는 정확한 의미에서는 아닐지언정 일종의 기억이 존재하는데, 이 기억은 객관적 의식의 차원에 있는 직관을 전제한다.[5]

. . .

3. *PhM* 89-90/146. 콩디약은 자신의 『감각론(*Treaties on Sensations*)』(Ⅰ, ⅰ, 2)에서 다음과 같이 말한다. "우리가 조각상에 냄새를 맡으라며 장미를 갖다 댄다면, 우리에게 그것은 상이 장미향을 맡는 것으로 보이겠지만 상 자체에는 장미의 향이 앞에 있을 뿐이다."

4. *PhM* 90/147. 이성적 지성의 차원에서 상상을 다루면서 헤겔은 "무한히 많은 심상과 표상으로 이루어진 세계를 그러한 심상과 표상을 의식에는 존재하지 않은 채로 보존하는 어두운 갱과 같은 지성"이라는 말을 한다. (*PhM* 204/332) "인간은 이러한 밤, 즉 모든 것을 그 단순성 속에서 내포하는 이 공허한 무이며, 수많은 표상과 인상 중 그 무엇도 인간에게 현상하거나 현존하지 않을는지 모른다. 이것이 밤, 즉 여기에 존재하는 내적 본성이거니와, 곧 순수 자아이다." (*JR* 180; *FPhG* 42도 보라.)

그렇지만 느끼는 혼에는 감각(Empfindung) 자체가 내놓는 깃 이상의 깊은 내용이 있다. 헤겔은 느끼는 혼이 그 모든 의식적 활동을 진행하는 개체의 압축된 내적 생이라고 말한다. 이 때문에 느끼는 혼의 개념은 부분적으로나마 의식적 생의 개념을 예견할 수밖에 없다.[6] 현실적 개체로서 '나'는 "무한한 외연"을 지니는 구체적인 내용의 세계라는 나 자신 속에 있는데, 이 세계는 내 대자적 의식 없이도 나 자신 속에서 성장하고 쇠퇴할 수 있는 셀 수 없는 관계 및 상호연관을 내재할뿐더러 어느 정도까지는 자기 고유의 생도 확보한다. 이제 개체적 혼의 실체성을 구성하는 것은 감정생활(Gefühlsleben)이라는 이러한 내적 세계이고, 연령과 같은 이전의 형식과 대비되는 감정생활은 보편적인 것이 개체 속에서 현존하는 방식에 다름 아니다.

자신의 내적 세계에 있는 느끼는 혼의 대자 존재에서 구별은 전적으로 혼 자신의 "안"에 있다. 이 사실은 현 단계에 있는 혼의 "단자적" 성격을 형성한다. 헤겔이 말하기를 여기서 구별은 혼 자신의 판단(Urteil)이거니와, 이 판단에서 혼은 주어이고 혼의 객관은 그 실체적 존재인 동시에 술어이기도 하다.[7] 이러한 단자적인 내적 구별 속에서 느끼는 혼은 아직은 오로지

• • •

5. *PhM* 219/344를 보라.

6. 이 책, p. 82-83을 보라.

7. *PhM* 94/153. 이 지점에서 자아는 주어만 될 수 있을 뿐 결코 판단의 술어가 될 수 없기에 자아가 스스로를 아는 것은 불가능하다(이 책, p. 45-46을 보라)고 말하는 칸트의 논증에 대한 헤겔의 비판을 재차 상기할 필요가 있겠다. 우리는 지금까지 판단(Ur-teil, 근원적 분할)이라는 용어를 여러 차례 접했거니와, 그것이 헤겔의 입각점에서 갖는 의미와 그와 관련한 헤겔과 칸트의 차이를 확인하는 일은 아무리 강조하여도 지나치지 않다. 혹자는 철학에서 칸트가 이룬 코페르니쿠스적 전회가 "객관적 판단"의 의미를 중심으로 요약될 수 있다고까지 말할 정도니 말이다. 칸트는 그와 같은 판단이 "주어지는 인식들을 통각의 객관적 통일로 가져가는 방식임을 발견한다. 인식들에서 계사(Verhältniswörtchen) '이다(is)'는 이것을 겨냥"한다고 말한다. (*CPR* B 142) 앞으로 보겠지만 헤겔에게도 이 문제는 중요하다. 그러나 일단 헤겔에게서 계사는 칸트식

"형식적" 주체성이며 추상적으로만 개체성이다. 아직 "그 자체로서의(als es selbst)" 개체가 못 된다. 느끼는 혼은 자연적 혼이라는 이전 차원에 비해서는 "능동적"이지만 자기 자신을 소유하는 깨어 있는 의식에 비해서는 "수동적"이다. 느끼는 혼은 자신의 자기중심성(Selbstischkeit)에 대한 예감(Ahnung)만을 품을 뿐 아직 스스로를 "대자적"인 자기로 "정립"하지는 못하였다. 이에 따라 느끼는 혼은 "형식적"이고 "수동적"이며 —— 비과학적인 용어를 빌리자면 "약하며" —— 그 때문에 헤겔은 여기서의 개체에게는 그 개체성을 통제하는 "수호신"이라는 "타자"의 주체성이 있을 수 있다고 말한다. 헤겔은 느끼는 혼이 자신의 감정생활과 맺는 관계를 꿈, 자궁 안에 있는 태아, 개체의 특유한 "내적 수호신", 특정한 질병 및 최면 상태라는 여러 형식을 통해 증명하고자 한다. 헤겔의 논의를 살펴보기 전에 우선 논증 구조와 관련한 몇 가지 사항에 주목하도록 하자.

인간학의 전반적인 추론(Schluss) 운동에서, 느끼는 혼은 혼의 발전 중

. . .

의 "주관적 관념론"에서처럼 주관에 대한 관계에 한정해 이해되어서는 안 된다. 오히려 헤겔은 "계사 '이다'가 그 자신을 분할하는 가운데(in seiner Entäusserung)조차 자기동일적인 개념의 본성에서 비롯한다."고 말한다. (L 298/251) 따라서 의식뿐 아니라 "개념"도 그 자신을 주어와 술어로 구별하며, 개념의 자기 구별하는 형식들은 "이다"라는 말의 필수적인 의미, 다시 말해 논리적 범주를 구성한다. 그러니 의식을 개념, 아니면 개념의 한 형식이라고 논증하는 일이야말로 주관정신론의 과제라 할 것이다. 혼 또한 개념이기 때문이다. 우리는 개념으로서의 혼이 어떻게 자신의 "깨어 남" 속에서 "직접적"인 판단을 행하는지를 이미 본 바 있다. 느끼는 혼이 행하는 현 판단에서 주어-술어의 관계는 여전히 혼의 자기 폐쇄성이라는 형식을 띤다. 인간 학에서 가장 중요한 판단은 의식 자체의 출현 및 의식이 주객 관계라는 형식 속에서 자신의 내용과 맺는 관계이다. 칸트에 의하면 우리는 초월론적 자아를 알 수 없기에 의식 자체를 낳아놓는 그러한 판단을 알기란 불가능하다. 칸트에게서 모든 객관적 판단은 주관성의 자기 관계를 수반해야 하지만 판단은 어떠한 방식으로든 사물 자체 라는 초월론적 대상에 의존하지 않을 수 없다. 혼의 최종 판단에 관한 헤겔의 논증을 살핌으로써 우리는 그 개념상 "사물 자체"에 대한 판단을 포함하는 의식의 출현을 지켜보게 될 것이다.

두 번째의 주요 단계, 즉 대립이 지배적인 상태에 해당한다. 이 단계에서 혼은 자신의 보편적인 자연적 존재 내지 실체성의 상태에 있는 자기 자신과의 추상적 통일에서 출발하여 상호 외재와 대립으로 나아갈 것이다. 이러한 상호 외재의 단계는 특수화(Besonderung)의 단계이기도 하다. 자연적 혼이 자연성에 있는 자기 자신과 건전한 공생을 맺는 것과 대조적으로, 느끼는 혼은 자신의 자연성에서 해방되는 데 본질적인 분리와 부정성의 특징을 나타낸다. 이와 같은 해방 투쟁을 통하여 혼은 자신의 실체성을 자기 자신의 것으로 정립하고, 이로써 추상적인 감정적 주체성으로부터 자기 자신을 소유하는 주체성으로 스스로를 고양할 것이다. 이 장에서 우리의 과제는 개념의 운동을 구체화하는 혼의 특수화 운동에 대한 헤겔의 논증을 논리적 측면과 경험적 형식 모두에서 따라가 보는 일이겠다.

a. 그 직접성에 있는 느끼는 혼

헤겔은 느끼는 혼에 관한 자신의 논의를 혼 및 정신 일반에 대한 연구에서 "관념성"의 범주가 얼마나 중요한지를 상기시키면서 시작한다.[8] 느끼는 주체성은 꿈을 꾸는 방식으로(Durchträumen) 또 자신의 내적 세계를 예감(Ahnung)하는 방식으로 스스로를 안다. 그 관념성이 아직 자아의 객관적 국면에는 이르지 못했으나 느끼는 주체성은 자기 내적 세계에 대한 관념적 통일성이며 이 속에서 다양성의 통일은 "매개된" 하나이다. 헤겔은 느끼는 주체성이 감정생활에 대해 행하는 관념성의 "무매개성"을 "마술적 관계(magisches Verhältnis)"라고 일컫는다.[9]

헤겔이 말하기를 마술적 관계는 우리에게 낯설지 않다. "가장 무매개적"

• • •

8. 관념성은 "다름 아닌 실재적인 것의 부정이다. 그러나 실재적인 것은 비록 그것이 실존하지는 않는다고 할지라도 동시에 보존되어(aufbewahrt) 있고, 잠재적으로 (virtualiter) 유지되어 있다." (*PhM* 92/151; *SL* 154 이하와 *L* 178도 보라.)

9. *PhM* 95/157.

인 마술은 개체적 주체성이 그 마술을 자기 의지의 직접적 도구로 활용하여 자신의 신체성을 순종시키는 힘이다.[10] 그러나 헤겔이 즐겨 말하듯이 잘 알려진 것과 인식된 것은 다르다. 헤겔에 따르면 혼적 생의 영역 전반에서 우리는 통속적인 지성으로는 이해되지 않아 지성의 고정된 구별을 당혹케 하는 현상을 접하게 된다. 특히 일상적인 깨어 있는 주체성이 감정생활의 차원으로 "침잠"하거나 몰락(Herabsinken)하는 것을 보이는 특정한 병적 상태 가운데, 묻혀 있던 내용은 내적 자아라는 "몰규정적인 구멍(bestimmungsloser Schacht)"으로부터 출현한다. 헤겔은 이러한 몰락이 정신이 관념성으로서 작용하는 바를 우리 눈앞에 보여준다고 말한다.[11]

느끼는 주체성이 꿈과 예감이라는 직접적인 방식으로 아는 감정의 내적 세계는 개체적인 것이 자연적 혼으로서 물려받은 것 및 감각의 내용일 뿐 아니라, 개체의 의식적 생에서 발생하여 그 내적 실체와 엮여 있는 타자와의 깊이 뿌리박힌 연관이기도 하다. 개체의 내적인 감정적 세계를 구성하는 내용의 이와 같은 풍성함은 혼의 단순한 통일성에 반하는 다양성으로 존재한다. 그러나 감정적 내용은 혼과 떨어질 수 없고, 혼 또한 감정적 내용과 떨어질 수 없다. 감정적 세계의 내용은 혼의 구체적 생이자 실체이다. 이러한 자신의 실체적 존재와 맺는 관계 속에서, 느끼는 주체성은 자신의 시야 앞을 스쳐가는 꿈의 세계라는 형식 가운데 자신의 다양성을 인식한다. 전반적으로 파편화된 성격을 지니기는 할지언정 꿈의 내용이 전적으로 우연적인 것만은 아니다. 헤겔이 말하기를 꿈속에서 혼은 자신의 과거, 현재, 미래의 전 범위가 담긴 "혼의 전반적인 개체적 본성에 관한 깊고 강렬한 감정"에 이른다.[12]

- - -

10. 습관을 논한, 이 책, p. 212를 보라.

11. 이 책, p. 170을 보라.

12. *PhM* 99/160. 여기서 헤겔은 이러한 주장의 입증과 전개에 관해서는 거의 아무런 것도 언급하지 않는다. 그렇지만 우리는 꿈꾸는 생과 관련하는 동물 자기 현상에서

하지만 꿈속에 있는 주체성은 주권을 장악하지 못한, 즉 자신의 다양성을 통제하는 힘을 지니지 못한 상태이다. 실로 그것은 자아의 고차적인 주체성에서 지양되도록 운명지어져 있으니 어떠한 의미에서는 하나 안에 두 개의 주체성이 있는 셈이다. 지금의 자연적 차원 —— 혹은 깨어 있는 의식에서 그러한 차원으로 몰락하는 상태 —— 에서 자연이라는 자기 외 존재는 동일한 자아 내에서 존재하는 두 개의 주체성이 현상하는 와중에, 즉 한 주체성이 다른 주체성을 통제하는 힘을 드러내는 와중에 스스로를 또 한번 나타낸다. 헤겔이 보기에 이러한 "서로 뒤섞인 생(Ineinanderleben)"에 대한 자연적 토대는 태아와 어머니의 관계에서 찾아볼 수 있고, 이 관계는 "서로 뒤섞인 생"의 가장 직접적인 사례이자 어떠한 의미에서는 원형적 사례이기도 하다.

헤겔에 따르면 태아와 어머니의 관계 속에서 개체적 혼의 대자 존재(태아)와 그것의 즉자 존재는 "혼의 통일(Seeleneinheit)"[13]을 이루고 있던 두 개체 사이에서 분할된다. 태아의 혼은 아직 현실적인 대자 존재가 아니다. 헤겔은 태아가 "스스로를 대자적으로 지탱"하지 못한 채 다른 주체성을 통해서만 대자적이라고 말한다. 태아의 주체성은 어머니의 주체성에 의해서만 태어나는데, 그러한 어머니의 주체성이 지닌 삼투하는 힘에 태아는 "전적으로 열려" 있다. 태아가 어머니가 주입하는 "수호신"에 "전율(durchzittert)"하기에 그 "수호신"은 둘 모두의 단일한 자아이다.[14]

헤겔은 태아와 어머니의 관계에서 성립하는 이러한 혼의 통일을 일정 수준 강조한다. 헤겔에 따르면 그것은 정신의 본질을 구성하는 "구별된

● ● ●

밝혀진 몇 가지 자료를 참조할 수도 있겠다. (*PhM* 119/188를 보라.)

13. *PhM* 94/154 이하.

14. 헤겔이 여기서 "수호신"으로 의미하는 바는 "자신은 형식적인 대자 존재로 실존하면서 단지 외재적으로만 개체로서 정립된 데 불과한 타자의 주관적 실체성을 형성하는 한에서의 정신의 자기중심적인 주체성"이다. (*PhM* 95/154)

것들의 통일"에 다름 아니다. 이러한 종류의 통일은 공간적-물질적 "구별"[15]에 집착하는 관점으로는 파악될 수 없다. 물론 혼의 통일이라는 관계에 물리적 측면이 있기는 하다. 그렇지만 태아와 어머니의 관계를 물리적 연관으로 이어진 두 자연적 유기체 사이에서 발생한 하나됨으로 간주하는 것은 이와 같은 물리적인 서로 뒤섞인 생의 본질인 마술적 관계가 행하는 "직접적 작용(unmittelbares Einwirken)"을 놓치는 일이라고 헤겔은 말한다.[16]

내적인 감정생활에 대한 주체성인 느끼는 혼은 그 자신의 특수한 "수호신"이라는 개체에서 가장 충만히 펼쳐진다. 이 수호신은 자기 내적인 인격적 특수성 안에 있는 개체이며, 헤겔은 수호신이야말로 그 어떤 상황에서도 한 사람을 또 다른 수많은 사람과 구별하게 한다고 이야기한다. 헤겔이 말하기를 나는 "이중적 존재(ein Zweifaches)"인 나 자신 속에서 존재한다.[17] 일상의 삶 가운데 나는 내가 나 자신을 알고 또 내 지인들이 나를 아는 바에 걸맞게 존재한다. [그렇지만] 나는 그 자체 나의 모든 활동과 연관하는 특수한 정신적 본성(geistige Natur)을 지니는 내적 존재이기도 하다. 헤겔은 이러한 내적 본성을 나의 "운명", 나의 내적 신탁, 나의 다이몬(daimonion)으로 명명할 수 있다고 한다.[18] 내가 "이유"를 제시할 준비가

• • •

15. 헤겔은 두 개체의 심리적 통일 속에 있는 마술적 관계의 예로 사랑을 언급하기도 한다. 그러므로 사랑은 지성에 대해서는 "감당할 수 없는 모순"인데, "자기의식의 집직인 성격(Punktualität)은 일단 [지성에서는] 부정되는 것임에도 긍정적인 것으로 보유해야만 하기" 때문이다. 사랑은 "이러한 모순의 시발이자 해소이다." (PhR 261-262/322)

16. 태아와 어머니가 맺는 관계의 직접적 작용이라는 헤겔의 개념이 얼마만큼 참이든 간에, 그는 부러진 팔을 보고 놀란 임산부가 기형적인 팔을 달고 있는 아이를 낳을지 모른다는 이야기와 같은 사례를 자신의 주장을 위한 나름의 경험적 근거로 제시한다.

17. "아! 내 가슴속에서 두 개의 혼이 숨 쉰다." (『파우스트(Faust)』)

18. 칸트도 이러한 신탁을 언급하기는 하나 헤겔과 달리 그것을 주체성 개념 내에 위치시키려 하지는 않는다. (APH 145/43을 보라.) 소크라테스의 '다이몬'에 관한 헤겔의

얼마나 잘 되어 있든 간에 내 결정의 최종 발언권은 대체로 "개체성의 내포적 형식"에 있다. 헤겔은 그러한 이중적 존재인 내가 나 자신과 맺는 관계 속에는 태아와 어머니 사이의 서로 뒤섞인 생과 어느 정도 유사한 바가 담겨 있다고 말한다. 감추어진 단순성으로 존재하는 이와 같은 "압축된" 내적 개체성은 개체에 대한 깊은 관심이라는 연계와 연관을 자기 자신 안에 그 생애 내내 받아들인다. 이와 동시에 압축된 내적 개체성은 스스로를 개체의 사회적 관계, 활동, 전망 속에서 객관적으로 반성된 것으로서 아는 의식적 자아와도 구별된다.

하지만 헤겔이 말하기를 개체의 "자기중심적 타자(ein selbstisches Anderes)"인 수호신은 "형식적" 주체성인 동시에 능동적인 의식적 생의 "계기"이기도 하다. 의식적 의도가 내보이는 현상의 배후에 있는 내적 음성인 수호신은 개체를 객관적이고 보편적인 요청과의 일치가 아닌 주관적이고 특수한 경향을 따라 인도한다. 헤겔에 따르면 내적 수호신은 부분적으로는 우리가 "심정(Gemut)"이라고 부르는 것 가운데 현상하는데, 이때 심정적 인간(gemütlicher Mensch)이란 스스로를 자신의 감정에 이끌리게 하는 사람을 말한다. 그래서 헤겔은 감정적 주체성이나 내적 수호신을 직관적 진리의 주요한 원천으로 보지 않는다.[19] 헤겔이 쉬지 않고 반복하여 말하듯이 참된 인식은 보편적인 사유 규정의 형식을 취하며,[20] 참된 도덕적 행위는 모든 사람이 접근할 수 있는 규준에 의해서 좌우된다.[21] 헤겔에게

• • •

견해로는, *HPh* I, 421 이하를 보라.

19. 여기서 헤겔이 말하는 것은 소크라테스나 괴테가 말하는 수호신도, 역사에서 등장하는 영웅도 아니다.

20. 어떤 이가 이성이 아니라 자신의 감정에 호소한다면, "그 사람을 그대로 내버려두는 수밖에 다른 할 일이 없다. 그럼으로써 그는 스스로 이성성의 공동체를 거부하고, 스스로를 자신의 고립된 주관성과 특수성에 가두어버렸기 때문이다." (*PhM* 194/308)

21. "인륜 공동체에서 한 사람이 무엇을 해야만 하고 그가 이행해야 하는 의무가

느끼는 혼이라는 현 단계는 그것이 주로 "어둠"의 차원이기에 이성적 의식의 계기로 마땅히 지양된다. 개체의 일반적인 건강한 발전을 행하는 와중에 내적인 감정적 주체성은 이성적 자아에 의해 형성되고 주조되거니와, 이러한 방식으로 이성적 자아는 감정생활을 통제하는 참된 수호신이 된다.[22]

그렇지만 자기 자신을 소유하는 이성적 의식이 언제나 자신의 주권을 간직하는 것은 아니다. 특정한 비정상적 조건이나 병적 상태에서처럼 그 주권이 무너졌을 때 의식은 느끼는 주체성의 차원으로 되돌아가거나 몰락한다. 헤겔은 그러한 몰락(Herabsinken)을 "병적인 마술적 관계"라고 부르는데, 헤겔의 관점에서 그것은 아직 천착되지 못한 정신의 거대한 영역을 드러내기 때문에 이 영역에 관한 탐구야말로 주관정신론의 본래적 관심이라 할 수 있겠다. 사실 헤겔은 건강한 마술적 관계는 개략적으로만 설명했을 뿐 정작 상세하고 흥미로운 논의는 병적인 마술적 관계에서 일어나는 다양한 사례에 맞추어져 있다.

기억을 거슬러 본다면 건강한 마술적 관계 내에 있는 주체성은 "형식적"이고 "수동적"일 따름이다. 정상적인 깨어 있는 생에서 감정적 주체성은

• • •

무엇인지를 말하는 것은 쉽다. 그는 자신이 처한 상태에서 그에게 지시되고 언명되고 알려져 있는 규칙들을 따르기만 하면 된다." (*PhR* 107/310)

22. 헤겔은 꿈, 태아, 수호신이라는 세 계기로써 추론(Schluss)을 뜻하는 것 같다. (*PhM* 101/163) 정말로 의도된 바라 할지라도 그것을 진지하게 받아들이는 일은 어려운 게 당연하다. 꿈을 꾸는 가운데 느끼는 혼은 꿈속 세계의 다양성이라는 자신의 실체성과 단순한 자기 관계를 맺는 형식을 통해 자신의 대자 존재를 갖게 된다. 태아와 어머니의 관계에서는 태아가 자신과 다른 주체성에서 자신의 대자 존재를 가진다는 의미에서의 상호 외재 존재가 존재한다. 감정에 대한 내적 주체성인 수호신은 한편으로는 단순한 자기 관계의 계기를 포함하며, 다른 한편으로는 —— 수호신이 깨어 있는 주관성에 맞서는 "다른 자아"이므로 —— 두 번째 계기의 이중성을 포함한다. 자연적 변화(이 책, p. 133 이하를 보라)의 경우와 달리 이러한 세 계기 사이에 본래적인 연관이 있다고 보기는 어렵다. 출판을 위해 쓰인 글에는 추론을 자신의 직접성에 있는 느끼는 혼이라는 첫 번째 계기에서 증명하려는 그 어떠한 시도도 없다는 데 주목할 필요가 있다. 사실 꿈에 관한 내용도 전혀 언급된 바 없다.

자기 자신에게 이성적 의식의 역할을 귀속시키지 않는다. 그 한 예로 꿈꾸는 주체성은 자신의 표상을 깨어 있는 의식에 강요하지 않는다. 태아와 어머니의 관계가 그러한 것과 달리, 정상적인 상태에 있는 자아는 타자라는 보다 지배적인 주체성에 "열려 있지" 않다. 우리가 본 것처럼 건강한 수면을 취할 때에는 외부 세계의 분산으로부터 단자적 자아의 내적인 감정생활을 향한 퇴각이 일어난다. 하지만 헤겔에 따르면 특정한 비정상적 상태에서 단자적 자아는 "실재적" 주체성으로 출현한다.[23] 이때 자아는 더 이상 외재적 세계와 주의 깊게 마주하지 않은 채 내적으로 돌아선 의식인 몽유병 상태가 된다. 내적 수호신은 "투시하는(hellsehende)" 주체성으로 나아간다. 스스로를 소유하는 의식은 수동적이고 형식적인 느끼는 주체성 앞에 자기 자신을 양도하며, 이에 개체는 자신을 보호하는 수호신에 이끌리고, 즉 음성에 의해 인도되고, 혹은 타자의 지배적인 주체성에 열려 있게 되거니와, 이렇듯 지배적인 주체성과 더불어 의식은 "심리적 통일"이라는 관계에 처하게 된다.

요컨대 헤겔은 병적인 마술적 관계를 그 전체성으로 있는 개체적 자아의 분열(Entzweiung), 즉 자아가 이중적 존재(Zweifaches)라는 데 그 가능성이 있는 분열로 본다. 병적인 마술적 관계 속에서 혼적 주체성은 통합된 객관적 의식의 "지양된 계기"이기를 그만둔다. 혼적 주체성은 자기 자신을 스스로의 힘으로 정립한다. 헤겔은 여기서 정신의 본질인 보편적 유동성 —— 즉, 관념성 —— 에 대한 "억제(Hemmung)"가 존재한다고 말한다. 깨어 있는 의식이 몽유병적인 의식으로 이행하고 돌아오는 과정에서는 두 "자아" 간의 교차가 일어나는데, 이는 우리가 살펴보았듯이 느끼는 주체성 또한 의식적 주체성과 마찬가지로 하나의 자아, 즉 총체성이기 때문이다. 그렇지만 이와 동시에 느끼는 자아로의 일탈은 "몰락"이기도 하니, 그 이유는 "두" 자아 모두가 관념성, 곧 정신의 동일한 차원에 있는 것은

• • •

23. *PhM* 105/170 이하.

아닌 까닭에서이다.

헤겔이 말하기를 "더욱 낮은" 자아가 [더 상위의 자아를] "강탈할(Losreissen)" 가능성은 혼적인 것(das Seelenhafte)이 "정신과 구별되어 있으면서도 즉자적으로는 동일하다"는 사실에서 성립한다.[24] 헤겔은 "구별된 것들의 통일"이라는 정신의 개념 속에서 우리가 몽유병적인 몰락 현상의 변증법적 성격을 파악할 수 있다고 말한다. 몰락이라는 개념에서 우리는 두 개의 "자아들"을 보지만 결국 그 둘은 하나이며, 하나가 다른 하나와 맺는 관계는 개념의 사변적 형식 없이는 발현될 수 없다.

헤겔에게 자아는 그것이 자신의 다양한 규정성에 대한 관념성으로서 "대자적"인 한에는 단순성인 동시에 구체적인 것이다. 그렇지만 자아가 이러한 동일성일 수 있는 것은 추상적으로 그러한 것이 아니라 자기 다양성의 절대적 부정성 내지 관념성이라는 자기 자신으로 "돌아오는" 와중에서이다. 그러나 이 다양성은 주체성의 여러 다른 차원에서 여러 다른 성질을 지니며, 이에 따라 주체성이 다양성을 부정함으로써 자기 다양성 속에서 대자적인 것이 되는 방식 역시 [주체성의 차원에 따라] 각기 다르다. 느끼는 주체성은 "직접성"의 형식에 있는 대자 존재와 즉자 존재 —— 다시 말해 주체성과 실체성 혹은 개체성과 보편성 —— 의 통일이다. 의식은 원인과 결과 같은 객관적 범주를 통해 매개된 "통일"이자 시공간 속에 존재하는 규정들의 연합이다. 헤겔은 가족의 유대, 뿌리 깊은 성실, 가정, 출생지, 공동체에 대한 애착을 위시한 타자 및 세계에 대한 개인의 관심과 관계의 집합이 개인의 실체성 혹은 구체적인 존재에 속한다고 말한다. 개인에게 내재하는 까닭에 총체성은 개체의 내적인 감정생활 및 특수한 내적 수호신과 결합하였다. 의식의 차원에서 이 모든 내용은 개체에게 객관적으로, 매개적으로 알려진다. [이와 달리] 혼의 차원에서 이러한 다양성은 감정적 형식이라는 직접성을 취한다. 자아가 "몽유병적" 의식이라는 병적인 마술

• • •

24. *PhM* 106/171.

적 관계로 "침잠"하는 것은 후자의 차원에서이다.

그리하여 헤겔의 용어에서 몽유병적 의식이라 불리는 바는 감정생활이라는 자기 다양성에 대한 단순한 관념성에 다름 아닌 "대자적"인 "자아"이자, 총체성이며, 주체성이다. 몽유병적 의식의 대자 존재는 자신의 직접적인 내적 세계에 대한 관계 바로 그것이다. 그렇다고 해서 몽유병적 의식이 몽유병 상태에서 자기 자신으로 물러나는 가운데 외부 세계와의 연관을 끊는다는 점에서 "불완전한" 자아인 것은 아니다. 그게 말도 안 되는 이유는 [외부 세계와의] 이러한 연관이 감정적 자아 자신의 실체적 존재를 구성하기 때문이다. 자신의 내적 세계 안에서 "압축되고" "감추어져(eingehüllt)" 있던 외적 연관과 관계는 오히려 몽유병적 주체성에 의해 끄집어내어진다. 몽유병적 주체성이 감정적 형식의 직접성 내에서 "아는" 것은 이렇듯 압축되어 있는 내용이다.

헤겔에 따르면 그와 같은 직접성인 느끼는 자아는 정신의 "부적합성"이다. 느끼는 자아의 감정적 세계는 자유로운 정신성, 즉 이성적 의지와 사유의 세계가 아니다. 헤겔에 따르면 사밀한 내적 세계로의 몽유병적 퇴각은 자신의 실존을 "자기 자신에 머물러서만 편안한 정신성"으로 포기하는 일이다. 병적인 마술적 관계가 "몰락"인 것은 이러한 이유에서이다. [여기서는] 부분이 전체에서 비롯한다기보다는 하나의 자아가 다른 자아에서 비롯하며, 이에 각 부분은 어떠한 의미에서 전체이다. 부분과 전체라는 용어가 정신의 영역에서 쓰이려면, 이 용어들은 직접적인 감정적 총체성과 이 감정적 총체성을 하나의 계기로 자신 안에 포함하는 의식의 매개된 총체성 간의 관계라는 의미로만 이해되어야 한다.

헤겔이 느끼는 혼에 관한 자신의 논의 가운데 상당 부분을 할애하는 정신적 질병에 관한 개념에서 부분과 전체라는 용어를 쓰는 것은 이러한 의미에서이다. 느끼는 주관성이 통합된 이성적 의식을 강탈한다는 것은 부분이 대자적으로 전체가 됨을 의미한다. 헤겔에 따르면 신체적인 질병은 특수한 기관 내지 체계가 그 총체성 가운데 있는 유기체의 유동성

(Flüssigkeit)에 반하는 것으로 "고착화(festwerden)"하는 데에서 일어난다.[25]

이러한 고착성은 특수한 것이 유기체가 행하는 모든 활동의 집중된 초점이 되는 지점까지 진행한다. 헤겔의 관점에서 볼 때 혼의 질병에는 본질적으로 이러한 의미가 있다. 평소에는 깨어 있는 의식의 계기인 혼적 주체성이 깨어 있는 의식으로부터 스스로를 분리시킬 때, 그것은 자기 자신에 의한 대자 존재가 된다.

헤겔은 혼적인 것의 질병이 신체적 질병과 개념상 유사한 데 그치지 않고 일반적으로 신체적 질병과 결합되어 발생한다고 말한다. 혼적인 것을 의식적 자아에서 분리하는 것과 더불어 "두 자아"의 "경험적 실존"인 신체성 역시 두 개로 분리되며 그렇게 함으로써 자신의 건강한 유동성을 상실한다. 헤겔은 거의 모든 질병이 혼적 생의 이러한 분리에 대한 표지임을 증명할 수 있다고 말한다. 아무튼 [그가 보기에는] 이러한 분리라는 흥미로운 형식을 드러내는 특정한 질병이 분명히 존재한다. 그와 같은 형식은 마술적 관계의 본성을 특히 잘 드러내는데, 이 본성 속에서 개체는 "자신의 현실성을 자기 안에서 아는 단자이며 수호신의 자기 직관"[26]이다. 단자적 주체성의 이러한 내적 자기 직관(Selbstanschauen)은, 의식의 추론적 판단으로 나아가고 현상들을 객관적 범주에 따라 매개적으로 연계하는 앎이 아니다. 헤겔이 주장하기를 그러한 내적인 자기 직관은 "직관 지(schauendes Wissen)", 다시 말해 감정생활이라는 자신의 실체적 존재를 갖는 단자적 주체성의 측면에서만 [획득할 수 있는] 직접적 앎이다.[27]

• • •

25. *PhN* 428/2권 372.

26. *PhM* 103/166.

27. 헤겔이 말하는 직관 지는 칸트가 인식의 "두 계통"이라고 말했던 것 중 그 무엇에도 해당하지 않는 것 같다. 직관 지는 비개념적이고 비추론적이기에 지성에 속하지 않는다. 직관 지는 칸트가 보기에 인상의 광시곡을 산출할 뿐인 감각에서도 연유할 수 없다. 소크라테스의 신탁을 예로 들며 앞서 제기된 종류의 앎을 언급하는 와중에

난자적 주체성이 자신의 내용을 객관적인 것으로 인식하는 동안에는 의식의 능동적인 자기 구별이 결여하는 까닭에 감정생활의 상태에 있는 자아는 수동적이다. 몽유병, 강경증, 최면, 종교적 황홀경을 비롯한 여러 형식에서, 자아는 소유된 것으로 현상하지 스스로를 소유하는 것으로는 현상하지 않는다. 그러한 자아는 활동과 발화를 지시하는 어떠한 내적 정신에 의해 움직이는 무의식적 자아이다. 헤겔에 따르면 이러한 수동성의 양상과 더불어 직관 지의 내용은 분절성과 구별성의 상실을 그 특징으로 한다. 내적인 자기 직관이란 그 모든 다양성이 펼쳐져 있는 외재적 세계로 부터 후퇴하는 것을 뜻하기 때문에 [직관 지에서는] 지각 양상의 재정위가 이루어진다. 외적 감각은 꿈에서처럼 희미해진다. 감각된 것의 특수성은 흐릿해지고 특수한 기능들은 통합된다.[28] 헤겔이 말하기를 여러 외적 감각 이 각기 맡았던 특수한 역할은 [이제] 유기체의 미발달된 소화 체계에 위치한다고 여겨지는 "공통 감정(Gemeingefühl)"이 대신한다.[29]

이렇게 하여 헤겔은 우리의 자연스러운 일상의 지각이 사실상 특정한 혼적 건강과 성취에 달려 있다는 생각을 제시한다. 객관적 지각에는 연합을

• • •

칸트는 이러한 선언이 감각이 아니라 "흐릿할지언정 지성의 실질적인 숙고 (Überlegungen)에서" 나왔다고 말한다. (*APH* 145/43) 그러나 이것이 지성에 의한 반성이면서도 어떻게 통각의 입법적 동일성 아래에서 발생하지 않을 수 있느냐는 물음은 칸트의 입장에 문제를 야기할 듯하다.

28. 헤겔이 말하기를 객관적 의식으로서 인식자는 세계를 "그에게 외재적이고 무한히 다양하지만 세계의 모든 지점에 있어서 필연적으로 연관되어 있는 객관성, 즉 무매개 적인 어떤 것도 자신 안에 포함하고 있지 않은 객관성으로 알며, 세계와 이 객관성에 상응하는 방식, 즉 다면적이고 특정하고 매개된 필연적인 방식으로 관계한다." 의식 적 주관이 눈으로만 볼 수 있는 반면, 직관 지라는 특정한 형식에 있는 주관은 "눈의 도움이나 빛의 매개 없이도" 사물을 지각할 수 있다. (*PhM* 107/172) 헤겔은 그렇듯 시각에 의지하지 않은 봄에 대한 경험적 증명이 [과연 신뢰할 만한 것인지] 평가하는 데에는 그리 전념하지 않은 것으로 보인다.

29. *PhM* 105/169 이하.

통한 인상의 통일을 넘어서는 무언가가 있다. 실로 칸트는 객관적 경험이 자기동일성으로서의 자아가 행하는 자발적인 활동에 의존한다는 점을 이미 지적한 바 있으며, 이와 같은 생각은 지각과 통각을 구별하는 라이프니츠에게도 함축되어 있다.[30] 그렇지만 우리가 보았듯이 칸트는 의식의 논리적 양상에만 관심을 기울였지, 의식의 심리학적-인간학적 발생이 학문적으로 논증될 수 있으리라고는 믿지 않았다.[31] 반면 헤겔은 객관적 경험이 혼적인 것의 발전을 전제함을 지적하는데, 이 발전 속에서 주체성은 무관심성의 입장을 견지하기에 충분할 만큼 자신을 소유하지만, 특정한 병적 상태나 허약함의 여러 계기에서 이러한 입장은 다시금 포기되거나 단념된다. 그 자신이 "객관적" 의식으로서 지각하려면 자아는 자립적인 타자인 내용에 대해 "스스로를 지탱"할 수 있어야 한다. 참으로 이러한 주제는 의식을 향한 혼의 발전을 해방 투쟁으로 보는 헤겔의 학적 구상 전반에 녹아 있다. 지금의 맥락에서 헤겔이 관심을 기울이는 것은 아직 객관적 의식의 차원에 있지 못한 종류의 지각과 인식을 가리키는 감정생활로의 몰락이다. 헤겔의 주장은 혼적 생의 다양한 병적 상태 및 여러 비정상적 현상이 단자적 주체성이 행하는 "자기 직관"의 온갖 형식을 드러낸다는 것이다.

우선 헤겔은 외적 감각 기관을 활용하지 않는, 외부 대상의 실존에 관한 직접적 앎이 존재한다고 말한다. 헤겔은 그러한 예로서 어떤 특별한 감수성에 의해 땅 밑에 있는 물이나 특정한 금속에 반응하는 기관을 지닌 사람들, 이른바 감지사(수맥 감지사와 광맥 감지사)를 든다. 직접적 앎의 두 번째 종류는 몽유병과 강경증에서 찾아볼 수 있다. 이것이 첫 번째 종류의 직접적 앎과 공통적인 바는 "대상이 주로 관계되는 특정한 감관의 매개 없이 감각된다."[32]는 점이다. 그렇지만 여기서의 지각은 감지사의 경우에서처럼

• • •
30. 이 책, p. 98, 74번 각주를 보라.
31. 이 책, p. 175를 보라.

전적으로 비매개적이지는 않고, 촉각이라는 미발달된 감각에 의해 혹은 주로 명치(Herzgrube)에서 능동적으로 활동하는 "공통 감관(Gemeinsinn)"에 의해 시각 같은 특정한 외부 감각의 기능을 취한다.[33] 헤겔에 따르면 수면 보행 중에 벌어지는 비시각적 봄이 갖는 중요한 측면은, 본래 의식이 대상과 정상적인 관계를 맺으려면 대상과 나 사이에 일정한 거리가 확보되어야 하는데, "주관적인 것과 객관적인 것이 분리되지 않은 이러한 조건하에서는 [감관이] 활동하기를 그만 둔다."는 사실에 있다. 헤겔이 말하는 직접적 앎의 세 번째 종류는 "천리안"이라 불리는 것이고, 이는 "불특정한 감각에서 감성적으로 가까이 있는 것이 아니라 시공간적으로 멀리 떨어져 있는, 즉 미래의 일이나 과거의 일에 관한 예감이나 직관 혹은 환시가 발생하는 현상"이다.[34] 헤겔은 혼이 시공간이라는 제약에 얽매이지 않는다는 데 대한 나름의 경험적 증거를 제공한다고 하는 이유로 이러한 "직관 지"에 가장 큰 관심을 기울인다.[35]

헤겔에 따르면 이와 같은 직관 지(Schauendes Wissen)의 가능성은 보편적인 것인 동시에 이렇듯 개체적으로 규정된 것이기도 한 혼 자체의 본성이다. "즉자적으로 자연의 총체성"인 혼 자체는 "일면적으로만 타자에 대립해 있는 것이 아니라 타자를 포괄하는", "모든 것을 삼투하는 것"이다.[36] 혼은 모든 물질성의 관념성이요, 자연의 모든 부분 밖의 또 다른 부분이라는 구별을 관념적으로 취하는 전적으로 보편적인 것이다. 이렇게 개체적인 혼은 "실존하는 개념이요, 사변적인 것의 실존"[37]이다. 이에 따라 혼은

●　●　●

32. *PhM* 108/174.
33. *ibid.*
34. *PhM* 109/175.
35. "경험 및 경험의 알려진 법칙에 기초할 수 없는" 직접적 앎의 모든 형식에 대한 칸트의 반박을 보라. (*CPR* A 223 = B 270)
36. *PhM* 109/176.
37. *PhM* 93/152.

본능과 경향성으로 나타나는 그러한 다양한 규정들을 자기 안에 내포하는데, 이 규정들은 자연에서는 보편적이지만 개체성에서는 특수한 내용을 획득한다. 예를 들어 부모와 친구를 향한 사랑은 내 안에서 개별화된다. 내가 될 수 있는 건 친구 일반이 아니라, 이 시간, 이 장소, 이 상황에서 만난 이 친구의 친구이기 때문이다. 내 안에서 개별화되고 나에 의해 살아 있는 보편적인 혼의 규정성에 다름 아닌 모든 그러한 유대는 내 현실성을 구성하고, 내 실체성 속에서 성장하며, 내 머리나 가슴이 나의 생동하는 현존재에서 그러하듯이 나의 현실적 존재에 속한다. 느끼는 주체성으로서 내가 자기 직관 가운데 직관 지를 획득할 수 있는 것은 나의 총체적인 내적 세계와 내적 존재라는 이러한 현실성에 의해서이다. 헤겔이 말하기를 내가 단자적 주체성인 한에서 나는 이와 같은 나의 내적 세계를 나 자신에게서 분리되지 않은 세계로 알지만, 이는 직접적인 "완전히 추상적으로 긍정적인 방식"으로' 이루어진다.

헤겔은 이러한 직관 지의 세 주요 형식을 구별할 수 있다고 주장한다. 첫 번째는 혼의 내면에 이미 숨겨져 있는 내용에 관한 것이다. 헤겔은 느끼는 주체성이 특정한 질병이나 최면 상태에서 혼의 "규정될 수 없는 구멍"에 깊이 묻혀 있어 표면적으로는 오랫동안 잊혀왔던 내용을 끄집어낸다고 말한다. 최면에 걸린 사람이 이미 지워진 줄 알았던 유년 시절의 사건을 세세하게 기억하는 것을 그 예로 들 수 있는데, 이것은 깨어 있는 의식은 결코 접근할 수 없는 내용이다.

헤겔에 따르면 천리안이라는 두 번째 형식은 시간적(미래)으로나 공간적으로나 주관에게 외재적인 사건에 대한 직접적인 앎, 그러면서도 그 사건을 시공간의 형식에 매개되지 않은 방식으로 아는 앎이다. 헤겔은 일상적인 깨어 있는 상태에서는 어떠한 매개적 방식으로 거리를 지양하는 조건하에서만 우리가 공간적으로 떨어져 있는 것을 알 수 있다고 한다.[38]

• • •

38. "공간은 혼에 속하지 않고 외재적 자연에 속한다. 그리고 혼에 의해 파악되면서

그렇지만 이러한 매개는, 자신의 내용을 "외적인 것"으로 정립하지 못하여 그 앎이 "주관적인 것과 객관적인 것의 대립 및 이 대립의 지양을 통해 매개되지 않"은 단자적 주체성에게는 유효하지 않다. 헤겔의 주장에 따르면 예지(Vorauswissen)를 행하는 천리안은 혼이 시간이라는 조건을 넘어서 고양하는 것을 증명한다. 사건은 미래에 발생하리라는 의미에서는 주관에게 "외재적"이나, 다른 한편 느끼는 주체성의 내적 실체성에 묶여 있는 내용이기도 하다.[39] 헤겔이 말하기를 투시자는 "압축된" 상태에 있어 이러

• • •

이 외재적인 것은 공간적이기를 그만둔다. 이 외재적인 것은 혼의 관념성에 의해 변경되어 자기 자신에게나 우리에게나 더 이상 외재적이지 않기 때문이다." (*PhM* 111/178) 헤겔에게서 시공간은 이성적인 자기의식의 차원에서 직관에 의해 알려진다. (*PhM* 195/309를 보라.) 이 사실은 시간과 공간이 칸트의 입장과 달리 우리 직관의 한갓 주관적 형식이 아님을 뜻한다. 오히려 시공간은 사물을 사물의 자기 외재성, 즉 사물의 진리에서 파악하는 우리의 이성적 직관 형식이다.

  "혼이 공간으로부터 갖는 자립성"의 예로 헤겔은 먼 나라에 오빠가 있는 한 소녀의 사례를 인용한다. 그녀는 깨어 있는 의식의 상태일 때에는 아무것도 알지 못했지만 천리안의 순간에는 오빠가 아파서 병원에 있는 것을 보았는데, 이는 사실로 판명되었다. 이러한 사례들 및 이와 유사한 경우에 엉터리가 있을 때도 적지 않지만 헤겔은 이러한 현상을 믿을 만한 것으로 만드는 증거가 충분하다고 말한다.

39. 천리안이라는 이 두 번째 형식에서 헤겔은 투시자의 내적인 실체적 존재와, 긴밀한 유대를 품은 공동체적 삶의 조직 사이에 연관이 있음을 강조한다. 헤겔이 말하기를 천리안의 사례는 인간의 "자연적 생"이 우세한 지역에서 가장 잘 발견된다. 헤겔이 드는 예에 따르면 스코틀랜드의 고지대에서는 이후에 나타날 자신의 상태를 마음에 그릴 수 있는 "제2의 눈" 현상이 빈번히 발생한다고 한다. 헤겔은 그러한 현상이 편협하게 제한된 세속적 생을 따르는 사람들, 즉 "예전부터 내려오는 것을 타성적으로 모방"하는 가운데 각자가 자신의 이익과 목적을 추구하는 사람들 사이에서는 흔하지 않다고 말한다.

  우리가 보았듯이 칸트는 감정생활이 자기 다양성에 대한 동일성이 될 수 있다고 하는 전(前) 의식적 주관성의 개념을 주장하지 않는다. 소위 예견(Voraussehen)이라는 것은 아직 현존하지 않은 무언가에 대한 어떠한 숨겨진 의미를 수반하는 예감(Vorempfindung)이나 인과적 반성에 기반을 두는 예언(Vorhererwartung)에 그칠 수밖에 없다고 칸트는 말한다. 칸트가 "어떻게 존재하지 않는 것을 감각할(empfinden) 수 있느냐"고 묻는 까닭에 모든 예지나 예감(Ahndung)이 환영(Hirngespenst)이라는

한 자신의 "감추어진 함축적 삶"을 압축된 방식으로 바라보거니와, 이 와중에 시공간이라는 관계는 그것들 자체로 파악되지 않는다. 예컨대 헤겔에 따르면 시간의 질은 내용의 기능이 되는데, 이는 투시자의 발언이 시간적으로 흐릿하거나 불명료한 특징을 띠는 이유를 설명한다.

직관 지의 세 번째 종류인 최면 상태에 빠진 주관은 보통의 깨어 있는 상태에 있는 자기의식보다 섬세한 방식을 통해 자신의 흔적 조건을 직접적으로 인식하게 된다. 헤겔은 최면 상태 속에서 저열한 내적 충동은 물론이고 개인에게 동기를 부여하여 "자기 자신과의 인륜적 투쟁"을 일어나게 하는 고귀한 충동 역시 나타난다고 말한다. 그렇지만 자신의 내적 상태에 관한 환자의 기록은 너무나 "상징적"이고 "기괴한" 일이 잦기에 특별히 훈련된 누군가에 의해 해석될 필요가 있다는 것이 헤겔의 말이다.

이러한 직관 지(schauendes Wissen) 전체와 관련하여 헤겔은 그것이 높이 상찬 받고 호평 받아야 한다고 간주하지 않는다. 단자적 자아는 스스로를 자신의 다양성에 대한 주권자로 만들고 자신의 문화적 유산의 풍성함을 이어받는 발전된 개체성이 아니다. 직관 지의 직접성 속에는 "주관적인 것과 객관적인 것의 구별, 지성적 인격성과 객관적 세계에 대한 구별, 그리고 그러한 것들 사이에 유한성이 갖는 앞서와 같은 상관관계들이 현존하지 않는다."[40] 내용은 자신의 특수성에 처한 감정생활이며, 보편적이고 필연적이기는커녕 우연적이고 특수하다는 점을 그 특징으로 한다. 이 때문에 헤겔에 따르면 이와 같은 종류의 앎을 고결하고 보편적인 진리의 원천으로 간주하는 것은 어리석은 일이다.

• • •

점은 "누구나 쉽게 알 수 있다." 물론 칸트는 인과 관계라는 모호한 개념에 기반을 두는 판단이 존재한다는 것을 인정한다. 하지만 그와 같은 판단들은 예감(Vorempfindungen)이 아니며, 개념을 추적하여 명백하게 만듦으로써 해명될 수 있다. 칸트는 이른바 '제2의 눈' 현상을 마력(Bezauberungen)이라고 부른다. (*APH* 187/102)

40. *PhM* 105/169-170.

그럼에도 헤겔은 그러한 직접적 앎이 존재한다는 사실이 주관정신 철학에 중요한 함의를 띤다고 주장한다. 헤겔에 따르면 정신은 그 개념상 자신의 규정들 속에 있는 자기 자신과 절대적으로 동일해야 한다. 유한한 정신의 차원에서 성취되는 한 이 동일성은 의식에서 벌어진 주관과 객관의 분리를 극복하는 데에서 따라 나오는 이성으로만 참되게 실현될 수 있다. 헤겔은 의식에 선행하는 지금의 단자적 차원에서 이루어진 자신의 실체적 존재에 관한 느끼는 혼의 직접적 앎이, 이성으로 귀환할 정신 자신과 정신 간의 통일을 보이는 전조라고 주장한다.[41] 의식에서 일어나는 주객관의 대립이 궁극적 원리로 취해지는 한, 다시 말해 "서로에 대해 자립적인 인격성을 전제하고, 객관적 세계로서의 내용에 대해 자립적인 인격성을 전제하며, 공간적으로 물질적으로 서로 분리된 존재 자체의 절대성을 전제하는 한",[42] 현 단계에서의 직접적 앎에 담긴 의미를 이해하기는 불가능하다. 직관 지의 의미는 우리로 하여금 의식 자체를 판단으로 보게 하는 데 있으며, 그 주객관의 관계를 본래 느끼는 혼 안에서는 하나였던 것의 분리로 파악하게 하는 데 있다.

헤겔은 혼의 근원적인 감정적 통일이 객관적 의식보다 선행하나 객관적 의식에서 하나의 계기로 취해진다고 보거니와, 이것이 최면 상태라는 현상에서 두드러지게 나타난다고 말한다.[43] 헤겔에 따르면 "동물 자기 현상"에서 우리는 느끼는 혼으로의 몰락을 목도할 수 있다. 그리하여 최면 상태에 빠졌을 때에는 여타의 병적인 마술적 관계의 사례에서 명백히 드러났던

• • •

41. *PhM* 176/282 이하.
42. *PhM* 105/170.
43. "최면"이라는 용어는 헤겔 사후에야 쓰이기 시작하였다. 헤겔이 주로 사용했던 "동물 자기 현상", "자기적 몽유병", "자기적 수면"이라는 용어는 안톤 메스메어 (Anton Mesmer)의 연구에서 통용되던 것들이다. 나중에 자세히 살펴보겠지만 이러한 현상에 관한 헤겔의 관점은 물리적 자기 현상과는 아무 관련이 없으며 관념성으로서의 정신이라는 그의 개념에 전적으로 의존한다.

직관 지의 다양한 형식이 등장한다. 그러나 최면 상태는 질병 상태에서 그리 눈에 띄지 않았던 바를 극적인 방식으로 내보인다. 우리는 질병 상태에서 이루어지는 몰락의 본성이 감정이라는 "실질적" 주체성의 출현 가운데 형성되었으며, 이러한 주체성이 스스로를 깨어 있는 의식으로부터 분리하였고 깨어 있는 의식의 기능을 취하였음을 상기한다. 병적 상태로 몰락하는 와중의 "두 번째 자아"는 개체의 내적 수호신이었다. [이와 달리] 최면 상태에서의 "두 번째 자아"는 최면술사의 주체성이다.

헤겔에 따르면 최면 상태에서 환자의 의식적 주체성은 수면에서처럼 내적인 감정생활로 퇴각하지만, 이와 동시에 그는 자신이 외적 세계와 맺는 관계를 최면술사에게 양도한다. 환자의 대자 존재는 수동적인 것으로, 요컨대 느끼는 혼의 한갓된 형식적 주체성으로 되돌아간다. 태아와 마찬가지로 환자는 "자기 자신을 지탱"하지 못한다. 그는 자신보다 강력한 주체성에 "전적으로 열려 있고", 그에게 스며드는 최면술사의 수호신에 의해 "전율한다."[44] 일상적인 깨어 있는 관계에서 한 사람이 다른 사람과 맺는 관계와 달리 지배적인 주체성은 더 이상 "타자"의 성격을 띠지 않고 환자의 감정적 자아와 하나가 된다. 일상의 깨어 있는 생 속에서는 스스로를 소유하는 의식이 여러 가지 방식으로 다른 것과 통일될 수 있다. 통상적으로 이는 매개된 —— 이를테면 분담된 업무나 공통의 목표에 관한 요구로 매개된 —— 통일이며, 건강한 의식이 다른 것과 통일하는 와중에도 자신의 자유로운 자기 곁에 있는 존재를 간직하는 통일이다.[45] 그렇지만 환자와 최면술사의 관계에는 두 개체 중 하나가 자신의 능동적인 내자 존재를 양도하여 형식적 자아라는 더욱 낮은 태아와 같은 단계로 돌아가는 서로 뒤섞인 생이 존재한다. 헤겔은 환자의 수동적인 주체성이 "타자의 감각과 표상에

* * *

44. *PhM* 104/168, 114/183 이하.

45. 자립적인 자기의식의 이와 같은 자유로운 통일은 주인과 노예의 관계를 극복한 정치 체제라는 맥락 속에서만 가능하다. (*PhM* 176-177/279-280을 보라.)

서 자신의 충족을 얻으"며 "타자 안에서 역시 보고, 냄새 맡고, 맛보고, 읽으며, 듣는다."고 말한다.[46]

헤겔은 혼적 영역 일반은 물론이고 최면 현상에 관한 "새로운 연구"[47]를, 정신을 사변적으로 고찰하는 데 이바지하는 경험적 확증으로 간주한다. 헤겔은 실험으로 만들어질 수 있는 두 주체성의 서로 뒤섞인 생에서, 다시 말해 최면 상태 속에서 혼이 "참으로 비물질적인 것"으로, "모든 것을 관통하는, 실존하는 개념" —— 모든 구별은 개념 안에서의 구별이다 —— 으로 밝혀진다고 말한다. 최면 상태에서, 더 정확히 말하자면 직관 지의 여타 형식에서 단자적 주체성과 감정생활이라는 그 실체적 존재 간의 직접적인 감정적 통일은 근원적인 동일성으로 드러나는데, 이 동일성 속에서 의식 및 의식 내 주관과 객관의 매개된 관계는 처음으로 자기 분할로서 출현한다.

두 혼의 서로 뒤섞인 생이라는 헤겔의 개념은 철학 자체만큼이나 오래된 주제를 다루고,[48] 인간을 정신으로 파악하고자 하는 그의 노력에 중요한 요소이기도 하다. 현 차원에서 이루어지는 논의는 사랑이라는 인륜적 통일

• • •

46. *PhM* 104/178. 그러나 헤겔이 말하기를 "이러한 형식적 지각이 어떤 감각 또는 환영을 그 자신의 내면에서 받아들여 직관하고 앎으로 가져오는가, 혹은 어떤 감각 또는 환영을 그와 라포르에 있는 사람의 표상(Vorstellen)에서 받아들여 직관하고 앎으로 가져오는가 하는 것은 불분명하다."

47. 메스메어의 연구는 세기의 전환점에 있던 독일의 일부 학파에 상당한 수준의 흥분을 불러일으켰다. 헤겔은 물론이고, 피히테, 셸링, 나중에는 쇼펜하우어까지 많은 이가 "동물 자기 현상"에 큰 관심을 보였으며, 그 속에서 "정신적 질료"부터 항성적-지구적 힘에 이르는 많은 것을 보았다. [그러나] 이러한 고찰은 피히테와 마찬가지로 최면술을 의식의 아래에 깔려 있는 정신의 영역을 여는 것으로 본 헤겔(*PhM* 36/70 이하)에 의해 일축되었다. Willam Wallace가 자신이 편집한 *Hegel's Philosophy of Mind* (Oxford, 1894), pp. 123-131에 쓴 서장, "Anomolies of Psychical Life"를 보라.

48. 친구는 "또 다른 자기"이다. (『니코마코스 윤리학(*Nicomachean Ethics*)』 1166a30)

과 같은, 이후에 나타날 정신적 통일의 더욱 고차적인 형식에 대한 "자연적" 혹은 인간학적 기체를 제공한다.[49] 하지만 두 성인(成人)의 서로 뒤섞인 생은 자유로운 이성적 의식의 차원에서 몰락하는 전조이기도 하며, 하나의 주체성이 다른 주체성에 대해 자신의 힘을 과시하는 병적인 상태의 전조이기도 하다.[50] 그러므로 내적 수호신인 느끼는 자아에서와 마찬가지로 헤겔이 자연적인 혼의 통일(Seeleneinheit) 자체에서 보는 것은 혼의 고양이 아니라 그 지양된 존재(Aufgehobensein) 가운데에서만 자신의 정신적 성격을 획득하는 혼적 가능성이거니와, 이 지양된 존재는 인륜적 영역의 계기일 뿐더러 자유롭고 스스로를 소유하는 주체성이 갖는 매개적 관계의 계기이기도 하다.[51]

b. 자기감정

우리는 느끼는 혼이 그 개념상 자신의 감정생활에서만 대자적일 뿐 자신을 객관적인 외부 세계와 구별하지 못하는 단자적 주체성임을 기억한다. 이 개념의 첫 번째 계기, 다시 말해 자신의 직접성에 있는 느끼는 혼은 단자적 주체성이 감정적 총체성이라는 자신의 실체적 존재와의 무차별적인 통일성에 있음을 보여주었다. 이 최초의 계기에서 이루어지는 통일은 단순한 자기 관계의 통일이다. 주체성은 자기 자신의 유동적인 요소 안에서 대자적이다. 예컨대 꿈의 세계에서 주체성은 자신의 것이 아닌 어떤 힘에 의해 수동적으로 이끌린다. 하지만 헤겔은 이렇듯 한갓 형식적인

. . .

49. 자신의 자립성 가운데 있는 자기의식이 [다른 자기의식과] 통일하는 모순을 해소하는 것으로서 "사랑은 인륜적인 합일이다." (*PhR* 262/322)

50. 이러한 관계를 문학에서 찾자면, Dickens의 『데이비드 코퍼필드(*David Copperfield*)』에 나타난 Uriah Heep과 Mr. Wickfield의 관계를, 아니면 Thomas Mann의 『마리오와 마술사(*Mario and the Magician*)』를 들 수 있겠다.

51. Murray Greene, "Psyche and Polity in Hegel", *Man and World*, vol. 4, no. 3, fall 1971을 보라.

주체성이 "자신의 대자 존재를 동일한 개체성 안에서 자기 사신으로부터 주체성으로 고양하도록 규정"[52]되어 있다고 말한다. 느끼는 혼의 두 번째 계기에서 단자적 주체성은 그 자신을 특수한 방식으로 파악하고 또 자신의 대자 존재를 규정적인 내용 속에서 확증하는 데에로 나아간다. 헤겔은 이 계기를 "자기감정(Selbstgefühl)"이라고 명명한다.

자기감정은 느끼는 혼이 특수화(Besonderung)되는 계기이거니와, 그 안에서 부정성은 이제껏 혼의 발전에 등장했던 그 어느 단계보다도 강력하고 날카로운 형식으로 자신을 현상한다. 여기서 부정성은 모든 규정에 필연적인 "최초의 부정"이다.[53] 그에 따라 이 계기는 혼이 그 실체적 존재에 대한 통제력으로 자신을 실현하는 데 본질적이다. 그렇지만 특수한 유한한 주체성에게 부정성은 자아로 하여금 상호 외재적으로 갈라지게 하는 분열을 의미하기도 한다. 이는 정신착란(Verrücktheit)이라는 극단적인 형식으로 일어난다. 따라서 헤겔의 관점에서 정신착란은 혼이 이성적 의식의 자기 소유에 이르려면 거칠 수밖에 없는 해방 투쟁의 맥락에 있게 된다.

헤겔은 감정적 총체성이 개체성으로서 본질적으로 다음과 같다고 말한다. 감정적 총체성은 자신 안에서 스스로를 구별하며, 판단(Urteil)을 행하고자 자신 안에서 깨어 있고, 이 판단을 통해 특수한 감정을 품을뿐더러 이와 같은 자신의 규정들에 대한 관계 속에서 주체로 존재한다는 것이다. 헤겔은 주체 자체가 자기 안에 있는 이들 규정을 자신의 감정으로 정립한다고 말한다. 주체는 자신의 감정이라는 이러한 특수성(Besonderheit)으로 몰입하는(versenkt) 동시에 특수한 것에 대한 관념성을 통해 주관적인 것인 자기 자신과 "결합한다." 헤겔이 말하기를 이러한 방식으로 주체는 자기감정이 되는데, 이는 특수한 감정 가운데에서만 가능한 일이다.[54]

• • •

52. *PhM* 95/156.

53. 이 책, p. 69 이하를 보라.

54. *PhM* 122/195.

여기서 헤겔이 느끼는 혼의 두 번째 계기를 그것의 개념 그대로 제시하였기에 그의 설명은 우리가 이전 계기로부터의 필연적인 — 논리적이기도 하고 정신적이기도 한 — 진전에 주목하여 헤겔이 의도한 바를 이해하는 데 도움을 줄 것이다. 우리는 느끼는 혼의 판단 자체에서 단자적 개체성이 "주어 일반"이요, "혼의 객관은 그 실체적 존재이자 술어"이기도 했음을 상기한다.[55] 직접성이라는 이전 계기에서 주어와 술어는 단자적 개체성이 추상적 총체성인 자신의 감정생활 가운데에서 그 대자 존재를 갖는 단순한 자기 관계에 있었다. 이러한 직접적 동일성의 차원에 있을 때 주어는 술어 내에서 규정적이지 못한 채 술어와의 무차별적인 통일성을 이룰 뿐이다. 이 때문에 판단은 동어반복이다. 주체성이 "자기 자신으로서" 대자적인 것이 되는 그 어떤 특수한 내용도 지니지 못하는 한갓 "형식적"인 것인 까닭은 바로 이러한 이유에서이다. 사변적 관점에 따르면 그러한 추상적 동일성은 그 자체 모순이며, 이는 논리학에서뿐 아니라 구체적인 정신의 영역에서도 그러하다.[56] 혼은 그 대자 존재가 추상적인 자기동일성이나 "형식적" 주체성의 형식에 있을 때 자신의 개념에 대한 모순에 처한다.[57]

• • •

55. 이 책, p. 168을 보라.

56. 단자적인 느끼는 혼의 직접적 통일 속에서 "혼은 이미 즉자적으로 모순이라는 사실, 즉 개체적이고 개별적이지만 동시에 그 실체인 보편적 자연 혼과 직접적으로 동일하다고 하는 모순이라는 사실에 포함되어 있다. 혼에 모순되는 동일성의 형식으로 현존하는 이러한 대립은 대립으로서, 모순으로서 정립되어야 한다." (*PhM* 125/199) 헤겔에 따르면 논리학에서 A = A라는 명제는 추상적인 지성 법칙 외의 다른 것이 아니다. "[그렇지만 다른 한편으로] 명제적 형식은 추상적 지성 법칙과 모순을 일으킨다. 명제는 언제나 주어와 술어의 구별을 약속하기 때문이다. 하지만 술어는 지성의 형식이 요구하는 바를 충족하지 못한다." (*L* 213-14/200; *SL* 415도 보라.)

57. 자아의 더 높은 차원도 이와 유사한데, 헤겔은 "나는 나"라는 말도 자아가 자기 자신으로부터 스스로를 구별하는 판단이라고 말한다. (이 책, p. 57을 보라.) 그러나 추상적인 자기 구별의 형식 외에 주어와 술어를 구별할 것이 없을 때에는, "구별은 존재하지 않으며, [이때] 자기의식이란 자아는 자아이고 나는 나라고 하는 아무런 운동 없는 동어반복일 따름이다."라고 헤겔은 언급한다. (*Phen.* 219/1권 211; *PhM*

그렇기 때문에 개념에 따른 본질적인 본성을 의미하는 혼의 "운명"은 정신으로서 구체적인 대자 존재가 되고자 자신의 규정을 "대자적인 것"으로 "정립"하는 것이다. 말하자면 꿈꾸고 예감하는(ahnende) 주체성에 의해 취해지고 또 즉자적인 혼에 의해 혼 자신의 것으로 "정립"된 규정들은, 혼이 이제는 특수한 감정, 충동, 정념의 형식에서 겪는 감정생활의 규정이다. 이러한 까닭에 혼이 자신의 만족이나 불만족을 얻는 것[58]은 특수한 것의 "관념화"에 달려 있으며, 이 관념화를 거쳐 혼은 특수한 것 가운데에서 스스로와 "결합"하여 "자기감정이 된다."

그렇지만 이 두 번째 계기에서 자아가 특수한 감정 안에서만(nur im besondern Gefühl) 자기 자신과 결합하는 일은 일회적인 사건, 아니, 일회적인 사건의 거듭되는 반복에 불과하다. 주어가 자신의 술어인 특수한 것 속에서 스스로에게 귀환하는 것은 아직 그 보편성 속에서 이루어지지 않았다. 관념화는 "최초의 부정"일 따름이고, 자기 자신을 향한 주관의 귀환은 여전히 분리로 물들어 있다. 논리적으로 이 상황은 "위"무한이나 "악"무한만을 낳을 것이다.[59]

헤겔에 따르면 한 사람이 어떤 특정한 업종이나 직업에서 자신의 개별적인 능력을 실현하는 건 대단히 필연적이다.[60] 어떤 사람이 "인격"으로서 가진 의지가 소유라는 외재적이고 그저 존재하는(seiende) 형식으로 그 자신에게 객관적인 것이 되는 것,[61] 또한 사랑에 대한 그의 필요가 다른

● ● ●

153 이하도 보라.)

58. 이 책, p. 182를 보라.

59. 이 책, p. 87, 41번 각주를 보라.

60. *PhR* 133/384. "인간은 자신이 현실적인 것이 되기를 바란다면 거기에-또-그때에-존재해야 하며, 그가 자신에게 설정하는 제한은 이러한 목적에 대한 것이어야 한다. 유한한 것을 지나치게 의식하는 이들은 결코 현실성에 이를 수 없고 추상적인 것 속에서 지체하여 자신의 빛을 소멸시킬 것이다." (*L* 173)

61. "인격이 이념으로 존재하려면 그의 자유를 누릴 수 있는 외적 영역을 마련해야만

사람에 대한 사랑으로만 충족된다는 것은 필연적이다. 오로지 특수한 것을 통해서만 그는 자기 자신과 구체적 보편성으로서 결합할 수 있다. 그러나 그가 특수한 것에 "빠져" 있다면 혹은 그 만족이 자신의 특수성 속에서 "매개되지 않"거나 지양되지 않은 채로 남아 있다면, 특수한 것에서의 결합은 본래적인 보편성에서 이루어지는 자아의 참된 구체화가 아니라 자기 외재성의 형식만을 의미한다. 이러한 경우에 특수한 것은 "단적으로 긍정적인 것"에 머물며, 그 때문에 "최초이자 직접적인 부정"은 새로운 특수성 속에서 그 자신을 끝없이 재생성할 필요가 있게 된다.[62]

혼으로 하여금 "최초의 부정"이라는 특수성에 "사로잡히게" 하는 혼의 필연적인 특수화인 자기감정 개념은 정신착란을 "자기 자신을 부정하면서도 자신의 곁에 존재하는 것"[63]으로 보는 헤겔의 설명에 대한 근거가 된다.

• • •

한다." (*PhR* 40/131)

62. 이러한 종류의 악무한에 대한 나무랄 데 없는 묘사는 문학에서 찾아볼 수 있다. 발자크의 「고브세크(*Gobseck*)」에서 모든 새로운 수입은 또 다른 수입에 대한 욕구를 자극한다. 돈에 대한 수전노의 광기와 유사한 악무한의 또 다른 사례로는 톨스토이의 「인간에게는 얼마만큼의 땅이 필요한가」에서 볼 수 있는 땅에 대한 광기, "스페인에서만 천하고도 세 명(mille e tre)"의 여성을 농락한 돈 지오반니, 잡다한 물건들을 쌓아두어 집이 미로처럼 되어버린 은둔자의 소유에 대한 집착을 들 수 있겠다. 특수한 열망은 자신의 전체성으로 존재하는 개인을 점유하며, 이에 보편성으로서의 자아는 스스로를 자신의 일부분으로 환원한다. 특수한 것으로의 몰입(Versenktsein)은 괴테의 「젊은 베르테르의 슬픔」에서처럼 특수한 정념이 충족되지 않았을 때 자아 전체를 시들게 하거나 디킨스의 「위대한 유산」에 나온 미스 하비샴처럼 버림받은 경험에 얽매이는 등 여러 형식을 취할 수 있다.

특수한 것의 특징이 되는 "직접성의 형식"과 관련하여 헤겔은 이렇게 말한다. "그것은 그 아래에 어떤 것이 들어오더라도 일면적인 것으로 만들고 이러한 까닭에 유한한 것으로 만드는 범주의 본질적인 일면성이다. 첫째로 그것은 특수한 것에 대해 외재적인 추상성과 다름없는 일반적인 것을 만든다. …… 둘째로 그것은 특수한 것에 자립적이거나 자기중심적인 존재라는 성격을 부여한다. 하지만 그와 같은 술어들은 외부에 있는 무언가와 연관하는 특수한 것의 본질에 모순된다. 직접성의 형식에서는 유한한 것이 절대적인 것으로 정립된다." (*L* 136-137/151-152)

헤겔은 정신착란을 단순히 비정상적인 현상이 아니라 자기감정 개념이라는 관점에서 고찰할 것을, 곧 객관적 의식을 향하는 혼의 발전 가운데 있는 하나의 계기로 고찰할 것을 제안한다.[64] 그러면서 그는 정신착란을 객관적 의식에서의 몰락으로 간주하기에 객관적 의식이 정신착란에 관한 논의 속에서 "예견"될 필요가 있다고도 본다.[65] 그런데 정신착란을 의식을 향한 운동인 동시에 의식으로부터의 몰락으로 고찰하는 일은 어떻게 가능한가? 정신착란에 관한 헤겔의 개념을 이해하려면 우리는 사변적 방법 고유의 특징을 떠올릴 필요가 있다.

주관정신의 사변적 발전은 시간적 발생이 아니라 개념적 발생이다.[66] 정신에 관한 사변적 고찰은 정신이 추상적이고 불완전하기에 "참되지 못한" 형식으로부터, 구체적이고 현실적이기에 참된 형식으로 이행하는 발전을 보여준다. 헤겔은 객관정신이라는 이후의 차원에서도 이와 유사한 진행이 이루어진다고 한다.[67] 일례로 법철학에서 우리는 시민사회가 현존하려면 행정과 정의 등의 위력을 지닌 국가의 실존이 요구된다는 것을 무척

• • •

63. *PhM* 126/201.

64. 우리가 주목했던 것처럼 칸트는 자신의 인간학에서 혼에서 의식으로 나아가는 발전의 필연성을 논증하지 않는다. 헤겔과 달리 그는 정신착란을 그 전체성에 있는 주체성의 질병으로 고찰하지 않는다. 그는 여러 형식의 정신착란을 판단과 같은 각각의 정신적 기능이 잘못 작동하는 것으로 본다. (*APH* 202/123 이하를 보라.) 그렇지만 칸트는 착란 상태에 있는 정신의 능력들조차 체계로 조직되며, 비이성적인 상태(Unvernunft)에서도 [인식의] 본성이 능력들 내에서 결합(Verbindung)의 원리를 성취하려 한다고 말하거니와, 이러한 와중에 사유 능력은 사물에 관한 참된 인식을 산출하는 객관적인 방식으로는 작동하지 않을지언정 동물적 생을 대변하는 한갓 주관적인 인식을 산출하는 비능동적인 것에 머무르지도 않는다. (*APH* 216/142)

65. "정신착란을 고찰할 경우 마찬가지로 성숙하고 지성적인 의식이 선취되어야 한다. 그런데 이러한 주체는 동시에 자기감정의 자연적 자기이다." (*PhM* 123/196)

66. 이 책, p. 12를 보라.

67. *PhM* 130/206.

잘 알고 있음에도 국가에 앞서 시민사회를 다룬다.[68] 법의 불완전하고 추상적인 형식인 시민사회가 완전하고 현실적인 개념인 국가에 선행하는 것이다. 이러한 순서는 논리적인 것이지 시간적인 것이 아니다.[69] 더욱 분명히 말하자면 헤겔은 주관정신론에서 정신착란이 맡은 역할을 객관정신론에서 범죄에 주어진 역할에 비교한다. 물론 그렇다고 해서 모든 개체가 극단적인 자기 소외의 조건을 겪어야 한다거나 범죄라는 양상을 거쳐야 한다는 말은 아닌데, 법 개념에서 범죄란 도덕성에 선행하여 있는 의지가 현상하는 필연적인 형식이기 때문이다. 범죄와 정신착란은 모든 개인에게 늘 극단적인 수준으로 존재하지 않으며, 기행이나 일시적인 자기 상실 혹은 범의 없는 과실 같은 형태로만 나타난다. 질문을 하나 던져보자. 책임감 있는 사람은 어떻게 하여 범죄를 저지르게 되는가? 헤겔은 도덕적으로 책임감 있는 자아가 자연적 자기를 극복하는 가운데 최초로 출현한다고 고수—— 사실을 간과한다는 의미에서 고수—— 한다.[70] 이와 유사하게 객관적 의식의 출현 속에서 이루어지는 감정적 주체성의 자기 극복은 자신의 단자적 내용으로 하여금 객관성이라는 보다 고차적인 형식을 획득하도록 "몰아대는" 힘과 자기 소유가 자아에게 주어져 있음을 의미한다.

스스로를 소유하는 주체성은 객관적 의식으로서 자신의 개체적 세계를 지배하는 수호신이다.[71] 보통 특정한 감정, 욕망, 정념 등의 특수한 내용은 질서 잡힌 전체 안에 포섭되고 또 개체의 구체적 현실성을 구성하는 전체와

* * *

68. *PhR* 122/356 이하.

69. *PhR* 35/116-117, 233.

70. 헤겔은 정신에 관한 사변적 고찰과 관련하여 적절한 의문이란 다음과 같은 것이어야 한다고 말한다. "자신의 내면성에 갇혀 있는 혼, 즉 그 개체적 세계와 직접적으로 동일한 혼은, 어떻게 하여 주관적인 것과 객관적인 것의 한갓 형식적이고 공허한 구별에서 벗어나 이 양 측면의 현실적 구별에 이르며 또한 어떻게 참으로 객관적이고 지성적이며 이성적인 의식에 도달하는가?" (*PhM* 129-130/206)

71. 이 책, p. 173을 보라.

일치하는 방법으로 경험된다. 어떤 이가 분노에 사로잡혀 "자기 외[제정신이 아닌]" 상태가 되거나 아니면 우리가 격노라고 부르곤 하는 그러한 고집에 갇혀 일면적인 관점에 집착할 때, 실로 [헤겔의] 이러한 주장은 사실이 아닌 듯 보인다. [그의 말이 맞다면] 어떻게 미친 사람이 있을 수 있겠는가? 게다가 어디부터가 기행이나 극단적인 고집이고 어디부터가 정신착란의 형식인지 선을 긋는 일조차 쉽지 않을 때도 잦다. [아무튼] 헤겔에 따르면 정신착란에 관한 본질적인 고찰은 감정적 특수성이 주체성에 대하여 주관의 신체성에 뿌리박힌 고정성의 형식을 취하였다는 데 있다. 특수성은 이성적 자아의 심신 관계에 담긴 유동적인 총체성이라는 매개에 반항하는, 존재하기만 하는 것(Seiendes)의 직접성을 띤다.[72]

감정적 특수성이 이렇게 자신의 자체 존재를 확립한다는 사실은 지배하는 자아가 그 통치권을 상실하였음을 뜻한다. 스스로를 소유하는 의식이 감정이라는 특수한 내용을 관통하는 관념성이기를 그칠 때, 통제하는 이성적 자아에 의해 "숨겨진 채 억제되어 왔던" "이러한 세속적인 것"이 출현한다고 헤겔은 말한다.[73] 풀려난 내용은 자연적 상태의 내용, 말하자면 허영, 자만, 증오를 위시한 여러 정념 같은 자기 본위적 충동을 말한다. 그러니 헤겔에게 정신착란이란 정신의 추상적이고 "참되지 못한" 차원으로의 몰락일 뿐만 아니라 더욱 기초적인 차원으로의 몰락이기도 하다. 그럼에도 그 본질적 개념을 담고 있는 가장 완전한 형식에서 정신착란은 정신의 "분열됨(Zerissenheit)"이니, 그 속에서 자아는 자신의 분리 상태를 인식하게 된다. 여기서 정신착란은 보다 높은 자아가 낮은 자아로 단순히 몰락하는 것이 아니라, 높은 자아와 낮은 자아가 모순이라는 가장 깊은 고통

. . .

72. "그저 존재할 뿐이라고(seiend) 규정된 정신은 그러한 존재(Sein)가 해소되지 않고 (unaufgelöst) 정신의 의식 속에 있는 한, 병적이다." (*PhM* 124/197; 이 책, p. 34, 22번 각주도 보라.)

73. "참주 정치적"인 혼에 관한 플라톤의 논의를 참조하라. (『국가(*Republic*)』, 571 이하.)

속에서 조우하고 갈등하는 것이다. 헤겔에 따르면 정신착란과 병적인 마술적 관계의 형식을 구별짓는 점은 이러한 고통과 모순이다.

우리가 보았던 것처럼 다양한 형식을 취하는 몽유병은 객관적 의식[의 차원]으로부터 느끼는 혼이라는 단자적 차원으로 떨어지는 몰락으로 불린다. 하지만 헤겔에 따르면 몽유병에서의 몰락은 정신착란에서의 몰락과 같은 의미가 아니다. 몽유병에서의 몰락은 깨어 있는 의식으로부터 몰락하는 것이지만 정신착란에서의 몰락은 그렇지 않다. 미친 사람은 "깨어 있다." 이러한 이유로 몽유병에서의 몰락이 분리(Trennung)에 그치는 반면 정신착란에서의 몰락은 분열(Entzweiung)을 그 본성으로 한다. 몽유병에서는, 깨어 있는 주체성이 객관적 세계와 맺는 "매개적" 통일로부터 꿈꾸는 주체성이 내적인 감정생활이라는 자신의 실체성과 맺는 "직접적" 통일로의 퇴각이 존재한다. 혼적인 것과 깨어 있는 주체성은 다른 차원에 있는데, 그 둘의 관계는 명백한 대립이나 모순이라기보다는 상이성(Verschiedenheit)이라 할 것이다. 잠들어 있음과 깨어 있음, 공상과 집중, 최면 상태와 자기 소유가 교차하는 것과 마찬가지로, 예감하는 주체성은 깨어 있는 주체성과 교차할 수 있다. 몽유병의 내용은 자아의 깨어 있는 활동 속에서는 자신의 존립을 대자적으로 지속하지 못한다. 최면 상태에서 회복하는 와중에 환자는 자신의 실체적 존재에 대한 직접적 관계 및 최면술사와의 혼적인 서로 뒤섞인 생에서 한꺼번에 회복한다. 환자는 자신의 직관 지가 진리라고 고수하지 않을 것이고, 실로 그가 최면 상태 가운데 말한 바를 기억조차 못 할 것이다.

다른 한편 감정생활로부터 비롯한 내용은 정신착란에서 "객관적" 지위를 부여받는다. 여기서 헤겔은 "꿈이 깨어 있음 자체 내부에 해당한다."고 말한다.[74] 몽유병에서 예감이었던 것은 정신착란에서는 "현실적인 자기감

• • •

74. *PhM* 123/197. 칸트 역시 깨어 있는 와중의 악몽(Träumen im Wachen, 백일몽)(*APH* 161/66)을 말하지만 헤겔과 달리 몽유병 상태에 있는 주체성을 정신착란에 빠진

정에 귀속한다." 미친 사람은 최면 상태에 있지도, 졸고 있지도 않다. 헤겔에 따르면 정신착란의 "분열"은 "두 개의 인격"이 "하나이자 동일한 상태"에 있음으로써 성립한다. 형식적으로 볼 때 착란된 주관은 객관성의 차원에 있다. 주체성은 스스로를 장차 객관적 의식이 될 자신의 내용에 관계시킨다. [그러나] 이성적 의식의 총체적 연관(Zusammenhang) 속에서 매개되지 않고 또 인과관계 같은 객관적 범주에 의해 구성되지 않았기에 내용은 참되게 객관적이지 않다고 헤겔은 말한다. [이 때문에 정신착란 상태에 있는 주체성이 지닌] 내용은 자의적이고 우연적인 연관과 더불어 단자적인 감정생활로부터 생겨난 내용이나, 그 자체 "객관적으로" 타당한 것이라 주장되기도 한다.[75]

헤겔에 따르면 이와 같은 모순으로 말미암아 사변적 고찰에서 정신착란은 혼이 마술적 관계에 있는 직접성 및 몽유병의 형식을 넘어 발전하는 것을 그 특징으로 한다. 자아의 상호 외재 존재인 정신착란이 병적 상태인 것은 맞지만 정신착란은 혼이 단자적인 감정적 혼이라는 자신의 자연적 존재와 이루었던 추상적 동일성으로부터 벗어나는 해방 투쟁의 일부로도 고찰되어야 한다. 특수한 내용을 자기 자신의 것으로 정립하는 일은 혼이 감정생활의 유동적인 전체성으로부터 그 내용을 구별하는 일과 같다. 이러한 정립 속에서 혼은 자신의 실체적 존재로 있는 그 자신과 부정적으로 관계한다. 특수한 것 안에서 자기 자신과 결합하는 일은 주체성과 실체의 추상적 동일성에 다름 아닌 자기 자신으로부터 떨어져 나오는 바이기도 하다. 자기 폐쇄적 단자인 그 실체성과의 이러한 분리야말로 참된 객관성의 도래를 향한 발걸음이다. 그렇지만 "최초의 부정"으로서 특수한 내용은 한갓 존재하는 것이라는 "형식적으로" 객관적인 성격만을 지닐 뿐, 아직 참으로 객관적인 내용을 지닌 총체적인 상호 연관성에 있는 계기로는 지양

• • •
주체성과 명시적으로 대비하지는 않는다.

75. 칸트의 *APH* 219/146을 참조할 것.

되지 못하였다. 특수한 내용은 착란된 주관성에게서 확고히 "자리를 잡은 (thereness)" 고정된 표상(idée fixe)이라는 추상적인 의미를 벗어나지 못하는 "객관성"이다. 따라서 고집이 결의의 흉내에 그치는 것처럼 특수한 내용은 참된 객관성의 흉내에 그친다.[76]

착란된 주체에 의해 정립된 내용에 처한 주관은 "그 자신의 부정적인 것 가운데에서 자기 자신과" 존재하는데, "심정의 이기적 규정들, 즉 허영, 자만 및 다른 욕정들과 상상, 희망, 주체의 애증 등"이 그 자신의 "악한 수호신"에 다름 아니기 때문이다.[77] 이에 따라 정신착란은 통일이자 대립이요, 자아와 그 자신과의 통일이자 그 유동적 총체성에 있는 자아의 상호 외재 존재이기도 하다. 이것이 자기 소외의 변증법적 의미이다. 자기 소외란 자아의 추상적 상실이 아니라 정신의 자기 곁에 있는 존재(Beisichsein)와 개념상 직접적으로 모순되는 형식으로 존재하는 자기 내 존재이다.

헤겔에 따르면 객관적 의식에서 주관과 객관의 동일성 및 대립은 매개된 관계이다. 의식의 자아는 물론이요 자아에게 알려진 내용이라는 두 측면 모두 보편적인 것의 차원으로 고양된다. 그렇지만 정신착란에서 특수한 내용은 "나에게 대상화(mir gegenständlich)"되어 있는 것, 즉 직접적이고 일면적으로 주관적인 "대상성"이다. 헤겔이 말하기를 나 자신을 이성적 사유의 차원으로 고양하려면 나는 그 직접성에 있는 내용으로부터 나 자신을 단절하고, 그것을 나 자신에게 대립시켜(mir gegenüberstellen), 이러한 방식으로 거리를 두어야, 말하자면 무관심하게 바라보아야 한다. 내용을 최초로 대상화(gegenständlich)하는 이러한 대립성(Gegenüberstellen)은 주체성의 측면에 특정한 자기 지배를, 다시 말해 감정적 특수성으로서의

● ● ●

76. 이 책, p. 118을 보라.
77. *PhM* 124/197. 헤겔은 "정신착란에서 견뎌낸 부정적인 것" 속에서는 "감각적 의식만 이 재발견될 뿐 지성적 의식이나 이성적 의식은 재발견되지 않는다."고 말한다. (*PhM* 127/202)

자기 자신으로부터 해방될 것을 요구한다. 특수한 것 속에 있는 나 자신에게 위력을 행사할 수 있을 때에야 나는 내용에서 자유로워져 보편성에 이를 수 있다. 그제야 나는 "타자 안에서 나 자신을" 보편적인 것에 대해 보편적인 것으로 발견한다.

정신착란에서, 존재할 수도 존재하지 않을 수도 있는 한갓 우연적인 것은 주관의 즉자적 보편성을 가로막는 단자적 자아의 내적 충동에서 비롯한 필연성에 사로잡히고 뒤덮인다. 착란된 사람은 감정의 고립된 내용인 자신의 상상을 직접적으로 현존하여 부인할 수 없는 것으로 보아 그것에 집착한다. 이렇듯 한갓된 주관적인 표상 속에서 그는 자기 자신에 대한 확신을 확보한다. 그의 전 존재는 그러한 표상에 매달려 있다. 그는 다른 방식으로는 자신의 존재를 확증하지 못한다. 그는 고정된 표상을 자기의식의 유동적 총체성에서 해산하지도 해소하지도 못한다.

헤겔은 정신착란을 수동 이성(Nous pathetikos)으로서의 정신, 즉 존재하는 모든 가능성이라는 관점에서 고찰한다. 이러한 추상적 가능성은 인간이 유한한 정신으로서 갖는 영광이자 약점이다. 고통과 마찬가지로 정신착란은 헤겔에게 "특권"으로 파악된다. 인간만이 "나"의 그러한 완전한 추상화 속에서 스스로를 파악할 수 있으며, 이 추상화는 그것이 정신착란의 가능성에 대한 조건인 만큼 객관적 의식의 가능성에 대한 조건이기도 하다. 고정된 표상은 한갓된 가능성에 정초한 추상적 상상에 불과하다. 그 자신에 관하여 무엇을 느끼건 간에 동물은 지금 자신이 존재하는 바와 다른 어떠한 것이 될 수 있는 가능성을 향유하지 못한다. [이와 달리 인간의 경우] 인간 자체가 왕이 될 수 있는 이유로 말미암아, 내가 왕이라고 하는 주장은 이 특정한 인간인 나 또한 왕이라고 하는 무규정적인 가능성 외의 다른 근거를 두지 않는다. 따라서 내가 나의 구체적 현실성과 어긋나는 나 자신을 상상할 수 있다는 사실은, "우선 내가 철저히 추상적이고 완전히 무규정적이며 모든 임의적인 내용에 열려 있는 '나'"[78]라는 데 그 근거를 둔다고 헤겔은 말한다. 정신착란에서의 몰락은 이러한 "무기력하고 수동적이며 추상적인 자아"에 대해 일어나며, 이러한 자아는 "그의 모든 표상에서 자기 스스로 완전히 현재하는 상태에 머물러 있을 수 있는" 자신의 권리를 박탈당하여, 자아에게 고정성의 성격을 띠는 감정의 자의적인 내용에 열려 있다.

정신착란에서의 몰락은 감정생활을 향하지만 이때 주체성은 깨어 있는 상태에 있기 때문에 헤겔에 따르면 정신착란은 자아의 두 차원 "내"에서 이루어지는 모순일 뿐 아니라 두 차원 "사이"의 모순이기도 하다. 감정의 특수성에 "몰입된 것"인 정신착란은 주관이 자연적 존재로서 갖는 유동적 실체성을 방해하는 것이다. 깨어 있는 의식이 지니는 "매개의 총체성"에 반하는 고정된 표상에 집착하는 정신착란은, 이성적인 자아가 보편적인 것에 대해 보편적인 것인 객관 세계와 맺는 관계와의 모순에 처해 있다. 질병 일반에 관한 그의 개념을 따를 때 헤겔은 정신착란을 정신의 질병이자 신체의 질병으로 보아야 한다고 강조한다. 보편성인 자아는 자기감정의 특수성을 고집하는 한 질병에 걸릴 수 있으며, 이러한 특수성은 관념성으로 "가공될(Verarbeiten)" 수 없거니와 그러한 이유로 극복될 수도 없다.[79] 이러한 방식을 통해 감정의 특수성은 한갓 확증적이거나 긍정적인 존재하는 것의 형식을 획득하였는데, 자연적 혼의 차원에서 이러한 형식은 신체화를 의미한다.[80] 신체화된 특수한 감정은 그 자아의 보편성에 있는 혼에게 고정된 장벽이나 제한이 된다.

헤겔은 정신적 질병의 주요 형식을 정신착란의 개념에 따라 고찰할 것을 제안한다. 다시 말해 정신적 질병을, 주관성이 자기감정의 특수성에 사로잡히는(Befangenheit) 바람에 유동적인 유기적 실체성에도 반하고 객관적 의식의 매개된 총체성에도 반하는 "고정된 존재(festes Sein)"를 획득

• • •

78. *PhM* 128/204.

79. *PhM* 122-123/196.

80. 이 책, p. 139를 보라.

한 것으로서 고찰해야 한다는 말이다. 헤겔이 주장하기를 이렇게 고찰한다면 다양한 정신적 질병은 환자의 "자기 내 몰입 존재(In-sich-versunken-sein)"라는 개념의 제 계기에 속하는 것으로 분류된다.[81] 첫 번째 부류에는 가장 일반적인 측면에서의 정신적 질환, 즉 자기 자신 속으로의 "전적으로 무규정적인" 몰입을 드러내는 질병이 속한다. 두 번째 부류는 자기 자신 속으로의 몰입이 특수한 망상의 형식에서 분절화된 내용을 획득하는 질병을 가리킨다. 세 번째 부류는 비실재적인 내용이 환자 자신에게 명백히 나타나는 질병을 포함하는데, 이 부류의 환자는 자신의 주관적인 상상을 그 객관적인 의식과 비교함으로써 "자기 자신과의 모순에 관한 불행한 감정에 도달한다." 헤겔이 말하기를 여기서 우리는 환자가 자기 자신 안의 "분열된 느낌"을 해소하여 자신과의 통일을 회복하려는 필사적인 추구 가운데 있음을 본다.[82]

헤겔은 첫 번째 부류에 백치 및 (크레틴병과 정신박약 등) 그와 관계된 병을 포함시키고, 이 질병들은 정도의 차이는 있을지언정 혼의 우둔함이나 "폐쇄성(Unaufgeschlossenheit)"을 드러내거니와, 선천적인 것일 수도 후천적인 것일 수도 있으며 혹은 마비 상태를 야기하는 과잉의 결과로 일어나기도 한다. 자기 자신 속으로의 무규정적인 몰입에 해당하는 또 다른 형식은

• • •

81. 헤겔은 정신착란의 형식을 "필연적이고 그런 한에서 이성적인 방식"(*PhM* 131/208)으로 구별해야 한다고 말하지만, 여기서 그러한 추론(Schluss)의 엄격함이 명시적으로 내세워지지는 않는다.

82. 물론 헤겔이 환자가 세 주요 형식을 모두 겪어야 한다든가 정신적 질병이 이러한 과정을 [무조건] 따른다고 말하는 것은 아니다. 그의 분류는 원인론적이라기보다는 논리적이다. 정신착란의 특정한 유형들에 대한 헤겔의 논의는 그의 시도가 명백히 경험적이고 대체로 우연적인 소재를 개념의 흐름에 따라 증명하려는 의도에서 비롯한 것임을 나타낸다. 그럼에도 우리는 그러한 논의가 인간학에서 그가 주된 목표로 두는 바에 비해서는 부수적임을 알아두어야 한다. 이어지는 논의에서 우리는 많은 세부사항을 생략할 것인데, 그것들 중 일부는 마술적 관계에서와 마찬가지로 [오늘날] 받아들여질 만한 것으로는 간주되기 어렵기 때문이다.

헤겔이 "방심(Zerstreutheit)"이라고 부르는, 직접적으로 현존하는 것에 대한 무의식에서 찾아볼 수 있다. 헤겔은 이것이 더욱 심각한 질병의 발병을 나타내는 표지라고 말한다. 어떠한 지적인 문제에 전적으로 집중할 때 그렇듯이 이 형식 속에는 "심오한 명상"이 존재하고, 그 명상에 빠져 있던 개체가 평범한 현실로 돌아오려면 어느 정도의 강제가 필요하다.[83] 그렇지만 방심 자체는 "전적으로 추상적인 자기감정에 빠져드는 것"이며, 거기서는 정신의 부재가 너무도 강력하여 개체는 자신의 상상을 그의 실제적 상황이라는 요소와 혼동한다. 내적 몰두의 이러한 형식에 반하여 개체가 외부 사물에 전적으로 사로잡힌 것 같은 "산만(Faselei)"도 존재한다. 그러나 사실 하나의 사물에서 다른 사물로 끊임없이 오가는 그의 모습은 어떠한 것에 주어져야 마땅한 정도의 충분한 관심을 기울일 수 있는 능력이 그에게 결여한다는 것을 폭로한다.[84] 이렇게 하여 이상의 첫 번째 부류에서 우리는 원인의 측면에서도 본질적으로 다른 것임이 분명하고 증상의 측면에서도 대립하는 것 같을지언정 공통의 퇴행적 경향을 함유하는 이유로 "무규정적인 자기 내 몰입 존재(In-sich-versunkensein)"라는 첫 번째 계기에 포함되는 게 정당하다고 말할 만한 질병들을 헤겔이 어떻게 파악하였는지를 본다.

헤겔에 따르면 두 번째의 주요 부류에는 주관이 자기 안으로 몰락하여 고정된 표상과 같은 규정적인 내용의 형식을 획득하는 질병이 해당한다. 그렇듯 고정된 표상들은 대체로 자신의 현실성이 불만족스러운 개체가 자기 자신을 닫고 자신의 허영, 자만, 질투를 위시한 여타의 정념에 일치하는 거짓의 세계를 지어내는 우매함(Narrheit) 속에서 대부분 발생한다. 헤겔

• • •

83. 헤겔은 심오한 명상의 예로 아르키메데스의 사례를 인용한다. 발자크의 「루이 랑베르(*Louis Lambert*)」(1832)에서 우리는 내적 명상에 전적으로 전념한 나머지 결국에는 일종의 신적인 정신박약으로 그 자신을 환원한 (고양한?) 어떤 천재를 다룬 탁월한 묘사를 볼 수 있다.

84. 이 책, p. 117에서 이루어진 "기질"에 관한 논의를 보라.

에 따르면 우매함의 가장 추상적인 형식은 삶에 대한 싫증으로, 경향과 비경향 사이에서의 동요로, 모든 사물에 대한 혐오라는 고정된 표상에 사로잡히는 것으로 나타나곤 한다. 이렇게 일반적인 염세(Lebensüberdruss)와 대조적으로 주관이 특수한 내용에 열정적인 관심을 기울이는 종류의 우매함도 존재한다. 그것은 한 인간으로 하여금 자기 자신에 대한 통제력을 잃게 하는 특수한 정념, 이를테면 어떤 사람이 스스로를 신이나 왕이라고 주장하는 것과 직접적으로 관계한다. 그러한 우매함은 한 바보가 자신을 개라고 주장하거나 자신의 몸에 마차가 들어 있다고 하는 등의 완전한 자의성을 나타내기도 한다. 여기서는 어떠한 경우에도 환자가 자신의 고정된 표상과 객관적 의식 사이의 모순 때문에 문제를 겪는 일은 없다.

이러한 분류를 통해 헤겔은 자기 내 몰입의 두 번째 계기를, 자아가 자기 자신 및 그 내용을 보편적인 것으로 형성할 수 있는 힘을 지니는 것으로, 그러나 오로지 일면적인 주관적 방식으로만 그러할 수 있는 것으로 증명하고자 한다. 염세에 빠진 주관은 모든 특수성을 혐오스러운 바로 받아들이고 스스로를 자신에 대해 추상적으로 유지함으로써 특수한 것을 부정한다. 자아의 보편성은 확립되지만, 특수한 것 안에서 또 특수한 것을 통하여 자기 자신을 구체적으로 보편적인 것으로서 실현하기를 불가능하게 만드는 추상적 일면성 속에서 그 보편성은 "증발"될 따름이다.[85] 이 일면성은 자아의 자기 내 몰입에 표면적으로 대립하는 형식을 대응물로 삼는다. 자아는 자신의 전 존재를 특수한 것에서 찾는다. 환자가 특수한 정념으로 몰입하는 것은 그 자신을 거짓 보편성으로 뒤덮은 특수한 것으로 환원하는 일이다. "내가 왕이다."라는 환자의 말은 사실상 "나, 즉 이러한

• • •

85. 그 당대의 문학적-철학적 이상인 "아름다운 영혼"을 논하며 헤겔은 이렇게 말한다. "아름다운 영혼(schöne Seele)은 자신의 순수 자아와 필연성 —— 자신을 외화시켜 현실적인 것으로 바꾸어야 한다는 필연성 —— 간의 모순에 존립하며…… 화해되지 않은 직접성에 있는 이러한 모순을 의식하고 있거니와, 이에 따라 혼란스럽고 무질서하며 광기로 치닫는다." (*Phen.* 676/2권 231)

전체는 나 자신을 오만이라는 이러한 정념으로 환원시키고 그것을 나 자신으로 부른다."는 것을 의미한다. 따라서 특수한 것을 고수하는(beharren bleiben) 존재는 자아의 상실이자 그 자신을 특수한 것에 대한 보편성으로서 실현하지 못하는 무능력이다.

헤겔이 "광기(Tollheit)"라고 부르는 정신착란의 세 번째 주요 형식에서 환자는 자신의 분리를 예민하게 느끼지만 고정된 표상에서는 벗어나지 못한다. 광기는 커다란 개인적 불행이나 한 사람의 개별적 세계의 파괴에 의해 촉발할 수 있는데, 이러한 파괴는 기존 질서에 대한 개체의 속박이 너무도 강력하여 새로운 질서를 받아들일 수 없는데도 폭력적인 사회적 격변이 일어났을 때 발생하기도 한다고 헤겔은 말한다. 환자의 증상은 걱정과 불안의 망상이 수반하는 퇴각과 우울의 형식을 취하거나, 자기 주변에 있는 모든 것에 대해 극단적인 증오, 기만, 적의를 드러내어 낯선 외부 현실을 적대하는 분노의 형식을 취한다. 여기서 헤겔은 개체의 주체성과 보편적인 실체적 존재 사이의 대립을, 그 자신의 분열을 의식하는 개체가 겪는 모순의 정점으로 본다. 개체의 즉자적인 보편적 자아는 자신의 분리에 따른 고통 속에서 개체에게 현존한다. 적대적인 외적 현실은 즉자적으로는 그 자신의 존재이지만, 그는 그러한 현실로부터 자기 자신이 단절되었다고 느끼는 까닭에 외부 현실에 자신의 분노를 표출하거나 자신의 내면을 적의로 가득하게 하거니와, 결국 그 자신을 죄책감과 무가치함으로 괴롭게 하여 자기 파괴로 이끈다.[86]

● ● ●

86. 헤겔이 치료에 관한 간략한 논의를 펼친 바 있으니 우리는 그 주요 지점에라도 주목해보자. 프랑스의 의사였던 필리페 피넬(Philippe Pinel, 1745-1826)의 이성적-인간학적 접근을 인용하면서, 헤겔은 환자로 하여금 자신의 감정생활이라는 특수성에 대한 몰입에서 벗어나게 하고 또 보편성 안에 있는 자신과의 유동적인 통일을 회복하도록 돕는 것을 치료의 목적으로 보았다. 단순한 심리적 치료나 물리적 치료로 충분할 때도 있으나 대부분의 경우에는 두 치료법이 동시에 이루어져야 한다고 헤겔은 말한다. 정신착란이란 이성의 완전한 상실이 아니라 이성 내에서의 모순이기

성신착란이 몰락이 되는 자기감정의 계기는 느끼는 혼이 주체성과 실체의 추상적 통일인 자기 자신으로부터 스스로를 처음으로 분리하는 일이자 스스로를 특수한 내용 가운데 있는 "주체적인 것"으로 파악하는 일이다. 따라서 자기감정은 그 직접성에 있는 느끼는 혼의 한갓 수동적이고 형식적인 주체성으로부터의 진전이자 혼이 그 자신을 소유하게 되는 발걸음이다. 이와 동시에 우리는 이 운동이 자연적 차원에서 이루어진다는 점을 염두에 두어야 한다. 내용의 규정은 "신체화", 다시 말해 혼의 자연적 존재 내지 신체성의 규정이 된다. 이렇듯 자연적 차원에 있는 까닭에 우리가 보았듯이 이러한 특수화(Besonderung, 상호 외재)의 단계는 주관성이 특수한 것에 사로잡혀 있음을 의미하며, 이에 따라 혼은 자신의 유기적인 유동적 보편성에서 그 자신을 분리한다. 자기감정이 보다 높은 의식의 계기로 지양되지 않는 이유로 그것은 개방된 파열이 되는 자아 안의 균열로 남는다. 말하자면 이성적 의식에 대한 고통스러운 대립 속에서 심리학적 주체성이 출현한다.

• • •

때문에 치료사는 "이성"의 "잔재"를 어디에 세울 수 있을지를 찾아내야 한다. 이러한 연유로 말미암아 심리적 치료는 최고로 중요하다. 헤겔은 환자의 신뢰를 얻으려면 의사가 존중감을 가지고 환자를 대해야 한다고 말하는데, 이는 [환자의] 고정된 표상에 직접적인 공격을 가해서는 안 된다는 것을 의미한다. 그럼에도 [의사는] 특정한 양상의 행동은 용인될 수 없다는 사실을 필요하다면 강제로라도 환자에게 이해시켜야 한다. 환자의 신뢰를 얻은 다음에 의사는 권위 있는 인물이 되어 의사 자신 안에 가치 있고 중요한 무언가가 있음을 보여주어야 하거니와, 그래야만 환자는 자신 속에 있는 허약함을 극복할 힘을 의사로부터 이끌어낼 수 있다. 헤겔이 말하기를 [정신착란에 빠졌다고 해도] 도덕적 감각이 죽은 것은 아니기 때문에 징벌이라는 수단에는 단순한 처벌의 의미만이 있어야 하며, 그것은 환자를 가능한 한 도덕적으로 책임감 있는 인간 존재로 취급함으로써 강화된다. 무엇보다도 징벌적이고 모욕적이며 자의적인 취급은 환자로 하여금 같은 행동을 일으키고자 하는 경향을 유발한다는 점에서 피해져야 한다. 고정된 표상을 해소하는 와중에 노동 치료 및 적절한 인간관계와의 연관은 효과적으로 기능할 터인데, 이러한 연관은 환자를 자신의 보편적 자아에 있는 인격에 참여시키기 때문이다. (*PhM* 136-139/216-221)

특수한 질병에 대한 헤겔의 관점이나 질병들을 분류하려는 헤겔의 시도가 오늘날 얼마만큼 수용될 수 있는지의 문제와는 별개로, 인간의 경험이라는 이렇듯 생동하는 영역을 주체성에 관한 철학적 논의 내에서 고찰하려는 전반적인 노력은 존경까지는 아닐지라도 흥미 있게 생각해볼 만하다. "자기감정"의 개념 하에서 이루어진 광기에 관한 논의는 부분적으로는 비판철학에서 비롯한 의식에 관한 편협한 관점 및 인식론에 대해 인위적으로 제한된 고찰을 열어젖히고자 하는 헤겔의 노력에서 본질적인 영역에 해당한다. 헤겔이 쉼 없이 강조하는 바와 같이 인식자는 우선적으로 자아이자 정신적 총체성이다. 정신착란에 빠졌을 때조차 자아는 정신으로 고찰되어야 한다. 자기의식의 동일성 —— 칸트가 말한 통각의 종합적 통일 —— 은 자연에 관한 필연적인 학문을 가능케 하는 건조한 논리적 요청으로만 생각되어서는 안 된다. 자기의식은 통합된 자아의 성취로, 즉 자신의 한갓된 자연적 존재와의 공생에서 비롯하는 위험에 대해 유한한 주체성이 거둔 승리로 고찰되어야 한다. 느끼는 혼의 두 번째 계기이자 정신착란이라는 극단에 빠질 수도 있는 자기감정은 실로 유한한 자아의 패배이다. 그러나 정신이 자신의 전체성을 회복하고 새로운 힘과 깊이에 이르게 되는 특수화의 일반적인 의미 속에서 자기감정은 혼이 스스로를 객관적 의식으로 실현하면서 거치는 해방 투쟁(Befreiungskampf)의 계기이기도 하다.

c. 습관

사기감정에서 우리는 자신의 특수한 감정에 놀입하거나 동화되어 있는 혼을 보았다. 이는 느끼는 혼의 두 번째 계기로서, 혼이 감정생활인 그 자신과 맺는 관계에서 비롯하는 상호 외재 및 특수화라는 이중적 양상을 보여주었다. 이제 느끼는 혼의 세 번째이자 최종 계기 가운데 혼적 주체성은 습관(Gewohnheit) 속에서 특수한 것을 "전락시킴(Herabsetzen)"으로써 그 전체성 가운데 있는 자기 자신으로 귀환한다. 혼이 습관을 통해 자신의 유동적인 보편성을 회복하는 일은 혼적 주체성이 의식의 자아에 도달하는 발전에서 중요한 발걸음이 될 터이다. 헤겔은 습관의 참된 의미가 정신을 연구하는 많은 이에게 파악되지 않았다고 주장하면서, 습관을 느끼는 혼의 최종 계기로 보는 자신의 고찰이 습관의 진정한 본성 및 혼에서 자아로 가는 운동 가운데 습관이 맡은 역할을 밝히리라 이야기한다.

혼이 발전해왔던 이전 단계들과 마찬가지로 습관은 혼의 신체적 내지 실체적 존재와 동일성의 관계인 동시에 구별의 관계를 맺는다. 우리의 과제는 개념이라는 논리적 관점에서 헤겔이 제시한 바를 따라, 습관이 이전 단계들과 어떠한 점에서 연속적이고 어떠한 점에서 다른지를 살펴보는 일이다. 헤겔에 따르면 습관에서 혼은 자신의 신체성과 통일을 이루지만 그 통일은 특수한 것에 대한 몰락으로부터 자유로운 방식으로 이루어진다.[87] 습관에서 혼은 스스로를 자신의 특수한 감정에 대한 관념성으로 정립한다. 자기감정에서 [습관을 향하는] 운동의 필연성은 자기감정을 그 개념상 혼의 모순으로 보는 데 있다. 고정된 표상이라는 극단적인 형식에서와 마찬가지로 혼이 자기 자신의 특수성에 사로잡히는 일(Gebanntsein)은[88] 외부에서 강제되지 않는다. 정신착란의 개념에서 증명되었듯이 소외는 모순의 형식에 있는 자기 관계이다. 혼은 즉자적으로 자기 관계하는 보편성이기에 자신의 특수성에 사로잡힌 상태에 머무를 수 없다.

습관은 혼이 그 자신을 "추상적인 보편적 존재"로 만드는 것이자 감정의 특수성(과 의식의 특수성[89])을 "혼에게서 존재할 뿐인 규정(nur seiende Bestimmung an ihr)"[90]으로 환원하는 것이라고 헤겔은 말한다. 이 둘은 하나이자 동일한 운동이다. 혼이 특수성을 전락시키는 일은 혼 자신을

- - -

87. "본질적 규정은 해방인데, 인간은 감각에 의해서 촉발되면서도 습관을 통해서 이 감각으로부터의 해방을 얻는다." (*PhM* 141/224)

88. 이 책, p. 195와 p. 199를 보라.

89. 습관의 내용은 감정생활뿐만 아니라 의식에서도 비롯할 수 있다.

90. *PhM* 140/197.

보편적인 것으로 세우는 일이다. 자신의 특수한 감정, 정념, 만족에 몰두하였던 이전 단계에서 혼은 즉자적으로 단순한 자기 관계하는 관념성일 따름이었다. [이와 달리] 습관은 감정생활 속에서 혼이 스스로를 보편성으로 정립하는 바이며, 이로써 혼의 단순한 관념성은 특수한 것의 진리로서 특수한 것에 침투한다.

혼이 자기 자신을 특수한 것의 단순한 관념성으로 정립하는 까닭에 특수한 것은 고정된 신체적 규정의 상태를 더 이상 간직하지 못한다. 정신착란에서와 달리 특수한 것은 이제 자아의 유동적인 보편성을 방해하는 다만 존재하는 것이 아니다.[91] 헤겔이 말하기를 자신의 일면에만 있는 특수한 것은 형식적일 뿐이고, 혼 자신의 형식적이며 추상적인 대자 존재에 [대립적으로] 관계하는 혼의 "특수한 존재" 내지 직접성이다.[92] 혼의 특수한 존재는 "혼이 그 관계를 끊는" 혼 자신의 신체성이라는 계기이거니와, 여기서 끊는다는 것은 혼이 "단순한 존재"로서의 신체성으로부터 스스로를 구별하여 이러한 신체성의 관념적인 주체적 실체성으로 존재한다는 의미이다.

습관에 관한 헤겔의 논리적 서술은 일견 우리를 다소 곤혹스럽게 한다. 습관에서 혼이 특수한 것을 전락시켰으니 이로써 "구체적"이라고 불려도 괜찮을 듯한데, 헤겔이 보기에 습관에서 얻어진 주요한 결과는 자아가 더 이상 특수한 것에 점유되지 않은 채 더욱 고차적인 활동에 나 자신을 "열" 수 있다는 의미에 다름 아니기에, 헤겔은 습관 가운데 있는 혼이 "추상적"이라고 말한다. 습관에서도 감정적 주체성은 무의식적인 측면을 지닌다. 그러나 느끼는 혼이 이전 단계에서 진전해온 바를 살펴보면, 우리는 느끼는 혼이 "형식적" 주체성으로서 "추상적"이고 "수동적"이며 "열려 있다"고 불리는 게 어떠한 의미인지를 재차 떠올릴 수 있다.

• • •
91. 이 책, p. 196을 보라.
92. *PhM* 140/197.

직접성에 있는 느끼는 혼의 마술적 관계에서 주체성은 태아와 어머니의 관계에서처럼 타자의 삼투하는 주체성에, 혹은 자신에 대해 "타자"인 그 내적 수호신에 "열려" 있었다.[93] 정신착란에서 주체성은 감정생활이라는 우연적인 내용에 열려 있었다. 꽃봉오리의 폐쇄성에 꽃의 개방성이 이어지듯이 사변적 의미에서의 "개방성"은 개방성 이전에 어떠한 방식으로 자기 구성적이었던 무언가가 지나가버렸음을 나타낸다.[94] 이 때문에 수동성, 추상성, 개방성은 주체성의 발전 단계에 대응하는 의미를 띤다.[95] 습관에 와서 이루어지는 혼적 주체성에 대한 이러한 묘사는 느끼는 혼의 이전 차원에서의 묘사에 비해 풍성한 의미를 지닌다. 헤겔이 말하기를 습관에서 혼은 "정신착란에 현존하는 정신의 내적 모순을 극복하였고, 자기의 완전한 분열을 지양"[96]하였다. 이리하여 습관에 빠진 혼은 추상적인 보편적 존재로 "자기 자신을 만든다"는 의미에서 추상적이다. 이는 그 직접성에 있는 느끼는 혼 및 특수한 감정에 있는 자기감정으로서의 느끼는 혼이라고 하는 이전의 두 단계에서는 달성하지 못했던 종류의 수용적인 성격을 가능하게 하는 정복이요 도달이다. 특수한 것에 몰입하였던 상태에서 그 자신으로 귀환한 혼은 자신에게 익숙한 요소가 된 그 신체성 속에서 자유롭고 편안하게 움직인다. 꿈꾸는 주체성에 대비하여 이제 혼은 자기감정에 있는 특수한 것을 정립하고 또 내용을 자신의 것으로 "삼음"으로써 자신의 상호

• • •

93. 소크라테스의 다이몬이 그러한 것처럼 내적 수호신에서 대자 존재는 "아직 외재성의 형식, 즉 지배하는 자기와 지배되는 자기라는 두 개의 개체성으로 분리된 형식을 가진다." (*PhM* 144/228)

94. 객관적 의식의 자아가 출현하면서, 최초에는 "공허"하고 "형식적"이었던 자아는 외적 세계와 같은 "새로운" 내용에 대해 그와 같은 개방성을 보일 것이다. 이 책, p. 253을 보라.

95. 수용성과 능동적 능력의 "추상적 대립"에 관한 헤겔의 반박은, 이 책, p. 139, 91번 각주를 보라.

96. *PhM* 144/228.

외재를 극복하였으며, 이를 통해 스스로를 "소유"하게 되었다.

헤겔은 습관이 제2의 자연으로 불려 마땅하다고 말한다. 내가 습관적으로 행한다는 말은 어떠한 의미에서는 자연적으로 행한다는 뜻이다. 하지만 습관적인 활동이 직접적으로 자연적인 것은 아닌데, 그러한 활동은 혼이 자신에게 행한 바의 결과이기 때문이다. 습관이란 혼이 그 특수성과 신체성에 있는 자신의 감정적 규정을 "혼의 존재(Sein)"로 "자기 주조 (Sicheinbilden)"하는 것이다.[97] 그러므로 습관의 자연성은 "혼에 의해 정립된 직접성"이다. 헤겔은 정신으로서 인간의 본성이 스스로를 제2의 자연으로 만드는 데 있다고 한다.[98] 헤겔에 따르면 혼이 그 특수한 신체적 규정을 자신의 보편적인 존재로 형성하는 것은 혼이 특수한 것으로부터 해방되는 일이자 정신의 모든 고차적인 자유를 위한 토양을 형성하는 일이다.

헤겔은 습관을 개념의 세 계기의 관점에서 본다.[99] a) 습관은 부정된, 즉 "무관계한 것으로 정립된" 직접적 감각 내지 감정이며, 이는 개체가 추위, 더위, 피로, 심지어 운명의 충격 등에 대한 "무감각(Abhärtung)"으로 발전하는 것이다. 여기서 습관은 그 특수한 감각에서조차 혼이 대자적인 것으로서 스스로를 추상적으로 유지한다는 의미를 띤다. b) 더욱 고차적인 형식에 있는 습관은 충족에 "무관심"하다. 내적 충동과 욕망은 일상적인 충족을 통해 둔화된다. 헤겔에 따르면 이것은 충동으로부터의 이성적 해방 이지, "아무리 패퇴하고 제재당해도 살아남는 [욕망과 쾌락에 대한]"[100] 수도승적 금욕이 아니다. c) 기술이나 "숙련(Geschicklichkeit)"에서 습관은 가장 고차적인 형식에 이른다. 여기서 관념성으로서의 혼은 신체를 관통하

• • •

97. *PhM* 141/224.

98. 성서의 타락 이야기에 관한 헤겔의 해석을 보려면 *L* 54 이하를 참조. 이 책, p. 161, 186번 각주도 보라.

99. 이것들을 습관 형성의 단계로 간주해서는 안 된다.

100. *Phen*. 263-264/1권 259.

여 그것을 자신의 목적을 위한 도구로 만듦으로써 스스로를 그 신체성을 지배하는 주체적 목적으로 만든다. 헤겔이 주장하기를 그 개념상 습관의 이들 계기에서 혼은 신체적인 것 자체와의 더욱 고차적인 통일을 성취하는 가운데 특수한 신체적 규정으로부터의 해방을 획득한다.

습관, 특히 숙련으로서의 습관은 직접성에 있는 느끼는 혼이 유동적인 통일을 향하여 진행하는 더욱 높은 차원으로의 귀환이다. 하나의 특수한 기관이나 기껏해야 몇몇 기관의 능력만이 하나의 규정적인 목적에서 실현 되는 데 반해, 기계적 활동은 특수한 것에 대한 통제를 철저히 형성하기에 주체성은 더 이상 특수한 것과 직접적으로 관련할 필요가 없다. 이 때문에 습관은 마술적 관계의 또 다른 사례이다.[101] 습관은 감각에서와 마찬가지로 다시 한 번 그 신체성과 혼의 건강한 공생이거니와 신체적인 것 자체로부터 해방될 가능성이 있다는 점에서는 더욱 고차적인 공생이다.

주관적 목적이라는 보편적인 것을 — 특수한 기관에 — 주조한다 (Einbilden)는 것은 신체성 및 물질적인 것 자체의 즉자적 관념성이 관념성 으로 정립됨을 의미한다고 헤겔은 말한다. 이로써 그 규정적 목적 가운데 혼은 자신의 신체성 속에서 주관적 실체로 "실존"한다.[102] 숙련에서 신체성 은 표상이 내 안에 존재하게 되자마자 완전히 관념적인 것으로 전환되는데 — 일련의 음표를 예로 들 수 있다 — 이 즉시 내 신체는 능숙한 발화를 통해 그 표상의 의미를 발현한다. 이와 같은 "신체에 대한 정신의 직접적 영향(Einwirken)" 속에서 나의 활동은 의심의 여지없이 자동적이다. 그렇지

• • •

101. *PhM* 97/157; 이 책, p. 170-171을 보라.
102. 논리학에서 실존은 존재보다 고차적인 범주이다. 어떤 것이 "실존"한다고 말하는 것은 그것이 "근거"에서 비롯하였으며 이에 따라 상호 연관하는 규정들의 맥락 중 한 부분임을 함의한다. (*L* 230/209) 이와 동시에 실존은 현실성만큼 고차적인 범주는 아니다. 혼이 발전하는 와중에 발생하는 실존(Exitenz)과 현실성(Wirklichkeit) 간의 차이는 느끼는 혼에서 현실적 혼으로의 진전을 가능케 한다. (이 책, p. 223을 보라.)

만 이러한 자동성은 또 다른 주체성에 소유되지 않는다는 점에서 몽유병이나 최면 상태와 다르다. 습관에서 나 자신을 "소유"하는 것은 나이다.

습관에서 혼이 신체성의 "관념적이고 주관적인 실체성"에 이르는 까닭에 헤겔은 습관을 의식에 대한 "토대"로 본다. 헤겔이 말하기를 습관에서 신체성은 자신의 주관적 목적에 처한 혼의 내적 규정성에 반하는 "직접적인 외면적 존재와 제한"으로 규정된다. [여기서의] 심신 관계는 감정생활의 내적 수호신인 개체의 단자적인 감정적 주체성에서 이루어지는 [심신] 관계와 다르다. 정립성인 습관은 "단순한 대자 존재로서의 혼이 그 최초의 자연성과 직접성에 대해서" "단절"되는 것이다.[103] 더 이상 자연성은 꿈꾸는 주체성의 감정생활에서처럼 "직접적" 관념성의 형식을 취하지 않고, 주관적 목적의 도구라는 관념성으로 "전락"한다.

> 주관적 혼의 그러한 내적 규정과는 달리, 신체성은 직접적인 외면적 존재와 제한(unmittelbares äusserliches Sein und Schranke)으로 규정된다. 이는 자기 자신 안에서 단순한 대자 존재로서의 혼이 그 최초의 자연성과 직접성에 대해서 보다 한정적으로 단절되는 것이다. 그리하여 혼은 더 이상 직접적인 관념성 안에 있지 않고, 오히려 외면적인 것으로서 우선 관념성으로 전락해야 한다.[104]

헤겔에 따르면 "직접적인 외면적 존재와 제한"인 그 신체성과 맺는 이러한 관계에서 혼은 자신에 대한 "직관"을 얻는다. 혼적 주체성은 의식으로 넘어가는 지점에 서 있는데, 자신의 신체성에 있는 자기 자신에 관한 혼의 직관은 그러한 이행을 통하여 객관적인 외부 세계인 그 내용과 관계하는 "나"에 관한 "확신(Gewissheit)"이 될 터이다.

• • •

103. *PhM* 142/225.

104. *ibid.*

헤겔이 지적하기를 습관이라는 형식은 정신의 모든 차원에 걸쳐 뻗어나가, 혼이 신체에 행하는 "관념성의 위력"을 그 무엇보다도 잘 드러낸다. 인간이 직립하는 것 —— 직접적이고 무의식적인 태도이지만 그럼에도 인간에게만 특징적이다 —— 조차 그것이 아무리 비감각적인 것이든 간에 습관적인 노력을 요구한다. 헤겔은 보는 것 또한 한 번의 활동으로 감각, 직관, 지성 등의 규정을 직접적으로 통일하는 구체적인 습관이라고 말한다. 사유 역시 습관과 능숙함을 필요로 한다. 종교적이고 도덕적인 내용은 습관을 통함으로써 나의 총체적 현실성에서 단절된 열광의 분출, 일시적인 영감, 추상적인 내면성을 넘어선 바가 된다. 아리스토텔레스에게 도덕적 탁월함이란 곧 습관이다. 헤겔은 습관에 와서야 정신적인 것이 내 존재에 뿌리 박혀 내 안에서 구체적인 직접성과 "혼적 관념성"으로 현존하게 된다고 주장한다.

그러나 헤겔이 말하기를 습관은 자기 통제와 해방이라는 이러한 양상을 드러내는 동시에 부자유가 될 수도 있다. 습관의 이러한 이중적인 성격은 습관이 그 개념상 감정적 혼의 추론 중 최종 계기라는 데에서 비롯한다. 혼이 신체적 특수성을 자신의 보편적 존재의 계기로 전락시키는 것은 신체적인 것이 아직 자신의 요소임을 의미한다. 습관은 그 신체성에 있는 혼의 실존(Existenz)이며, 이러한 연유로 말미암아 자유의 대립자를 의미하기도 한다. 이리하여 헤겔은 습관이 "정립된 제2의 자연"이기는 하지만 여전히 자연이며, 따라서 자유로운 정신에 상응하지 않는 "한갓 인간학적인 것"이라고 말한다.[105] [습관적으로 따르는] 종교는 그저 의식(儀式)적인 것에 그칠 수 있다.[106] 사유의 습관적인 태도와 양상은 참된 사유에 장애가 될 수 있다. 습관이라는 형식은 그 어떤 내용도 보장하지 않는다. 습관은 좋은 것일 수도 나쁜 것일 수도 있다. 헤겔이 말하기를 습관에서 인간은 "여전히

• • •

105. *PhM* 144-145/229.

106. *L* 336-37/280.

자연적 현존의 양상 가운데 있기에 자유롭지 못한" 상태이다. 결국 습관은 기계적인 활동이거니와 생을 습관으로 완전히 환원한 것은 곧 죽음이다.[107]

습관은 훈련을 통해 전개하며, 특수한 신체적 규정이 혼의 "보편적 존재"로 주조되는 것은 기계적인 반복을 통해 이루어진다. 그러므로 습관이라는 보편적인 것은 개념이라는 구체적으로 보편적인 것과 거리가 멀다. 혼 안에서 발전된 보편적인 것은 헤겔이 "반성의 보편성"[108]이라고 명명한 것과 논리적으로 유사하다. 헤겔이 말하기를 "감각에서는 외재적으로 다수의 것으로서 동일한 것이 그 통일로, 정립된 것으로서의 이러한 추상적 통일로 환원되어"[109] 있으며, 이것이 습관에서의 보편적인 것이다. 물론 습관에서 혼적 주체성은 스스로를 단일한 감각이나 우연적인 감각, 표상, 욕망 등의 계열에 관계시키는 데 그치지 않은 채, 이 특수한 것들을 자신의 주관적인 목적 안에 포함시키어 "보편적 행동 양식(allgemeine Weise des Tuns)" 속에서 자신을 자기 자신과 관계시킨다. 혼 자신을 통해 정립되는 바이기에 이러한 보편적 행동 양식은 혼으로 하여금 자유롭게 현상하게 하는 혼 자신의 것이다. 그럼에도 지금의 인간학적 차원에서 반복이라는 보편적인 것은 특수한 것의 "외재적 고정"이라는 형식을 취할 뿐, 특수한

●●●

107. 이 책, p. 125를 보라.

108. 의식과 이성이라는 고차적인 차원에 적용되는 반성의 보편성(Reflexions-Allgemeinheit) 개념을 통하여 헤겔이 의미하는 보편적인 것이란, 특수한 것이 소멸하는 계기로서 지양되는 특수한 것의 내재적인 진리가 아니라 특수한 것에 부차적일뿐더러 우리의 주관적 활동으로 강제되는 것이다. 헤겔은 반성의 보편성을 "전체성(Allheit)"의 보편성으로 부르기도 한다. "반성의 보편성은 일반적으로 보편적인 것이 우선 반성에 의해 성립된다는 점에서 전체성(Allheit)으로 존재한다. 개별적인 것들은 반성을 위한 토대를 형성하는데, 그 개별적인 것들을 전체성으로 모아 기술하는 것은 우리의 주관적인 활동뿐이다. 그렇기 때문에 보편적인 것은 그것에서 자립적이고 또 그것에 무관심한 많은 수의 개별적인 것들을 하나로 묶는 외적 유대(äusseres Band)의 양상을 취한다." (*L* 309)

109. *PhM* 141/223.

것이 개념의 자기 구별 운동 속에서 필연적인 규정으로 도출되는 구체적 보편성의 형식을 취하지는 못한다.[110]

따라서 느끼는 혼의 세 번째이자 최종 계기인 습관에서 혼적 주체성의 추상적인 대자 존재는 여전히 그 신체성에 묶인 개체의 대자 존재이지 자립적인 외부 세계를 내용으로 취하는 자아의 대자 존재는 아니다. 물론 습관에서 신체성은 관념성으로 환원된다. 그 어떤 감각이나 감정의 특수성도 혼의 단순성에 반하는 것으로서 존립하지 못한다. 그러나 신체성 자체는 "특수한 존재"나 요소로 남아 있으며, 혼이 자신의 대자 존재를 갖는 것은 이 속에서이거니와, 이러한 의미에서 아직 신체는 혼의 관념성에 대해 "장벽" 내지 "제한"[111]이다. 나의 신체가 "나로 하여금 외부 세계 일반과 만나게 하는 매사(Mitte)"[112]이기는 하지만, 나 자신으로 하여금 사유하는 자아로서 외부 세계와 관계하게 하려면 신체는 매사의 성격을 지양해야만 한다.

습관에서 신체성은 "단순한 존재"이자 "주관적" 실체성인 혼에게 소유되었을지언정 여전히 제한이다. 헤겔이 말하기를 감정적 주체성이 아직 의식의 자아가 아닌 바 —— 말하자면 보편적인 것에 대해 있는 보편적인 것이 아닌 바[113] —— 와 마찬가지로, 공허한 시공간이 주관적인 형식과 순수 직관에 그치듯 습관에 빠져 있는 혼이 "완전히 의식을 결여한 순수 직관(ganze reine bewusstlose Anschauen)"인 것은 바로 이러한 이유에서이다. 신체성에 있는 자기 자신에 대한 혼의 "직관"은 아직 스스로를 "나"라고 부를 수 있는 자아의 "확신"이 아니다. 이는 순수 사유의 차원을 전제한다. 헤겔은 느끼는 혼의 자기 직관이 의식의 "토대(Grundlage)"일 뿐 여전히

· · ·

110. 이 책, p. 29, 6번 각주를 보라.
111. 이 책, p. 92, 60번 각주를 보라.
112. *PhM* 146/231.
113. 이 책, p. 223을 보라.

의식은 아니라고 말한다. 혼은 자신의 "제한"인 신체성 자체를 지양함으로써 —— 즉, 혼이 자신의 대자 존재를 확보하여 이 "특수한 존재"인 자연적 존재를 자기 안으로 취함으로써 —— 의식에 이를 것이고, 이러한 방식으로 혼은 스스로를 자기 자신에 대한 순수한 주체성으로 정립한다. 이와 같은 운동의 최종 지점에 도달하였으니 이제 우리는 혼적 주체성의 발전 중 정점에 해당하는 "현실적 혼"의 단계를 살펴볼 차례이다.

제6장 현실적 혼

헤겔이 말했듯이 습관에서 느끼는 혼은 의식으로 가는 지점에 서 있다. 인간학의 이 마지막 장에서 헤겔은 혼적 주체성이 스스로를 "실현"하여 의식의 자아로 "깨어남"을 증명하고자 한다. 헤겔은 여기야말로 이제껏 행해온 운동 전체가 목표로 삼았던 목적지라고 우리에게 말한다. 그러므로 많은 점에서 이 장에는 논증이라는 목적과 관련하여 가장 커다란 중요성이 담겨 있다. 하지만 불행히도 많은 점에서 이 장에는 이해와 관련하여 가장 커다란 어려움이 담겨 있기도 하다. 이러한 이유로 우리는 목적, 다시 말해 논증이 겨냥하는 목표를 간략히 살펴보는 일에서 시작하려고 한다.

우리가 처음부터 주목해왔듯이 헤겔의 인간학은 의식의 출현에 대한 논증을 그 목적으로 한다고, 즉 그것이 의식에 관한 연역을 제공한다고 주장한다. 그러나 그와 같은 연역을 통해 "연역된 것"은 과연 무엇인가? 연역이 성공적임은 어떻게 알 수 있는가? 헤겔에게 의식의 연역은 전(前) 객관적인 느끼는 주체성이 스스로를 객관적인 사유하는 주체성으로 지양 하는 일련의 정신적 형태를 논증하는 데에서 성립한다. 두 차원 모두에서 주체성은 자기 나앙성에 대한 관념성이다. 그렇다면 우리는 [전 객관적 주체성과 객관적 주체성 사이의] 차이점이 어디에 있느냐고 물을 수도 있겠다. 헤겔은 "자아"가 "섬광"처럼 "자연적 혼을 돌파하여 내리쳐서 그 자연성을 태워 없앤다."고 말한다.[1] 헤겔은 "내"가 "나 자신을 나 자신으로부터 구별하는 것"임을 증명하려 하고, 이러한 자기 구별은 자아가 자신의 내용을 "객관적"인 것으로 구별할 가능성에 대한 조건이기도 하다.

> 내가 스스로를 "나"로 파악할 때에야 타자는 나에 대해 객관적인 것이 되어 나를 마주하며, 이와 동시에 내 안에서 관념적 계기로 변화되어 이에 따라 나 자신과의 통일로 돌아오게 된다.[2]

그러므로 모든 초월론 철학에서 그러한 것처럼 헤겔에게 "나는 나" 내지 자아의 의식은 객관적 세계의 가능성에 대한 조건이다.

그런데 단자적인 감정적 주체성에 의한 "자기 구별"도 있지 않았던가? 우리는 혼적 주체성이 행하는 개념적 발전의 모든 단계에서 판단 개념이 얼마나 중요했는지를 상기한다. 그리고 우리는 자기 인식에는 주체가 그 자신을 판단하는 데 자기 자신을 "활용"하는 "순환성"이 수반하리라는 칸트의 공식을 헤겔이 반박했던 것 역시 상기한다.[3] 헤겔의 주관정신 철학의 전체 주제는 주체성이 곧 개념, 다시 말해 "스스로를 자신의 대상으로 만드는" "분리하는 판단"이라는 점이다. 하지만 지금까지 논증되어온 혼적 주체성의 판단은 이제 의식의 주객관적 관계를 구성하는 것으로 증명될 판단과는 본질적으로 다르다. 그 차이점은 정녕 무엇인가? 이 질문에 답할 수 있다면 우리는 의식에 관한 헤겔의 연역에 담긴 의미를 이해할 수

● ● ●

1. *PhM* 154/240.
2. *ibid.*
3. 이 책, p. 45.

있게 된다.

헤겔은 단자적 차원에서 이루어진 주체성과 그 내용 간의 관계를 다음과 같이 기술한 바 있다.

> 이 단계에서 내가 감각하는 것은 내가 존재한다는 사실이며, 내가 존재한 다는 사실을 나는 감각한다. 나중에 내가 객관적 의식이 되었을 때에야 비로소 나는 나에게 맞서서 자립적 세계로 나에게 현상하는 내용 안에 직접적으로 현재한다.[4]

그러므로 의식으로서의 나는 우선 나라는 내용을 나 자신과 다른 "타자"로 구별한다. 어떻게 해야 그리할 수 있는가? 헤겔에 따르면 그러한 구별을 행하는 동안 나는 "나"에 관한 순수한 추상 속에서 나 자신을 사유할 수 있어야만 한다. 나는 "내가 존재한다."라고 말하거나 생각할 수 있어야 한다. 그때에야 나는 나라는 내용을 "타자"로 사유할 수 있다. 감정적 주체성은 절대적 추상이자 "순수 사유"인 "존재(Sein)"의 규정을 파악하지도 만들어내지도 못한다.[5] 헤겔이 주장하기를 감정적 주체성이 그렇게 하지 못하는 건 그것이 스스로를 아직 추상적인 "나"로 파악하지 못하기 때문이다. 감정적 주체성은 "나는 존재한다."라고 말할 줄 모른다. 이 때문에 자신의 감정생활에 있는 그 어떤 규정적 내용에도 존재를 귀속시키지 못한다. 그 자신이 "직접적으로 현존"하거나 내용에 "몰입"되어 있다는 바로 그 이유로 감정적 주체성은 자신의 내용을 사유할 수 없다. 내용을 사유하려면 감정적 주체성은 자신을 내용에서 분리해야, 다시 말해 자신을 자기 자신에게서 분리해야 한다. 객관적 의식의 언표 중 가장 통상적인 수준에도 미치지 못하여 "나는 존재한다."라고도 말할 수 없는 까닭에 감정적 주체성

• • •

4. *PhM* 89-90/146.

5. *L* 158/164.

은 특수한 내용에 관하여 "그것이 존재한다."라고도 말하지 못한다. 따라서 이 장에서 헤겔의 과제는 주체성이 어떻게 스스로를 "나"라고 사유하게 되고 그럼으로써 자신의 내용을 "객관적인 것"으로 사유하게 되는지를 증명하는 것이다.[6]

현실적 혼은 그것이 혼의 추론(Schluss) 운동의 세 번째이자 최종 단계이기에 자연적 혼과 느끼는 혼이라는 앞의 두 단계를 자신 안에서 통일시킨다. 이 두 단계 모두에서 우리는 자기 관계, 다시 말해 주어로서의 혼이 실체 내지 술어로서의 자신과 맺는 관계를 다루었다. 그리고 자연적 주체성의 차원에서 실체는 혼의 물리적 존재, 즉 지금까지 "비대상적인 객관"이었던 신체적 규정성을 의미하였다. 이것이 단자적 개체성에 담긴 "자기 폐쇄성"의 뜻이었다.[7] 이제 현실적 혼의 단계에서는 주체성과 실체 사이의 더욱 새롭고 고차적인 통일이 출현하는데, 이 출현은 혼이 자기 신체를 혼 자신의 외적 "기호(Zeichen)"로 만듦으로써 가능해진다. 그러나 우리가 이전의 모든 단계에서 보았던 것처럼 모든 고차적인 통일은 고차적인 구별이기도 하다. 그리고 헤겔의 사변적 방법에 관한 서장에서 살펴보았듯이 이는 개념의 자기 내 구별 외의 다른 것이 아니다. 혼이 "기호"로서의 신체 속에서 자신을 실현하는 와중에, 실체적 존재에서 비롯한 내용이 그것을 "몰아내는(entlassen)" 주체성에 의해 구별되거나 "떠밀려" 그것을 "떠민" 주체성과 다른 별개의 자기 존립을 부여받게 됨을 헤겔은 보이고자 한다. 이러한 방식을 통해 혼적 주체성이 이제껏 몰입하였던(versenkt) 바는 지금부터는 주체성에 의해 "객관"으로 간주될 것이다. 이로써 우리는 헤겔의 논증에서 "객관성"에 담긴 의미가 심신 통일에 대한 판단에서 발생함을 본다. 습관이라는 이전 단계의 몇몇 주요 특징과 비교해보면 이러한 판단이 의미하는 바가 무엇인지를 보다 쉽게 알 수 있다.

● ● ●

6. *JR* 179 이하를 보라.
7. 이 책, p. 168을 보라.

우리는 습관의 의미가 혼이 자기감정으로서 그 안에 몰입해 있던 자신의 "특수한 존재(besonderes Sein)"인 신체성과 단절하는 데 있음을 기억한다. 그러나 "단절"은 통일이기도 한데, 그러한 "단절"은 혼이 자신의 "단순한 존재"라는 신체성에서 스스로를 구별하는 것인 까닭에서이다. 하지만 이렇게 해서는 혼은 아직 주체로서 "대자적인 것"도 아니요, "단순한 것 안에서 단순한 것의 대자 존재도, 보편적인 것의 보편적인 것에 대한 관계"도 아니다.[8] 습관에서 신체성은 여전히 "제한"이다. 혼은 자신의 주관적 "목적" 속에서 신체성에 대한 관념화를 이루어내지만, 이 관념화는 보편적인 것이 자기 자신에 관한 "무의식적 직관"만을 혼적 주체성에게 전할 뿐이다.[9] 습관에서 나는 기계적으로 행동하고, 나 자신이 창조했음에도 내가 만든 계기에 휩쓸린다. 그래서 혼은 그 신체성 가운데에서 "추상적"인 대자 존재만을 갖춘다. 하지만 신체를 "도구"로 삼는 것을 통한 이와 같은 무의식적인 자기 직관에 머물던 혼은 이제 신체를 자기 "기호"로 삼음으로써 자신의 "앎" 내지 "알게 됨(Ge-wissheit)"으로 진전한다. 신체성을 철저히 도야시켜(durchgebildet) 자신의 것으로 만들어 혼은 대자적으로 스스로를 개별적 주어로서 실현하며, 신체성은 그 안에서 주어가 오로지 주어 자신과만 관계하게 되는 술어인 외면성(Äusserlichkeit)이 된다.[10] 이와 같은 외면성은 외면성 자체가 아니라 혼에 대해 존재하기에 혼의 "기호"이다. 내적인 것과 외적인 것이 이렇게 동일성을 이루면서 외적인 것은 내적인 것에 종속되고, 이에 혼이 "현실적(wirklich)"인 것이 된다는 게 헤겔의 말이다.[11]

• • •

8. *PhM* 152/240.

9. 이 책, p. 213을 보라.

10. *PhM* 147/232-233.

11. 논리학에서 "현실성(Wirklichkeit)은 본질과 실존이, 내적인 것과 외적인 것이 직접 하나로 된 통일이다. 현실적인 것의 발현(Äusserung)은 현실적인 것 자체이다. ……

혼의 이러한 "실현"이 무의식적 자기 직관에서 "나는 존재한다."라는 의식적 자기 확신으로 진전하는 일과 어떻게 연관하는지를 이해하려면, 우리는 "외재성" —— 여기에서는 신체를 의미한다 —— 이 "도구"에서 "기호"로 관념화될 때 이루어지는 진전을 살펴보아야 한다. 우리는 습관에서의 "외재성"이 무관심(Gleichgültigkeit)과 제한(Schranke)이라는 두 개의 대립하는, 그러나 서로 연결된 의미를 내포하였음을 기억한다. "무감각"인 습관에서 감각은 "외면성과 직접성"으로 환원되고, 그 때문에 나는 더 이상 "그것에 연루"되지도 방해받지도 않는다. "숙련"인 습관에서 나는 더욱 구체적인 어떤 것에 이른다. 나의 무감각과 무관심을 외적-내적 감각으로 취함으로써 나는 더 이상 감각하는 바와 직접적으로 관계하지 않으며, 나의 주관적 목적의 도구로 발전시키는 한에서 내 신체성과 관계한다. 목적의 내면성에 반하여 "신체성은 직접적인 외면적 존재와 제한으로 규정된다."고 헤겔은 말한다.[12]

따라서 "도구"가 된 신체성은 혼의 내적 목적과 직접적으로 동일하지 않은 "타자"라는 의미를 지니는 "외면성"의 측면을 함유한다. 물론 습관에서 혼은 (자신이 이전에 몰입해 있던) 특수한 것을 이제는 혼 자신이 자유로이 운동할 수 있는 보편적인 유동적 요소의 계기로 환원하였다. 그러나 나로 하여금 그 속에서 자유로이 움직이게끔 하는 그 요소는 여전히 내가 나 자신을 "발현"할 수 있는, 즉 매개를 외적인 것으로 삼아 그것과 관계하는 가운데 내가 나 자신에게 직접적으로 반성하게 되는 매개는 아니다. 도구는 그 자신이 "수단"이 되는, 자기 밖의 목표를 가리킨다. 그러므로 습관에서 신체성은 내적 목적의 외적 실존(Existenz)으로서의 외면성이요,

• • •

현실적인 것의 외화는 그 활력(Energie)이다. 활력 속에서 현실적인 것은 자기 안에서의 반성이다. 현실적인 것의 현존재(Dasein)는 자기 자신의 현현이지 타자의 현현이 아니다." (L 257-58/223-224)

12. PhM 142/225.

그러하니 내적인 것과 아직 하나가 아니다. 헤겔에 따르면 내적인 것과 외적인 것의 동일성 — 이것이 바로 "현실성"의 의미이다 — 이 최초로 성취되는 것은 외면성이 자신에 대하여 존재하기를 그만두고 내적인 것의 "기호", 즉 혼이 "자신을 느끼고 자신으로 하여금 느끼게 하는"[13] 자유로운 형식이 됨으로써이다.

이렇듯 신체가 혼의 "기호"로서 지니는 외면성은 관념성에서의 상승이라는 특징을 띤다. 주체와 실체의 관계는 개념의 더욱 고차적인 논리적 범주 내지 형식으로 설명되는데, 이는 신체가 혼의 내적 목적을 위한 "도구"의 역할을 맡는 습관의 단계와 자못 상이하다.[14] 혼에 의해 총체적으로 도야된 신체는 혼의 "예술 작품"이 된다. 혼의 형태(Gestalt)로 존재하는 신체는 인간 특유의 관상술적 발현과 더불어 탐구되고, 이러한 발현에는 "전체에 울려 퍼지는 정신적인 소리가 속한다. 이 소리는 직접적으로 신체를 보다 고차원적인 본성의 외면성으로 선언한다."[15] 헤겔이 말하기를 혼의 기호가 된 신체성은 내적 정신을 표현하며, 이것이야말로 단순한 해부학적인 방식과는 다르게 인간과 동물을 구별한다. 신체 자체를 고려하는 한 인간은 똑똑한 유인원과 그리 다를 바 없다.

• • •

13. "In der sie sich fühlt und sich zu fühlen gibt." (*PhM* 147/233을 보라.)

14. 나는 원문이 언급하는 것 이상으로 기호와 도구의 차이점을 강조하였는데, 이는 현실적 혼에서 (신체의) "외면성"에 담긴 관념적인 의미를 습관에서의 느끼는 혼과 가능한 한 날카롭게 대비하기 위해서이다. 기호 역시 도구의 한 종류로 언급될 수 있음은 당연하다. 우리는 의미를 전달하는 데 손을 도구로 사용한다고 말할 수 있다. 그렇지만 일례로 (*PhM* 146/232을 보라.) 글을 쓸 때 손을 엄밀한 의미에서의 도구로 쓰는 것은 손을 몸짓에 활용하는 것과 다르다. (물론 이 둘 모두 습관적이라고 일컬어질 수 있기는 하다.) 몸짓에서 "외적인 것"인 손은 내적인 의미와 직접적으로 하나이기에 더욱 고차적인 관념성이다. [반면] "도구는 그 자체 활동을 소유하지 않는다. 도구는 비능동적인 사물이고, 자기 자신으로 귀환하지 않는다. 도구는 나의 작업에 쓰이는 것에 그칠 뿐이다." (*JR* 198; *Phen.* 352도 보라.)

15. *PhM* 147/233.

헤겔에 따르면 인간은 우선 "인간의 절대적 몸짓"[16]인 직립을 통하여 자신의 인간됨을 표현한다. 인간에게 고유한 내면성은 입의 형태 및 얼굴이 짓는 갖가지 표정 속에서, 또 손 모양과 그 활용 속에서 드러난다. 인간의 신체는 자연에서 비롯하지만 그 정신적인 소리(geistige Ton)는 인간이 정신으로서 행하는 활동, 즉 혼이 학습과 습관을 통해 자신의 신체성을 지배하는 것이다. 자신의 신체를 정신적 내면(geistige Innere)의 외면성으로 만들면서 인간은 동물과 달리 자신의 신체성 속에서 대자적인 것이 된다. 헤겔이 지적하기를 동물의 발톱과 입과 이빨 등은 무언가를 붙잡고 찢고 씹는다고 하는 자연적으로 주어진 기능에 제한되어 있는 게 보통이고, 이러한 목적들과 연관하여 동물의 기관은 인간의 해당 기관보다 훨씬 효율적이다. 그렇지만 [인간의 경우] 혼에 의해 혼 자신의 것이 된 특수한 기관은 직접적인 자연적 기능으로부터의 해방을 획득하여 주체성 자체로부터 연유한 보편적 성격을 취한다. 손, 얼굴 생김새, 직립으로 자유로워진 상반신 전체는 그 보편적 존재에 있는 내적 주관성의 현존재가 된다. 그것들은 몸짓, 태도, 표정이라는 언어를 통해 의미, 즉 보편적인 것을 표현한다.

기호가 된 신체성은 자신의 인간적 존재에 담겨 있는 인간의 정신적인 소리뿐만 아니라 그 특수성에 있는 개인 또한 드러낸다. 기호로서 신체는

• • •

16. (크세노폰의 『회상』이 전하는) 소크라테스에 따르면 인간은 신들이 "똑바로 설 수 있도록 만든" "유일한 피조물"이다. 이러한 입장은 인간에게 "자신의 앞에 있는 것에 대한 더 넓은 전망을, 위에 있는 것에 대한 더 나은 관점"을 부여하고 또 "그로 하여금 상처를 덜 입게 한다." 그러나 소크라테스는 공리적 목적을 넘어선다. 직립이 인간 내면성의 "몸짓"이라고 명시적으로 표명하지는 않지만 그는 직립을 인간이 "가장 고결한 유형의 혼"을 소유했다는 사실 및 신들에 대한 숭배와 연계한다. (『회상(Memorabilia)』, Ⅰ. iv. 11-14) 직립에 대한 논의를 담은 헤르더의 『인류사의 철학에 대한 이념(Ideen zur Philosophie der Geschichte der Menschheit)』 (1784-1791), iii권과 iv권을 참조하라. (이 부분은 해당 저서의 1부에 대한 칸트의 서평에 긴 분량으로 인용된 바 있다. Kant on History, ed. L. W. Beck, Bobbs-Merrill, New York, 1963, pp. 31-32를 보라.)

타자에 대해 존재하는 데 그치지 않고, 한 개인을 그 감정과 심상의 차원에서 확증하기도 한다. 몸짓, 걸음걸이, 몸가짐은 한 민족 집단의 내적 정신을 담은 무언가를 나타낼뿐더러 구성원들로 하여금 서로 인식하고 느끼며 느끼게 하는 기호로도 기능한다. 기질, 성격, 어느 정도까지는 직업적 역할조차 얼굴의 주름살에 새겨지고, 그 자신을 몸짓, 걸음걸이, 근육 조직으로 형성한다.[17]

결국 자연철학에서의 논의와 대비하여 이제 신체는 한갓 그 물리적 형태로 있는 유기적 개체성의 "실존"이 아니라[18] 그 현존재 속에서 관념적으로 "정립된" 외면성으로서 고찰된다. 신체가 혼에 의해 혼 자신의 것으로 만들어진 "외면성"이기에 그 속에서 혼은 자신의 하나됨과 자기동일성에 대한 감각을 얻는다.[19] 무감각한 것일지언정 의지의 노력을 요구하는 직립에서 나는 내 발바닥이나 등에 대한 감각이 아니라 아무리 흐릿할지라도 내가 나 자신의 물리적 총체성 가운데 있다고 하는 특정한 감각을 획득한다. 무의식적으로 나타나는 것이기는 하지만 몸짓, 동작, 얼굴 표정을 통해 나는 특수한 것 속에서도 보편적인 것인 나 자신에 관한 즉자적인 느낌을 갖게 된다. 예컨대 경멸을 표현하고자 코를 치켜 올리는 것은 내가 이 순간에 특수한 악취를 감각했다는 것이 아니라 추상적 혹은 관념적인 방식으로 경멸감이나 불쾌감을 준다는 점에서 내게 "추악한" 것으로부터 등을 돌리겠다는 것을 의미한다. 헤겔이 말하기를 기호로서의 신체성 속에서 혼은 대자적인 보편성이고, 신체는 그렇듯 보편성으로 존재하는 혼의 현존

- - -

17. *Phen.* 339/1권 334 이하를 보라.

18. *PhN* 357/2권 218.

19. 칸트 역시 어떤 의미에서는 인간이 신체를 자신의 이성적 목적을 실행하기에 적합하도록 만들고자 자기 자신을 물리적으로 창조한다는 데 주목한다. [그러나] 신체와 몸짓 등에 관한 논의를 펼치는 와중에 칸트는 헤겔과 달리 주체성의 자아가 자기 신체성의 관념적 통일로 귀환하는 것을 증명하지 않는다. (*APH* 321/287 이하를 보라.)

재로서 "외면성"이다.[20] 기호로 존재하는 외면성은 보편적인 것이다. 그리고 자신의 기호인 신체 속에서 "대자적인 것"인 정신적 내면에 다름 아닌 혼은 보편적인 것으로서 대자적인 동시에 그 신체성 속에 있는 이러한 개체성이기도 하다. 헤겔에 따르면 이와 같은 사실은 그 개념상 혼의 실현을 가능케 한다.

그렇지만 느끼는 혼으로부터의 진전에 주목하는 바람에 우리는 신체에서 이루어지는 혼의 실현을 내적인 것과 외적인 것의 동일성으로 지나치게 강조하거나 과장해서는 안 된다. 헤겔은 물질성에 다름 아닌 신체가 결코 내적 정신에게 걸맞은 발현이 될 수 없다고 지적한다.[21] 아무리 잘해봤자 몸짓은 제한된 것일 따름이다. 내적 자아의 현존재에 머무르는 신체에 비하여 말과 언어 및 도덕적 업적과 활동은 개별적인 것의 더욱 참된 표현이다. 그러므로 헤겔에게 관상학, 골상학, 필체 분석, 수상술 등은 학문의 지위를 얻고자 흉내 내는 협잡질에 불과하다.[22] 기호로 기능하는 신체에서 내적인 것과 외적인 것의 동일성은 상당 부분 우연적인데, "내면은 겉으로 나타난 표정 속에 보이지 않을 듯하면서도 보이게끔 나타나기는 하지만 그 내면이 이렇게 나타난 것과 결합되어 있지는 않기"[23] 때문이다.

● ● ●

20. 심신 관계는 헤겔의 법 개념에서도 나름의 역할을 맡는다. "인격으로서 나는 직접적 개별성이다. 좀 더 자세히 규정한다면 무엇보다 나는 내 외적 현존재인 이 신체적 유기체 속에서 살아 있음을 의미하고, 내용과 관련하여 보편적이고 분리되지 않은 이러한 현존재를 가짐으로써 모든 실질적인 가능성을 안고 있다." 그러므로 내 신체가 타인에 의해 거칠게 다루어지는 것은 인격으로서의 내가 거칠게 다루어지는 것이다. "타자와 관련하는 한, 나는 내 신체 속에서 존재한다. 타인의 눈으로 보면 내가 직접 현존재를 가지고 있다는 것만으로도 나는 본질적으로 자유로운 존재이다." (PhR 43-44/139-140; PhM 145/230, 171/270을 보라.)

21. PhM 151-152/239-240.

22. PhM 147/233; Phen. 348의 몇몇 곳도 보라.

23. Phen. 345/1권 341. 헤겔은 "기호"를 모든 자의적인 내용을 담는 것으로, "상징"을 감각적 직관과 연계하는 것으로 구별하였다. 이에 관해서는 PhM 212/328을 보라.

신체성을 자신의 "자유로운 형태"로 빚으면서 혼은 자연적 차원에서 가능한 수준의 정신으로서의 자기 발전을 완료하여 이제 "개별적인 대자적 주체"로 존재한다. 지금까지 혼은 자신의 신체 안에서 즉자적으로만 개체성이었다. 술어가 자신의 보편적인 실체적 존재였던 단자적 주체성과 마찬가지로 혼은 개별적인 동시에 보편적이었으나 이는 오로지 추상적 내지 "형식적"으로만 그러하였다. 꿈꾸는 주체성은 자신의 실체성과 "직접적"으로 동일하였지만, 이때의 대자 존재는 주체성 자신의 활동이라기보다는 스스로의 자연적인 감정생활의 흐름에 휩쓸리는 주체성 자신의 존재라 할 것이다. 이와 같은 직접적 동일성의 상호 외재 존재는 감정이라는 특수성에서 대자적으로 존재하는 혼의 자기감정으로 발생하였다. 습관에서 혼은 감정이라는 신체적 특수성을 자신의 추상적인 보편적 존재라는 추상적인 존재할 뿐인 규정으로 환원하였다. 이제 "현실적"인 것으로서 혼은 신체를 "[주어로서의] 혼으로 하여금 오직 자신과만 관계하게 하는 술어"로 삼는 자신의 관념성으로써 신체성을 관통하였다. 혼의 개별성은 이제 "구체적"이며, 보편성인 자신의 대자 존재와 동일하기도 하다. 이러한 동일성 속에서 주체성은 "나"라고 말할 수 있게 된다.[24]

그러나 신체성에 있던 혼이 대자 존재로 실현되는 것과 주체성이 자아로서 출현하는 것이 동일하다고 해도, 어떻게 하여 이러한 사실은 내적인 감정생활이라는 내용이 "객관적"인 것으로 출현하는 것을 뜻하는가?

헤겔이 말하기를 물질(die Materie)은 혼에서 아무런 진리를 갖지 못한다.[25] 현실적 혼이라는 자신의 대자 존재에서 혼은 스스로를 자신의 직접적 존재에서 분리시키어(scheidet), 그것을 혼의 주조(Einbilden)에 아무런 저

* * *

24. "자기와 관계하는 보편적인 것은 '자아' 이외에는 어디에도 현존하지 않는다." (*PhM* 152/240)

25. 의식과 객관성을 연역하려는 헤겔의 시도에서 이 단락(*PhM* 151/239)은 핵심적인 중요성을 띤다. 이 때문에 나는 해당 원전을 거의 그대로 번역하여 제시하였다.

항도 할 수 없는 신체성이라는 자기 존재에 대립시킨다(gegenüberstellen). 이렇게 자기 존재를 자신에게 대항시키고(entgegengesetzt) 지양하여 자신의 것으로 규정함으로써, 혼은 "혼"이라는 명칭으로 부여받았던 정신의 직접성을 상실하였다. 감각 및 구체적인 자기감정이라는 습관 속에서 현실적 혼은 즉자적으로 자기규정의 대자 존재적 관념성이거니와, 자신의 외면성에서 스스로를 상기하여(erinnert) 무한한 자기 관계를 맺는다. 자유로운 보편성의 이러한 대자 존재는 혼으로 하여금 자아로, 곧 추상적 보편성에 대해 존재하는 한에서 추상적 보편성인 자아로 이행하게 하는 보다 고차적인 깨어남이다. 이리하여 이제 자유로운 보편성의 대자 존재는 "사유(Denken)"이자 "대자적"인 주관이다. 더 구체적으로 말하자면 이와 같은 대자 존재는 그 속에서 자아가 자기 규정의 자연적 총체성을 "객관", 즉 자신에게 외면적인 세계로 삼아 배제하는 판단(Urteil)의 주체이며,[26] 이와 동시에 판단에 대해 외재성 속에서 직접적으로 "자신으로 반성"되어 있는 그러한 방식으로 스스로와 관계하니 이것이 곧 의식이다.

이 결정적 이행 —— 인간학에서 벌어지는 운동의 정점이다 —— 의 의미는 헤겔의 정신 개념을 통해 여러 관점에서 고찰될 수 있다. 가장 일반적인 관점에서 볼 때 여기서 주체성의 대립 행위는 "즉자적"인 정신이 "대자적인 것"이 되고자 하는 영원한 필연성에서 비롯한다.[27] 이는 자연적 혼을 돌파하여 "그 자연적 존재를 태워 없"애는 자아의 번뜩이는 섬광에 담긴 가장 일반적인 의미이다. 주체의 대립 활동은 근원적인 자기 분할(Ur-teil)이자 부정적인 자기 관계이며, 이 속에는 "정립된" 것 자체, 다시 말해 주관에

• • •

26. 우리는 이러한 판단의 필연성을 증명하는 와중에 헤겔이 객관적 판단이 행해질 때 계사 "이다"의 의미란 "주어지는 인식들을 통각의 객관적 통일로 끌고 가는 방식"에 다름 아니라고 하는 칸트의 언명에 담긴 필연성을 정신으로서의 의식의 발생이라는 관점에서 증명하였다고도 말할 수 있겠다. (이 책, p. 168, 7번 각주를 보라.)

27. 이 책, p. 95를 보라.

"대립해 있는" 모든 객관성이 내포되어 있다. 하지만 이렇게 말한다고 해서 여기서의 대립이, 혼이 스스로를 자신의 신체성 속에서 추상적인 대자 존재로 정립하고 감정이라는 특수성을 자신의 보편적 존재의 계기로 "전락"시키는 습관과 어떻게 다른지는 구체적으로 증명되지 않는다. "객관"을 발생하게 하는 주체성에 의한 대립(Gegenüberstellen)은 언제나 개념의 운동을 특징으로 삼는 일종의 진전으로서 고찰되어야만 한다. 더욱 고차적인 구별은 더욱 고차적인 통일이기도 하고, 더욱 철저한 내면화는 더욱 고차적인 외면화이기도 하다.[28]

건강하지 못한 마술적 관계와 정신적 질병의 여러 형태를 논하면서 헤겔은 어떻게 "객관성"이 자아에게 도덕적 결단이라는 특정한 입장과 태도를 요구하였는지 우리에게 이미 보여준 바 있으며, 그러한 결단 속에서 자아는 자신의 수동적인 감정생활에 몰입하지 않을 만큼 강건하여 자신의 내용을 "몰아낼" 수 있거니와, 그 내용을 거리를 두고 바라봄으로써 자아는 보편적인 것에 대해 있는 보편적인 것이 된다. 이렇게 객관성은 주체가 자신의 실체적 존재에 있는 주체와 맺는 건강한 공생이라는 고차적인 형식이다. 객관적인 태도를 취하면서 주체성은 자기 자신으로부터 내용을 촉발하는데, 이는 주체성이 자신의 주관적 편견과 개입(Einmischungen)을 억제하고 또 자신 속에서 내용으로 하여금 객관적 범주에 따라 구성된 객관적 연관으로서 "힘을 얻게" 한다는 의미이다. 그러나 객관적 실재성의 이러한 범주와 연관은 사실 주관이 이성적 의식으로서 갖는 자기 자신의 법칙이다.[29] 그렇다 보니 대립은 주체가 내용으로 하여금 자신 안에서 이성적 연관으로서 힘을 얻게 하는 것뿐 아니라 주체가 자신 속에서 이성적 주체성으로서 힘을 얻게 된다는 것도 의미한다. 실로 주체가 내용을 자신에게 대립적으로 두는 일은 내용을 자기 자신에게 더욱 가깝게 두는 일과 같다.

• • •

28. 이 책, p. 74를 보라.
29. 현상학과 심리학에 가서야 자명해질 것이다.

내용은 필연적인 연관성에서 파악되어야 더욱 확고하고 참되게 파악된다. 그리고 주체의 존재가 이러한 총체적 연관성에 있고 또 내용이 주체 자신의 것인 까닭에 대립은 주체성이 스스로를 보다 확고하고 참되게 파악하는 것을 뜻하기도 한다.[30] 이로써 우리는 대립(Gegenüberstellen) 내지 대항(Entgegensetzen)을 정신의 대자 존재라는 목적론적 관점에서 한결 명확히 보게 되었다. 하지만 대립을 주체성의 현 차원에서 이루어지는 운동으로 더욱 구체적으로 파악하려면 우리는 또 다른 방식으로도 고찰해야만 한다.

헤겔에 따르면 자아의 확신을 이러한 "나"로 표현하고 자신의 내용을 이러한 객관적 실체로 표현하는 의식적 주체성에 대한 최초의 사유 규정은 "존재"이다. 헤겔이 현상학 장에서 증명하는 직접적 의식은 처음에는 "내"가 이러한 개별성으로서 "존재"하고 이 자아가 "어러한" 객관에 "존재"라는 규정을 부여한다고 말한다.[31] 이제 우리는 "존재"라는 사유 규정(Denkbestimmung)이 어떻게 자아의 "번뜩이는 섬광" 속에서 출현하는지를, 또 앞서 있던 "감정"의 주체성이 순수한 추상적 사유라고 하는 이러한 최초의 범주에 이름으로써 어떻게 스스로를 "사유"의 주체성으로 고양하는지를 더욱 자세히 살펴보도록 하자.

비철학적 내지 일상적 용법에서조차 "객관성"에는 무관심성, 다시 말해 주관이 사태 자체인 "사물"에서 분리되어 있다는 특정한 의미가 있다. 무언가를 "객관"이라고 말하는 것은 보통의 사람이라면 누군가가 보거나 생각하는 일과 무관하게 어떠한 사물이 확고하게 "거기 존재한다"는 것을 의미하지 않는가? 헤겔이 『현상학』에서 말하기를 자연적 의식은 객관이란 "그것이 알려졌는지의 여부와 무관하게(gleichgültig) 존재한다."[32]고 주장

• • •

30. 내가 내 몸의 법칙과 필요에 따라 몸을 보살피는 것을 예로 들 수 있다. (*PhM* 145/230)

31. 이 책, p. 255-256을 보라.

32. *Phen.* 151/1권 135-136.

한다. 헤겔이 나중에 말하듯이 객관의 측면에서 볼 때 이와 같은 "무관심"은 그 상태상 우리에 대해 "객관"으로 존재하는 바의 본질적 구성물 내지 "계기"이다. 그런데 객관이 "자신에 대해서" 무관심할 수는 없으니 [이러한 무관심은 우리 안에서 생겨나는 것일 텐데] 그렇다면 객관에 속한다고 하는 이러한 "무관심"의 규정은 대체 언제 우리 안에서 일어나는가? 내가 탐구하는 객관에 대한 무관심이 내가 내용을 그것 자체로 "존재하는" "내가 아닌 것"으로 규정하는 데에서 연유함에는 의심의 여지가 없다. 그렇지만 나의 측면에서 이러한 규정은 어떻게 하여 일어나는가? 헤겔이 볼 때 이는 그가 모든 곳에서 무비판적 경험론이라며 멀리한 고찰 방식인 "의식의 사실(Tatsachen des Bewusstsein)"이라는 관점에서는 대답될 수 없는 물음이다.[33] 의식이 객관을 무관심적인 "타자"로 취하는 것이 "사실"이라면 철학은 이러한 사실을 설명해야만 한다.

우리는 습관에서 헤겔이 습관 개념의 여러 계기를 "무관심"과 "제한"이라는 관점에서 전개하였음을 떠올린다. 이들 계기는 습관을 더욱 고차적인 단절인 동시에 자기 신체성에 있는 혼의 고차적인 통일로 구성하는 데 본질적이었다. "무관심"의 규정은 본래 혼이 자신의 신체적-감정적 규정과 맺는 관계에서 발생한다. 그것은 습관에 빠진 혼이 특수한 신체적-감정적 규정을 자신의 "한갓된 존재(blossen Sein)"로 환원했던 데에서 성립한다. 혼은 규정들에 "더 이상 관심"을 기울이지 않음으로써 규정들을 향한 "관심, 몰두, 의존"의 관계에서 벗어난다.[34]

우리는 습관에서 "제한"이라는 규정이, 혼이 물질성인 신체를 혼 자신의 주관적 목적을 따라야 하는 것으로 주조해야 하는 심신 관계에서 성립했음

• • •

33. *PhM* 5/15; *L* 134; *PhR* 29.
34. *PhM* 140/223. 습관에서 우리는 "우리의 자아가 사태를 자기 것으로 하는 것 (appropriates)과 마찬가지로, 반대로 사태에서 물러나 있다는 것을 본다." (*PhM* 147/232)

을 기억한다. 여기 [현실적 혼]에서도 우리는 자연적 의식을 목도한다. 존슨 박사는 자신의 발로 돌을 차면서 관념론 철학자를 제 나름으로 반박한다. 여기 [현실적 혼]에서 자연적 의식은 객관에 "무관심" 이상의 것을 귀속시킨다. 자연적 의식은 객관을 주관에 대한 "제한" 내지 장벽의 규정으로서 탐구한다. 객관은 "저항"한다. 그러나 존슨 박사는 객관의 규정이 존슨 박사 자신에게 "저항하는" 어떤 것일 수 있다고 보지 않는다. 존슨 박사는 바위가 바위 자신에 대해 제한이라고도 주장하지 않을 것이다. [이와 달리] 헤겔이 증명한바 객관을 "비아"로 형성하는 자연적 의식 내의 계기인 이러한 제한 규정은 본래 혼이 "특수한 존재"인 신체성으로 존재하는 자기 자신과 맺는 관계에서 발생한다. 이리하여 신체는 혼이 자신의 주관적 목적에 맞추어 주조시키는 본래적인 "외면성"이 되지만, 이때 물질성으로서 신체가 행하는 저항은 완전히 극복되지 못한다.[35]

이제껏 우리는 자연적 의식에 대한 "무관심"이자 "제한"의 의미에서 "타자"라고 하는 객관을 설명하였다. 자연적 의식에 대한 "존재"라는 규정이 객관의 "객관성"을 위한 필연적인 계기이기도 하다는 데에는 논쟁의 여지가 없다. 객관을 무어라 말하든 간에 존슨 박사가 엄청난 확신을 가지고 "객관이 존재한다."라고 말할 것임도 틀림없다. 그러나 존슨 박사가 걷어차고 플라톤이 "무서운 사람"[『뤼시스(Lysis)』 211c ── 옮긴이]이라

• • •

35. "우리는 앞의 두 절에서 혼이 자신의 신체성으로 주조되는 것을 고찰했는데, 그것은 결코 절대적인 것이 아니고 혼과 신체의 구별을 완전히 지양한 것이 아니다. 모든 것을 자신으로부터 발전시키는 논리적 이념의 본성은 오히려 이러한 구별이 자신의 권리를 유지하기를 요구한다. 따라서 신체성 중 몇 가지는 여전히 순수하게 유기적인 것으로 남아 있으며, 혼이 자신의 신체 속으로 주조되는 것은 신체의 한 측면일 뿐이라고 할 정도로 혼의 권력에서 벗어나 있다. 자신의 권력이 가지고 있는 이러한 한계에 대한 감정에 도달함으로써 혼은 자신으로 반성하며, 신체성을 자신에게 낯선 것으로서 자기 밖으로 내던진다. 정신은 이러한 자기 내 반성을 통해 존재의 형식으로부터 해방을 완수하고, 자신에게 본질의 형식을 부여하여, '내'가 된다." (PhM 151-152/239-240)

부른 어떠한 객관도 그것이 그들의 손에 잡힌다고 해서 "존재한다"는 표지를 지니게 되는 것은 아니다. 존슨 박사가 걸어차는 건 존재가 아니다. [그렇다면] 보지 못하고, 잡지 못하고, 발로 차지도 못하는데, 우리는 모든 규정성 중 가장 추상적인 이러한 존재를 대체 어디에서 얻을 수 있는가?

라이프니츠와 칸트는 우리가 어떤 것을 "객관"으로 이해하는 데에는 [이미] 존재의 규정이 포함된다고 지적하였다. 이들 사상가는 이러한 규정이 자아에 대한 나의 통각, 다시 말해 "나는 존재한다."라고 말할 수 있는 나의 능력에서 비롯한다고 말하였다. 하지만 그들은 어떻게 해야 내가 그렇게 말할 수 있게 되는지는 증명한 바 없다. 칸트가 볼 때 무언가가 나에게 객관이 될 수 있는 가능성은 "내가 그것을 생각한다."고 말함으로써 그에 관한 표상을 수반할 수 있다는 데 있다. 그러나 칸트에게 이는 논리적인 요구일 뿐 실제적인 조건은 아니다. 우리가 보았듯이 칸트에 따르면 그 어떤 철학적 논증도 어떻게 내가 정신의 어떠한 깊은 필연성이나 원리를 통해 "내가 존재한다."거나 "내가 생각한다."라고 말할 수 있게 되는지는 증명하지 못한다. 헤겔의 주관정신론은 칸트가 지나쳐버린 단자의 내적 발전이라는 라이프니츠의 주제를 취하며, 이와 동시에 직접적으로 습관을 그 선행 조건으로 하는 피히테의 "대립"이 어떻게 혼의 근원적인 자기 구별로서 내재적 필연성을 지니는지 보인다. 습관에서 느끼는 혼은 스스로를 "추상적인 보편적 존재"로 고양하였고, 신체적이고 감정적인 특수성을 "그 속에서 한갓 존재할 뿐인 규정"으로 환원하였다. 특수한 것의 직접적이고 추상적인 긍정적 성격은 혼이 "이 규정들을 감각하지 못하고 의식하지 못한 채 자신 안에 가지고 있고 그 규정들 속에서 움직인다."는 사실 가운데 성립한다. 습관에서 혼의 대자 존재가 여전히 추상적이고 형식적이며 내용 역시 혼에게(an ihr) 있어 아직 대립되지 않은 것은 이런 이유에서이다. 자신의 주관적 목적을 추구하는 혼은 "특수한 존재"인 자기 신체성 속에서 "단순한 존재"로서 자기 자신에게 돌아오는데, 우리가 보았듯이 이 귀환은 자아의 "직관"일 뿐 의식은 못 된다.

혼이 사신의 신체성을 혼 자신의 "기호"로 만들면서 외면성은 정신적 내면과 직접적으로 하나가 된다. 이로써 혼은 그 자신을 "대자적"인 주체로 "정립"하였다. 신체성을 그 내면성에 대한 기호로 만듦으로써 혼은 보편적인 것에 대해 있는 보편적인 것이 되어, 습관에서와 달리 한갓 자신의 "특수한 존재"인 그 신체성 속에서 대자적인 것이기를 그친다. 이제 신체성은 신체성 자체가 아니라 혼에 대해 존재하고, "그 속에서 주어가 오로지 자기 자신과만 관계하는 술어"로서 존재한다. 이렇듯 보다 고차적인 —— 보편적인 것에 대해 있는 보편적인 것의[36] —— 구별과 통일은 주체성이 자신과의 직접적인 감정적 통일이 아니라 "매개된" 통일 속에서 존재하는 대항(Entgegensetzung)을 형성한다. 기호가 된 신체성에서 주체는 자기 자신에 관한 "확신(Gewissheit)"에 이르렀다. 혼은 신체성에 있는 스스로를 자신의 현존재(Dasein)로 실현함으로써 자기 자신 안에 존재를 정립하였다. 혼으로서의 자신을 실현하는 동안 주체성은 자신을 자기 자신과 구별하는 동시에 그 구별 속에서도 자기 자신과 직접적으로 하나이다.[37] 이렇게 하여 주체성은 자기 자신을 대상(Gegenstand)으로 삼게 된다. 처음으로 주체성은 "내가 존재한다."라고 말할 수 있는 그러한 방식으로 자신을 자신과 구별한다. 이러한 근원적인 분리(Ur-teil)는 그 구별된 내용 속에서 주체성이 "자아 안에 직접적으로 반성되는 것"을 가능케 한다. 헤겔에 따르면 이러한 자기반성을 통해 혼은 "혼의 의미, 즉 정신의 직접성이라는 의미를 상실"하였다.

이렇게 헤겔은 혼이 스스로를 실현하는 와중에 주체성이 의식의 자아로 "깨어났음"을 증명하였다고 주장한다. 이전에 지녔던 감정의 내적 내용은 의식적 생의 세계가 되었다. 주체성과 실체가 이전에 이루었던 자연적이고 직접적인 동일성이 이렇듯 근원적인 분리(Ur-teil)로 전개되면서 주객관

• • •

36. *PhM* 152/240.
37. 이 책, p. 73을 보라.

관계에서 성립하는 의식의 반성된 동일성이 출현하였다. 데카르트에서 칸트에 이르는 대부분의 사상가가 이 관계와 더불어 출발하였던 데 반하여, 헤겔은 이 관계를 "성과"로 파악해야 마땅한 전제로서 논증하였던 것이다. 이 논증에 담긴 함의를 발전시키고자 책의 부록으로 나아가기 전에 왔던 길로 잠시만 돌아갈 터인데, 이는 세부항목을 살펴보기 위해서가 아니라 정신의 의미 및 헤겔이 정신으로서의 혼을 설명하면서 일반적으로 강조하였던 바를 정리하기 위해서이다.

주관정신론의 첫 부분인 인간학은 정신을, 자신의 개별적인 실체적 존재를 그 관념성을 통해 능동적으로 관통하고 또 신체를 정신적 내면성의 외적 기호로 만듦으로써, 보편적인 본성에서 발생한 혼적 주체성으로 제시하였다. 역사적 관점에서 간략히 고찰하자면 우리는 인간학이 인간을 신성과의 유사성에서 파악하고자 하는 노력이라고 볼 수 있을 듯하다. 헤겔의 정신 개념은 많은 주요 지점에서 아리스토텔레스의 누스(Nous)[38] 개념을 향한 귀환이나, 이는 누스를 칸트의 주관성 개념을 관점으로 하여 다시 사유하고자 하는 귀환이다. 혼(psyche)을 신체의 현실태로 보는 아리스토텔레스적 개념에 대한 헤겔의 부채는 혼에 관한 헤겔의 논의 도처에서 눈에 띈다. 그럼에도 헤겔에 따르면 누스는 정신이라는 근대적 개념에 와서야 자신의 참된 표현을 얻거니와,[39] 혼에 관한 헤겔의 사변적 발전은 무엇보다도 자신의 타자성인 자연을 장악하고자 하는 정신의 투쟁으로 이해되어야 한다. 그러므로 아리스토텔레스의 엔텔레케이아 개념과 달리 정신으로서의 혼은 자신을 대자 존재로 실현하는 일을 자신의 자연적 존재와의 동일성 및 대립이라는 관계가 산출하는 여러 상승하는 단계를 통해서만 달성한다. 실체적 존재 속에서 대자 존재로 있는 정신 개념과 관련하여

• • •

38. 『엔치클로페디』의 결론에 인용된 『형이상학(Metaphysics)』 xii, 7을 보라. (원문에는 'xi'라고 쓰여 있으나 'xii'의 오기이다. ― 옮긴이)

39. 이 책, p. 138, 88번 각주를 보라.

헤겔은 다양성 가운데 확보되는 주체의 동일성이라는 칸트의 개념에 크게 빚진다. 그러나 우리가 보았듯이 인간학의 전체적인 주안점은 칸트와 달리 자연적 차원에 있는 그러한 동일성의 현존이 아직은 의식의 통일하는 활동 (Aktus) 및 지성의 객관적 범주에 의해 구성되지 않았음을 논증하는 데 있다. 헤겔은 자연적 존재 속에 있는 혼의 대자 존재라는 양상 속에 감각, 심정, 느낌, 예감을 비롯한 비반성적인 활동의 일반적인 양상인 통각의 보편적 형식이 즉자적으로 존재한다는 점을 보이려 하였다. 따라서 헤겔은 다양성 속에 있는 주체성의 대자 존재라는 방식이 의식의 자기 반성하는 자아의 방식이 아니라 의식 자체로 하여금 출현하게 하는 전제 조건임을 논증하고자 했던 것이다.

정신으로서의 혼이 행하는 사변적 발전 와중의 연속하는 차원에 있는 주체성은 그 어느 때보다도 "참된" 주체성, 즉 스스로를 "소유"하는 주체성이 된다. 의식을 향한 혼의 이러한 운동 속에서 우리는 유한한 정신이 "몰락"할 수 있다는, 즉 고차적인 자아가 감정적 주체성에 떨어질 수도 있다는 개념에 마주치지만, 보통 이러한 몰락은 유한한 정신이 자기 안에 품는 한 계기에 불과하다. 감정생활, 마술적 관계 및 직관 지의 형식, 최면 관계에서 일어나는 혼의 통일(Seeleneinheit), 정신착란에서 나타나는 자기 소외의 특징이라 할 만한 자아의 부정적인 것에 있는 대자 존재를 논하면서, 헤겔의 사변적 고찰은— 자아가 "스스로를 견디고" 또 자기 자신을 "직립"시킬 수 있도록— 인륜적 힘을 얻으려 하는 자아의 투쟁이 객관성의 차원을 향한 발전과 별개의 것일 수 없음을 증명하고자 한다.

헤겔이 보기에 인식론의 문제는 인식하는 주관을 그 총체적인 생동하는 자아로부터 추상하는 편협하고 형식적인 방법으로는 고찰되지 못한다.[40] 개별적 주관을 정신으로서의 구체적 총체성에서 고찰하고자 헤겔은 칸트

• • •

40. Otto Pöggeler, "Die Komposition des Phänomenologie des Geistes", *Hegel-Studien*, Beiheft 3, 1964, p. 66을 보라.

가 말하는 인간 인식의 두 계통인 감성과 지성이 발원한 "공통적인, 그러나 우리에게 알려져 있지 않은 뿌리"로 밀고 들어가기를 우리에게 요구한다. 자연적 존재라는 실체성에 빠져 있음에도 혼이 주체성으로서 이루어낸 동일성 속에서 이 뿌리를 파헤쳐냈다고 헤겔은 주장한다. 헤겔에 따르면 자신의 감정적 다양성에 대한 혼의 앎은 정신이 자연적 주체성으로 있을 때 자신의 규정들 가운데에서 대자적인 것으로 존재하는 형식이다. 그와 같은 자기 존재에 있는 혼은 보편적인 것을 즉자적으로 함유하는 전(前)객관적 앎이며 그에 따라 진리의 계기이다.

혼이 신체 속에서 스스로를 대자적인 것으로 만든다는 헤겔의 논증을 따라가다 보면 우리는 신체가 혼의 도구라고 하는 고대의 학설로 되돌아가게 된다.[41] 하지만 그러한 개념을 표명한 고대인 중 한 사람은 다음과 같이 말하기도 했다. "신체에 속하는 것들 중에 무엇인가를 아는 사람은 자신에 속하는 것들을 아는 사람이지, 자신을 아는 사람은 아닐세."[42] 앞서 보았듯이 칸트의 비판철학은 우리가 외재적 자연을 아는 것처럼 신체 또한 알 수 있으나 혼 자체는 알 수 없다고 말한다.[43] [이와 달리] 혼이 어떻게 하여 혼 자신을 신체를 관통하는 관념성으로 만드는지를 보이는 중에 헤겔은 우리의 이론적 인식으로 하여금 "자신에 속하는 것들"만을 알 뿐 "자신을 아는" 것을 불가능하게 하는 비판철학의 제한을 극복하는, 정신으로서의 주체성에 담긴 더욱 심오한 개념을 논증하려 한다.

헤겔의 설명에 의하면 인간학에서 벌어지는 혼의 발전은 무엇보다도 자유를 향한 투쟁이다. 요컨대 감정생활로의 몰락을 넘어 진정한 자기 규정으로 올라섬으로써 정신으로서의 자기 목적을 실현하려는 혼적 자아의 분투이다. 그 투쟁은 자아가 자신의 자연적 존재에서 분리되기를 요구한

• • •

41. Plato, 『파이돈(*Phaedo*)』, 98c 이하; Aristotle, 『영혼에 관하여(*De Anima*)』, 415b19.
42. Plato, 『알키비아데스(*Alcibiades*)』 Ⅰ, 131.
43. 이 책, p. 42 이하를 보라.

다. 이 분리는 수고와 고통을 수반하고, 특수한 유한한 주체성에게 파멸의 위험을 던져주기도 한다. 객관성 —— 우리가 이를 직립처럼 당연한 것으로 받아들이기는 하지만 —— 은 주체성에게 자기 자신을 굳건히 세우기를 요구하며, 이렇게 하여 특수한 것 속에서 주체성은 보편적인 것에 대해 있는 보편적인 것이 된다. 요컨대 헤겔은 객관적 의식을 인간 정신이 그 자신을 위해 획득해야 하는 자유로, 도달해야 할 바로 바라본다.

부록 :

의식의 개념

제7장 의식 및 의식에 관한 학

헤겔에 따르면 의식은 혼의 진리, 곧 혼이 행하는 발전의 목적지이자 목표이다.[1] 앞선 장들에서 우리는 이 목적지에 도달한다고 하는 것이 어떻게 가능한지를 보았다. 의식을 "출현"으로 논증한다는 게 무슨 의미인지를 가능한 한 자명하게 이해하고자 우리는 헤겔의 의식 개념에 담긴 몇 가지 주요 특징에 주목한 뒤 인식과 자기 인식에 관한 주요 문제들을 간략하게나마 재차 살펴보고자 한다. 무척 헤겔적이라 말할 법한 이러한 방식을 통해 우리는 서장에서 논의되었던 문제로 되돌아가고, 그러한 와중에 세 지점에 주목하게 된다. a) 그 "현상"에서 본 정신으로서의 의식 개념, b) 초월론적 자아와 경험적 자아, c) "참된 종합적 진보" 속에서 이루어지는 객관적 범주의 연역. 세 경우 모두에서 우리는 헤겔과 칸트의 차이점에 주목할 것이며, 주객관의 대립으로부터 철학적 학문을 해방시켜 칸트의 인식론을 대체하려고 의도된 헤겔의 주관정신 개념에서 인간학이 맡은 역할도 살필

• • •

1. *PhM* 152/240.

것이다.

a. 그 현상에서 본 정신으로서의 의식

인간학에서 우리는 어둠과 수면 속에 있는, 즉 자기 자신 안에 싸여 있는 정신을 목도한 바 있다. 의식의 출현은 혼이 빛으로 깨어나는 것이라고 언급되었다. 그러나 빛, 실로 의식 자신의 것인 이 빛은 의식의 외부에서 비롯하는 것처럼, 다시 말해 의식에게 인식을 제공하는 객관에서 비롯하는 것처럼 보였다. 의식을 향한 혼의 발전은 주체성이 그 자신을 소유하는 것을 뜻하고자 제시되었다. 그러나 주체성이 자아가 되어 자기 소유에 이르는 것은 주체성이 스스로를 "타자", 말하자면 결코 주체성의 소유물이 아닌 어떤 것인 자신의 내용과 관계시킴을 의미하였다. 주관과 객관의 대립 속에서 이루어지는 동일성 및 타자 안에서 또 타자를 통한 자기 자신과의 관계라고 하는 의식의 이러한 양가성은 헤겔이 논리학에서 논증한 바 있는 "본질" 개념을 통해 논리적으로 파악된다. 하지만 현상학에서 의식을 고찰하는 데 활용되는 규정들——즉, 의식에 의해 객관에 귀속되는 규정들——은 주체성의 대립 활동에서 연유한다고 간주될 것이다.

헤겔은 의식이 "반성" 내지 "상관관계"로서의 정신의 단계, 곧 "현상 (Erscheinung)"에 해당하는 정신의 단계를 형성한다고 이야기한다.[2] 자아인 자신에 대해 추상적인 자유를 성취한 주체성은 자신의 내용 역시 자유롭게, 자신의 자아에 대해 있는 것으로 "몰아댄다." 이제 자아가 "객관"이라고 아는 것은 이와 같은 자기 존립적 외면성이고, 주관성이 의식인 것은 바로 이러한 앎에 의해서이다. 감정생활의 다양성을 자신의 관념적인 동일성 속에서 지양함으로써 자아는 "절대적 부정성"이요, 즉자적으로는 "타자성에서의 동일성"이다.

• • •

2. *PhM* 153/243.

자아는 그것 자신이면서, 즉자적으로는 지양된 것으로서의 객관으로 확장해 가며, 이 상관관계의 한 측면이자 상관관계 전체이다. 자아는 자신과 더욱이 타자를 현시하는 빛이다.[3]

의식의 주객관적 대립에 해당하는 특징인 "반성", "상관관계", "현상"이라는 헤겔의 용어는 칸트의 인식론을 대체하고자 하는 헤겔의 시도에서 근본적인 역할을 한다. 헤겔뿐 아니라 피히테와 셸링 역시 순수 자아 개념을 칸트의 이원론에서 양산된 사물 자체를 위시한 여타의 난점을 극복할 자기 반성성으로 추구하였다. 칸트에게서 순수한 자기의식은 선험적인 종합적 인식을 가능케 할지언정 그 자체로는 분석명제나 동일명제로서만 표현될 수 있는 한갓된 형식적 동일성이었다.[4] 피히테와 셸링은 순수한 자기의식 개념을 그저 분석적인 것에 그치지 않게 하려 했던 최초의 인물이었으며,[5] 오히려 분석적인 것과 종합적인 것 사이의 구별을 자아의 본래적인 자기 정립 활동에서 연유하는 것으로 삼고자 하였다. 그와 같은 활동 자체는 자아를 자아 자신인 바의 자기동일성으로 형성하였던 자아의 자기 구별이기도 하다. 이러한 방식으로 자아는 한갓 형식적인 논리적 원리가 아니라 자유로운 정신적 생으로 이해될 수 있었다. 그렇지만 칸트 이후의 관념론에 주어진 질문은 이러한 자기 정립을 어떻게 증명하느냐는 것이다. 인간학에서 보았듯이 헤겔은 그 [자기 정립] 활동을 혼이 스스로를 신체에 대한 관념성으로 실현하는 귀결을 산출하는 주체성의 판단으로 논증한다.

이러한 점에서 볼 때 "객관"이 주관의 활동을 통해서만 출현하고 또

• • •

3. *PhM* 153/243 ; *Phen.* 219도 보라.

4. 이 책, p. 67을 보라.

5. 자신의 『초월론적 관념론의 체계(*System des transzendentalen Idealismus*)』 (1800)에 서 셸링은 "모든 인식의 원리는 나＝나라는 명제 속에서 표현되어야 하거니와, 이러한 명제는 동일적인 동시에 종합적이기도 한 유일한 것이기 때문이다."라고 말한다. (*Werke* III, p. 372)

경험적 의식이 초월론적 원리를 자신의 토대로 삼아야 한다고 말한 최초의 인물은 헤겔이 아니다. 그것은 직관의 다양성이 동일한 자기의식 자체인 통일하는 활동 가운데 객관으로 형성된다고 말했던 칸트의 유산이다. 그러나 칸트에게 직관이란 수용의 능력인 연유로 직관에 나타나는 현상은 사물 자체로부터 비롯해야만 한다.[6] 그러므로 객관이 주관의 활동을 통해 형성된다고 하는 헤겔의 언급은 칸트와는 사뭇 다르다. 헤겔이 보기에는 주관이 자아로 출현함과 동시에 내용 역시 객관적인 것으로 출현한다. 이는 헤겔의 대상(Gegenstand) 개념에서 대상성(Gegenständlichkeit)이 어떠한 의미에서도 사물 자체에서 비롯하지 않음을 의미한다. 반대로 객관의 "사물 자체성"이 주관의 대립(Gegenüberstellen) 활동에서 비롯한다.[7] 이러한 이유로 헤겔에게 "현상"의 의미는 칸트의 현상 개념과 본질적으로 다르다. 헤겔에 따르면 칸트는 자아를 "피안에 놓여 있는 것(Jenseitsliegendes)"과의 관계

• • •

6. *CPR* B xxvii, A 252.

7. 객관의 형성에 관한 칸트의 생각에는 그러한 대립이라고는 전혀 없다. 현상으로서의 객관은 의식에 "주어질" 수밖에 없다. 이러한 타자성은 근본적이고 환원 불가능하다. 현상이라는 주어진 것과 별개로 다양성의 종합이라고 하는 "특별한 작용"은 필요하지 않다. (*CPR* B 139) 그러나 칸트의 입장에 대해서는 '객관은 어떻게 하여 나에 대한 타자성의 성격을, 나 자신에 관한 사유에도 필요한 타자성의 성격을 획득하게 되는가?'라는 의문이 제기될 수밖에 없다. 칸트에 따르면 나는 내 현존에 관한 아무런 지적 직관도 행할 수 없으며, 이 때문에 "내 밖에 있는 어떤 것"과의 관계를 의식하지 않고서는 "내가 존재한다."라는 사유를 나의 경험적 의식과 연계할 수 없다. (*CPR* B xl) 그러므로 칸트는 "서로 다른 상태에서의 우리 자신의 순차적인 현존을 외적 직관을 통해 이해"하려면 공간 안에서 "고정 불변적인 어떤 것"을 직관하는 일이 필요하다고 말한다. (*CPR* B 292) 하지만 "내 밖에 있는 어떤 것"에 관한 그러한 직관은 사물 자체를 전제한다. 여기서 우리는 "나는 존재한다."를 판단으로 증명하는 헤겔의 논증이 칸트의 사물 자체를 극복하려는 노력에 다름 아님을 보게 된다. 헤겔에게 "나는 존재한다."가 "내 밖에 있는 어떤 것"에 관한 의식을 수반한다고 할 때, 이는 사물 자체를 전제하는 칸트적 의미에서가 아니라 "나는 존재한다."라고 말할 수 있게 되는 것과 동일한 나 자신의 대립 활동에서 연유한다.

속에서 고찰한다. 하지만 그러한 고찰은 철학자의 입장에서 행해진 외재적 반성에서 이미 유도된 바 있다. 헤겔에 따르면 철학자의 역할은 그와 같은 피안에 놓여 있는 것을 정립하는 게 아니라 의식이 그것을 어떻게 정립하게 되는지를 비판적으로 고찰하고 해명하는 것이다. 헤겔은 혼의 판단 속에서 대립자들이 출현하는 것을 논증하는 와중에 [대립의] 각 측면이 그 타자와 분리된 상태에서는 절대적이지 않다는 게 증명되었다고 주장한다. 그 둘의 대립이 의식의 운동이란 곧 정신의 "현상"일 뿐이라는 사실에서 극복되리라 운명 지어져 있음은 현상학 장에서 나름대로 증명된다. 우리는 "현상"의 논리적 의미 및 "본질" 범주의 일반적인 본성에 주목할 터인데, 이것들은 의식의 주객 관계를 해명하는 데 중요하기 때문이다.

우리가 보았던 것처럼 혼이 스스로를 실현하는 와중에 자기 자신으로 반성함으로써 정신은 한갓된 존재의 형식으로부터 자기 자신을 자유롭게 하고 "자신에게 본질의 형식을 부여한다."[8] 인간학에서 혼의 규정이 대체로 존재 범주에서 규정된 데 반해[9] 현상학에서 의식 및 의식의 객관적인 내용은 본질 범주에 따라 규정된다.[10] 헤겔의 논리학에서 논증된 바와 같이 본질은 "내면화"된 존재이다.[11] [본질에서] 존재는 더 이상 자신의 직접성으로 실존하지 않고 그 내적 진리와 연관한다. 이렇듯 자신의 "내면"과 연관함으로써 존재는 "현상"으로 형성된다.[12] 본질에 관한 논리적 서술 내내 범주들은 타자와의 연관(Beziehung-auf-anderes)으로서의 즉자 존재 내지 매개

. . .

8. *PhM* 152/240.

9. "자연적 질"을 예로 들 수 있다. (이 책, p. 110, 14번 각주를 보라.)

10. "자기 자신에 대한 부정을 통하여 자기 자신과 매개하는 존재인 본질은 그것이 타자에 대한 관계인 한에서는 자기 관계성인데, 이 타자는 직접적으로 존재할 뿐인 것이 아니라 정립되고 매개된 어떤 것을 말한다." (*L* 207/195)

11. "직접적 존재로부터의 구별, 즉 자기 내에서의 가상(Scheinen)을 형성하는 반성은 본질 자체의 고유한 규정이기도 하다." (*L* 208/196)

12. 이 책, p. 92, 61번 각주를 보라.

성으로서의 즉자 존재라는 이러한 형식을 취한다.[13] 결론적으로 본질은 "자신 안에 그 고유의 가상(Schein)이라는 비본질적인 것을 담는다."[14]

이러한 "타자와의 연관으로서의 즉자 존재"를 통하여 본질 범주는 "이중화", 다시 말해 긍정적인 동시에 부정적이고, 내적인 동시에 외적이며, 기체적인 동시에 우유적인 것이 된다. 이와 유사하게 의식의 상승하는 차원에서 맺어지는 주객관 관계의 두 측면 각각은 자신을 벗어나 타자로 향하는 반성으로서만 스스로를 반성한다. 각 측면은 타자를 "현상한다." 혼으로서의 정신은 주체성과 실체성의 직접적 통일이었다. 이제 의식에서 주체성은 이 실체성을 자기 자신의 부정적인 것, 즉 "비아"로 안다. 그러므로 헤겔이 말하기를 "상관관계 일반과 마찬가지로(wie das Verhältnis über- haupt)" 의식은 양 측면의 자립성과 그 즉자적 동일성 사이의 "모순"이다.[15] 한편으로 내 앎의 대상은 내 "안"에서 나의 인식으로 존재한다는 점에서 자아에 관한 내 확신 안에 내포되어 있다. 다른 한편으로 내 앎의 대상은 자립적인 외적 현존을 가진다. 내가 의식의 차원에서 아는 대상이 "즉자적인 것"에 그치기 때문에 자기동일성을 지닌 나 자신에 관한 확신은 "가상으로만" 형성된다.[16] 혹은 논리학의 범주를 관점으로 삼아 진술한다면 본질의 영역에 있는 실재성은 직접적으로 존재할 뿐인 것(seiend)으로 정립되는 동시에 관념적인 것으로도 정립되며, 이런 까닭에 의식으로서의 정신은

• • •

13. 본질에서 "규정성은 단순한 직접성으로 존재하지 않고 본질 자체에 의해 정립된 것으로만 현존한다." (*SL* 391/2권 20) 주체성의 자기 정립 가운데 발생하는 의식에서 주관과 객관의 모든 필연적인 규정은 그러한 정립임이 증명된다.

14. "본질의 영역은 직접성과 매개의 여전히 불완전한 결합이라는 점이 드러난다. 그 속에서 모든 술어는 그 자신에 관계하는 것이자 자신을 넘어서도록 강제되는 것으로 명확히 정립된다. 술어는 반성의 존재를 가지며, 이 존재 속에서 타자가 현상하고 존재 역시 타자 속에서 현상한다. 따라서 존재의 영역에서는 즉자적인 것에 다름 아니었던 모순이 본질의 영역에서는 정립된 모순으로 있다." (*L* 211-12/197-198)

15. *PhM* 155/246.

16. *SL* 781/3권 342.

정신의 "현상"일 따름이다.[17]

헤겔은 "현상"하는 와중에 있는 정신에 관한 학문을 정신의 현상학이라고 명명한다.[18] 의식이 그 개념상 주관정신의 두 번째 계기인 것과 같이 여기서 현상학은 주관정신론을 구성하는 세 부분 중 두 번째 것에 해당한다. 논리학에서 본질이 존재와 개념의 중간에 있는 것처럼 헤겔은 "현상학이 자연적 정신에 관한 학과 정신 자체에 관한 학의 중간에 있다."[19]고 말한다. 인간학이 "즉자적" 정신인 상태의 자기 폐쇄적인 혼적 주체성을 고찰하였다면, 이에 반해 현상학은 정신을 "대자적인, 그러나 이와 동시에 타자와의 연관에 있는" 것으로 고찰하거니와 이때 이러한 "타자는…… 즉자적으로 존재하는 객관이면서 이에 못지않게 부정성에서 벗어날 수 없는 객관으로도 규정된다." 그러므로 현상학은 정신을 "현상하는 것으로(als erscheinend), 자신의 대립자 속에서 전개하는 것으로"[20] 고찰한다. 의식으로서의 정신 안에서 벌어지는 이러한 대립은 의식 자체에 의해 극복될 것이다.

• • •

17. 헤겔에게 현상은 칸트적 의미에서의 현상과 다르다. 헤겔의 관점에서 칸트적 현상은 "주관적 의미만을 가질뿐더러" 그 원리상 사물 자체와도 분리된다. 현상은 본질을 산출하려면 폐기해야 할 한갓된 오류나 부산물에 가깝다. [반면] 헤겔에게 현상 (Erscheinung)은 본질의 "가상(Scheinen)"이다. 현상은 자신의 현존 가운데 있는 본질이며, "자기 내 반성과 타자 내 반성의 직접적 동일성"으로 존재한다. 그러므로 헤겔이 말하기를 본질은 현상의 "배후나 너머"로 자신을 숨기기는커녕 "드러나"거나 "현상"한다. 그러나 자기 내 반성과 타자 내 반성의 "직접적" 통일인 현상은 "외재적 직접성"으로서의 정립성이자 "자기농일성"으로서의 정립성이나. 그러한 두 계기 중 첫 번째 것에서 현상의 내용은 "우연하고 비본질적이며, 그 직접성에 종속되어 있다가 이행하고 발생하여 사라진다." 그렇지만 두 번째 계기에서 현상의 내용은 "이러한 변화에서 면제된 단적인 내용의 규정성이다. 그것은 본질의 영속적인 부분이다." 이 후자의 관점에서 현상은 곧 법칙이다. (*L* 239/214 이하; *SL* 500 이하; 이 책, p. 65 이하도 보라.)

18. *SL* 781/3권 342.

19. *ibid.*

20. *SL* 781-782/3권 343.

대립 및 그 내립의 지양 운동을 동시에 발전시키는 의식의 연속적인 단계들은 의식에 관한 학문의 소재가 된다.

b. 자아, 초월론적인 것과 경험적인 것

이제까지 우리는 인간학에서의 논증이 어떻게 "반성성"으로서의 의식 개념을 가능케 하는지를 보았는데, 이 의식의 논리적 범주는 현상학에서 이루어지는 의식의 운동에 대한 논증의 바탕에 깔려 있다. 헤겔은 이 운동을 통해 주객관의 대립을 해소할뿐더러 인식을 현상에 제한하는 비판철학의 한계를 드러낼 수 있다고 주장하지만, 우리가 [책의 부록에 해당하는 이 마당에] 이러한 운동 자체를 따라갈 수는 없다. 우리의 목표는 인간학과 현상학에서 행해진 각각의 논증이 어떻게 연계하는지를 증명하는 수준에 그친다.

인간학에서 펼쳐지는 논증의 상당 부분은 초월론적 자아와 경험적 자아에 대한 칸트의 구별 및 "즉자적" 자아로서의 초월론적 자아에 관한 인식의 불가능성이라는 문제를 다룬다.[21] 우리가 기억하기에 이 문제와 관련하여 칸트는 자아가 모든 판단 가운데 자기 자신을 "활용"해야 한다고 주장했으며, 헤겔은 바로 이 점에서 칸트가 틀렸다고 이야기했다. 반대로 [헤겔의 관점에서] 자아는 판단이고, 그 판단 행위 속에서 자신의 구체적인 본성을 드러내어 우리에게 알려지지 않는 'x'이기를 멈출 것임이 확실하다.[22] 자아가 판단이라는 사실은 주체성으로 하여금 자아로 출현하게 했던 혼의 판단(Urteil)을 통해 우리에게 밝혀진 바 있다. 이에 따라 인간학에서의 논증을 토대로 하여 우리는 자아의 본성이 자기 자신으로부터 자신을 구별하는 동시에 자신의 "타자"로부터 자신으로 귀환하는, 즉 개별적으로 규정되는 동시에 그 규정 안에서 순수하게 자기 관계하는 보편성이 되는 것임을

• • •

21. 이 책, p. 41 이하를 보라.
22. 이 책, p. 46을 보라.

안다.[23] 헤겔이 "부정적 자기 관계" 내지 "절대적 부정성"으로 묘사하는 자아의 의미는 자아가 자기 다양성에 대한 관념성 내지 순수한 보편성이자 추상적인 단순한 개별성이라는 사실에 담겨 있다.

헤겔은 자아가 "추상적인 보편적 개별성"으로서 지니는 이러한 본질적 규정이 그 존재에 있는 자아를 형성한다고 말한다.[24] 그렇기에 나와 내 존재 —— 더 정확히 말하자면 내 자아와 내 존재 —— 는 분리되지 못한다. 자아로서의 나 자신과 내 존재 사이의 구별은 실상 구별이 아니거니와, 굳이 말하자면 생겨나자마자 소멸하는 구별이다.[25] 절대적으로 직접적인 것이고 순수하게 비규정적인 것이자 구별되지 않은 것인 존재는 한편으로는 자아와 구별되는데, 자아는 구별의 지양을 통하여 스스로를 매개한 자기 구별이거나 사유(Denken)이기 때문이다. 다른 한편으로 존재는 사유와 동일하기도 한데, 사유하는 주체성은 그 구별 속에서 자기 자신과의 대자적인 통일로 귀환하기 때문이다. 이러한 이유로 말미암아 헤겔은 자아가 존재라고, 혹은 자아가 존재를 자기 안의 계기로 삼는다고 말한다. 내가 "나는 존재한다."라고 말할 수 있는 한에서 나는 나에게 대립해 있는 이와 같은 내 존재를 정립하며, 이 정립 활동 속에서 나는 나 자신과 동일한 것으로 남는다. 이러한 방식으로 나는 "앎(Wissen)"이 되어 나 자신에 관한 "확신(Gewissheit)"을 얻는다. 자아에 관한 이러한 내 확신은 나에게 우연히 속할 수 있는 한갓된 속성이나 질이 아니라 내가 자아로서 가진 본질에 다름 아니라고 헤겔은 말한다. 자기 구별 및 그 구별 속에서의 동일성 없이, 말하자면 자아에 관한 이러한 "앎" 및 자아에 관한 이러한 "확신" 없이, 자아는 자아가 될 수 없다.

이리하여 여기서 우리는 초월론적 자아에 관한 인식을 금지할 뿐 아니라

• • •

23. *PhM* 153/244.

24. *ibid.*

25. 이 책, p. 67을 보라.

"내가 존재한다."는 표상에서는 나의 현존에 관한 아무런 "지적 직관"도 갖지 못하기에 내적 감각이라는 경험적 표상의 유동 속에서 나 자신을 하나로 사유하기 위해서는 "영속적인 것"에 관한 공간적 직관이 필요하다고 하는 칸트의 주장이 반박되는 것을 본다.[26] 헤겔의 설명에 따르면 "내가 존재한다."라는 사유는 "지적 직관"이 아니라 경험적 표상이다. 아직 자아의 추상적인 자기 구별일 뿐인 그러한 사유는 진리(Wahrheit)가 되려면 구체적인 보강과 입증을 거쳐야 하는 확신(Gewissheit) 내지 주관적 확실성에 다름 아니다.[27] 확신에서 진리로의 운동, 곧 개별적인 "나"에 관한 추상적인 자기 확신에서 보편적인 자기의식에 관한 구체적인 진리로의 운동은[28] 그 어떤 후험적인 방식으로 이해된 "경험"을 통해서가 아니라 주관과 객관이 서로 안에서 상호 "현상" —— 본질 범주에서 맺어지는 관계의 특징이다 —— 하는 가운데 성립하는 주관과 객관 양자의 필연적인 구체화로서 진행한다.[29]

대립의 자기 반성성은 주관이 자아로서 출현하는 것뿐 아니라 객관이 자아 자신에 의해 "존재"하는 무언가로서 출현하는 것도 의미한다. "내가 존재한다."라는 확신은 나의 내용이 "객관적"인 것이 되는 가능성을 위한 조건이다. "객관적"인 지각은 나 자신과의 즉자적으로 부정적인 연관, 다시 말해 자아의 "탄생"을 뜻했던 자기 분할이라는 근원적인 판단(Urteil)을

● ● ●

26. 이 책, p. 246, 7번 각주를 보라.

27. "정신은 자기 자신에 안주한다는 추상적 확신과 더불어 곧바로 여기에 반대되는 확신, 즉 본질적으로 정신에 대립하는 타자와 관계한다는 확신을 가지므로" 한갓된 의식의 이 단계에서 확신은 "아직 참되지 못한 것이며 자기 스스로와 모순하는 것"이다. (PhM 157/250) 여기서 우리는 "나는 존재한다."에 관한 헤겔의 개념이 칸트와 달리 구체적인 공간적 지각에 의존하기는커녕 자아에 대립적인 것이라는 일반적인 의미에서의 "타자"를 수반함을 본다.

28. PhM 178/281.

29. 이 책, p. 247 이하를 보라.

수반한다. "객관"으로 파악된 의자와 책은 즉자적으로 "비아"로서 판단된다.[30] 즉자적으로 객관에 대한 모든 앎(Wissen)은 개별적 주관인 나 자신에 관한 확신이기도 하고, 나라는 개별적 주관은 내가 "객관적"인 것으로 의식할 수 있는 모든 내용 속에서 "대자적"으로 존재한다. 이러한 방식으로 헤겔은 객관적인 것인 내용에 관한 모든 의식에는 사유 규정, 논리적 범주가 포함되어야 한다고 논증한다. 어떠한 내용을 객관적인 것으로 만들려면 주관은 "감정적 주체성"을 넘어서 "내가 존재한다."라고 말할 수 있고 또 그 내용에 최소한 존재 범주를 부여할 수 있는 "사유하는 주체성"으로 고양되어 있어야 한다.

그런데 자아가 자신에게 자신을 대립하는 일은 내용을 객관적인 것으로 알기 위한 하나의 필요조건에 그치지 않는다. 내용을 객관적인 것으로 아는 것은 추상적인 "나는 존재한다."의 수준을 넘어 자기 자신을 알기 위한 조건이기도 하다. "내가 존재한다."는 한갓된 확신은 즉자적 존재 내지 순수 개념으로 있는 추상적 자아에 그친다. 그것은 몰규정적인 관념성, 즉 이전에 혼에 함유되어 있던 모든 규정이 지양된 것으로서의 자아이다. "나는 존재한다."라는 사유 속에서 주관이 [스스로를] 자신의 존재에 대립시킬 때, 대립은 아직 보잘것없고 구별은 현실적인 구별이 아닌 형식적인 구별에 머문다. 현실성을 성취하려면 추상적인 자아는 자신의 존재가 구체적인 규정을 취하도록 허용해야 한다. 이렇게 해서만 자아는 자기 소유를 주장할 수 있고, 자아에 관한 확신을 전개할 수 있으며, 그 내용이 주체성에 진성으로 대립하지 않는 "부력한 자연적 혼"[31]으로 되돌아가지 않을 수 있다.

『엔치클로페디』에서의 "경험"이 정신론 전반의 일반적인 의미에서 이해되지만, 말하자면 칸트나 경험주의자가 말하는 "경험"의 의미와 달리

• • •

30. 이 책, p. 220을 보라.

31. *PhM* 155/246.

정신이 스스로를 점차 인식한다는 의미에서 이해되기는 하지만, 여기서 헤겔은 (1807년 『현상학』과 마찬가지로)[32] 현상학이 "경험"이라는 문제의식 안에서 전개될 수 있는 이유를 우리에게 보여준다.[33] 처음에는 자아가 형식적이고 무규정적인 자기 구별 —— 한갓 "자기 자신으로부터 스스로를 내치는 것" —— 인 까닭에 구별은 전적으로 객관의 측면에서 나타난다. "이" 개별적인 것이며 "다수의 속성을 지닌 사물"이자 "힘"과 "법칙"이기도 한 객관의 연속적인 형태는 의식 자체에게 의식의 측면에서 이루어진 활동과 무관하게 발생한 것처럼 보인다. 그렇지만 인간학에서의 논증이 보여주듯이 자아가 자아와 타자의 즉자적 동일성인 연유로 주관은 필연적으로 객관 내의 구별과 "연관"하고, 그러한 연관 속에서 주관은 직접적으로 자기 안에 반성된다. 그러므로 객관이 감각적 개별성에서 초감각적인 "법칙"에 대한 지각이라는 보편적인 것으로 발전하는 필연적인 과정은 주관이 감각적 의식으로부터 지성에 대한 지각적 의식으로 발전하는 필연적인 과정이기도 할 것이다. 이리하여 자아는 어둠을 밝히는 가운데에서만 스스로를 현시할 수 있는 빛임이 밝혀진다.[34] 자기 자신에게 자신을 밝힘으로써 스스로를 현시하는 정신은[35] 자신의 타자를 현시하는 와중에서만 자기 자신에게 현시할 수 있다. 의식 개념은 객관 속에서 자기 자신을 즉자적으로 드러내며, 헤겔은 이러한 의식 개념이 닿을 수도 알 수도 없는 칸트의 순수 자아 개념을 극복한다고 주장한다.

c. 참된 종합적 진보

• • •

32. 이 책, p. 58 이하를 보라.
33. *PhM* 161-162/256-258을 보라. 내가 찾아본 한에서 이 부분은 『엔치클로페디』의 현상학 중 "경험"이라는 용어가 언급된 유일한 곳이다.
34. *PhM* 154/246.
35. 이 책, p. 89를 보라.

우리의 안과 밖 모두에서 접근될 수 없는 초월론적 x를 극복한다고 하는 헤겔의 주장 가운데 인간학이 맡은 역할을 보면서, 마침내 우리는 비판철학에 반하는 헤겔의 또 다른 주장을 마주하게 된다. 헤겔의 관점에서 자기의식의 동일성은 칸트가 이룬 통찰 중 가장 심오한 것이었으나,[36] 헤겔이 보기에 칸트가 말하는 자기의식의 순수 형식, 다시 말해 범주는 동일적인 자기의식 자체의 개념으로부터 행해진 "참된 종합적 진보" 속에서 제대로 논증되지 않은 채 논리학 교과서에서 취해지는 데 그쳤다.[37] 헤겔의 비난은 칸트의 논증 자체에 담긴 부적합성뿐 아니라 인식의 문제에 대한 비판철학적 접근 전반의 이른바 "형식주의"를 겨냥한다. 그러니 우리는 참된 종합적 진보 가운데 객관적 범주, 즉 "스스로를 산출하는 개념"을 증명하고자 하는 헤겔의 주장에서 의식의 "출현"이 맡는 역할을 간략히 고찰해보자.

혼의 진리인 의식의 출현은 범주의 연역에 관한 문제에 최소한 하나의 단도직입적인 결론을 내놓는다. 칸트에게 "초월론적" 연역은 우리 인식의 원천이 두 개의 분리되는 "계통"으로 구성되어 있다는 이유로 말미암아 필연적인 것이었다. 모든 현상은 감성에 "주어져야" 하는데, 이에 반해 연역은 사유되는 대상에 대해 순수 개념이 선험적으로 필연적임을 확립하라고 요구받는다.[38] 헤겔에게 연역의 문제는 이러한 방식으로 정식화되지 않는다. 앞선 장들에서 보았던 것처럼 헤겔의 혼 개념은 두 계통 이론을 논박함으로써, 사유하는 자아가 감정적 주체성의 지양으로서 출현하는 것을 증명한다. 자기 반성하는 자아는 혼적 주체성이 "내포하는 것"을 "그 대상으로 삼는다."[39] 자아는 총체성으로, 객관적 의식의 차원에 있는

• • •

36. 이 책, p. 41을 보라.
37. *SL* 789/3권 355.
38. *CPR* B 122.
39. *PhM* 153/243.

자기로 출현한다. 자아의 범수가 객관에 "적용 가능한지"를 묻는 일은 불가능하다. 자아가 "사유"한다는 점과 자아의 내용이 "객관적"이라는 점은 하나이자 동일한 사태이다. 그러므로 범주가 없는 객관이란 있을 수 없다. 사유 규정은 "직접적" 의식, 즉 자신의 객관을 "존재하는 것, 어떤 것, 실존하는 것, 개별적인 것 등"으로 취하는 감성적 의식에서도 존재한다.[40] 따라서 "연역"의 또 다른 원리는 자아가 "판단의 주체"로 출현하였음이 증명되었다는 사실에 포함되며, 이 판단 속에서 자아는 외부 세계와 관계하는 가운데 자기 자신과 관계하기도 한다. 혼의 판단을 통해 "나는 존재한다."와 "외부 세계"가 동시에 출현하는 것을 볼 때, 의식의 필연적 형식은 외부 세계의 형식임이 자명하며(eo ipso) 그 역도 마찬가지이다.

그러나 범주의 연역에 관한 문제 전체는 정신을 그 "현상"에서 보여주는 헤겔의 현상학 개념과 칸트의 초월론적 연역 중 무엇을 따르는지에 의해 다른 입장을 취하게 된다. 물론 범주의 연역을 현상학의 과제 중 부수적인 것이라고 말할 수는 없겠지만 그것은 의식의 운동을 그 개념에 따라 드러내는 더욱 깊은 과제 아래에 ── 혹은 그 과제 속으로 ── 수렴된다.

헤겔이 말하기를 정신이 의식으로서 삼는 목표는 자신의 "현상"을 "본질"과 동일하게 만드는 것이며, 자신의 "확신"을 객관적인 "진리"로 고양하는 것이다. 의식 자체는 자신의 모순적 본성에 의해 이 목표를 향하여 추동되거니와, 이 본성은 "상관관계 일반이 그러한 것처럼 양 측면의 자립성과 이것들이 지양되어 있는 양 측면의 동일성 사이의 모순"이다.[41] 모순은 모순의 해소에 대한 요구이자 가능성이다.[42]

• • •

40. *PhM* 159/252. "이것들은 논리적 규정이며, 사유하는 자에 의해서, 즉 여기서는 자아에 의해서 정립되어 있다." (국역본 p. 256 ── 옮긴이)

41. *PhM* 155/246.

42. *PhM* 157/250.

의식의 발전을 통하여 객관은 감각적 의식의 "이것"이라는 일시적인 개별성과 자기 외재성으로부터, 스스로를 내적으로 구별하고 그 구별 속에서 자신을 보존하는 영속적인 보편성, 즉 "법칙"이라는 지성의 객관으로 고양된다. 객관의 이와 같은 규정 진전(Fortbilden, Fortbestimmung) 속에서 그와 같은 "객관적" 범주들은 다수의 "속성"과 "질료"를 가진 "사물", 원인과 결과, "내적"인 힘과 "외적"인 힘, "힘의 법칙" 등으로 출현한다. "생"이라는 객관에서 "객관적" 범주들은 그 자신을 주관과 객관이 하나가 되는 개념의 자유로운 자기 규정이라는 "주관적" 범주로 지양한다. 객관의 이러한 "내면화"가 일어남과 동시에 개별적 의식으로서의 주관 역시 —— 객관을 변형시켜 일어나는 것처럼 보일지언정 —— 발전하여 내면화된다. 객관이 자아 자신과 동일한 바인 개념의 내적 자기 구별로 내면화되었을 때에만 의식으로서의 정신은 자신의 내면성이 객관에 작용할 수 있음을 알게 된다.[43] 이 지점에서 "객관"에 관한 의식은 자기에 관한 의식, 즉 자기의식이 된다. 자기의식이 된 주체성은 스스로를 자신과 동일한 동시에 자립적인 대자 존재이기도 한 "객관"에 대립시킨다. "인정"을 위한 투쟁 및 지배와 종속이라는 이어지는 사회적 형태 —— 정치 체제의 출현 —— 속에서 개별적인 자기의식은 자신과 마찬가지로 그 타자 또한 개념의 주관성에 의해 관통된 것임을 알게 된다. 타자를 자기 자신으로 알고 또 타자 안에서 자신을 알게 됨으로써 자기의식은 "보편적" 자기의식으로 혹은 자신이 세계 속의 객관적인 것임을 대자적으로 아는 절대적으로 자유로운 이성으로 출현한다.

이성으로서의 정신 내지 "정신 자체"의 이러한 출현과 더불어 자신의 "현상" 가운데 있는 정신에 관한 학문은 종결된다.[44] 의식의 형태를 "세계"의 형태로 증명하면서 또 범주를 자연적-사회적 세계 —— 이 세계 속에서

• • •
43. 이 책, p. 67을 보라.
44. *PhM* 178/285.

의식은 즉자적으로 주체성과 그 실체적 존재 사이의 관계로서 거주한다
—— 와 의식의 관계를 통해 논증함으로써,[45] 헤겔은 "참된 종합적 진보
—— 스스로를 산출하는 개념"을 통해 사유 형식을 설명하였다고 주장한다.
혼에 관한 이론이 그랬던 것처럼 의식에 관한 이론도 의식을 한갓된 논리적
형식에서 파악하지 않고 정신적 생으로서 드러낸다. 혼의 판단에서 출현한
주객관적 대립의 관점에서 정의된 의식의 운동은 이러한 대립으로부터
정신이 해방되는 것을 내보인다. 이로써 현상학은 인간학의 주제 중 해방
투쟁(Befreiungskampf)이라는 더욱 높은 차원으로 나아가는 연속성이자
헤겔의 유한한 정신론을 관통하는 주요 문제가 된다.

● ● ●

45. Ernst Bloch, *Subjekt-Objekt: Erläuterungen zu Hegel*, 2nd ed., (Surhkamp, Frankfurt
    am Main, 1962), pp. 188-189를 보라.

옮긴이 후기

이 책은 Murray Greene이 쓴 『*Hegel on the Soul: A Speculative Anthropology*』를 우리말로 옮긴 것이다. 그린은 1920년에 네덜란드에서 출생한 학자로서 뉴욕의 New School for Social Research(현 New School University)에서 봉직하다가 1995년에 사망하였다. 「Hegel's Philosophy of Subjective Spirit」, 「Hegel's Triadic Doctrine of Cognitive Mind」, 「Hegel's Conception of Psychology」 등의 논문 제목에서 알 수 있듯이 헤겔의 주관정신론 연구에 집중한 학자이다.

70년대 이후 헤겔 철학에 대한 영미권의 접근이 상당 부분 분석적 방식으로 이루어진 것과 달리, 저자의 이 연구는 헤겔이 몰두하였던 문제에 자신을 집어넣어 그 시대의 개념과 틀로써 헤겔 철학을 서술하고자 한다. 헤겔이 어떠한 문제의식으로 무엇을 의도하였는지를 가능한 한 헤겔 당대의 관점에서 충실하게 재서술하는 것이 이 책의 특징이라고 하겠다. 서문에서 밝히다시피 저자는 비평가가 할 법한 일들의 상당 부분을 다른 이에게 미루었으나, 이러한 미룸으로 얻은 빈자리는 헤겔의 주관정신 철학이 아리스토텔레스의 사변적 영혼론을 칸트의 비판철학이라는 문제의식 내에서 어떻게 재정식화하는지로 채워진다. 서술 방식의 특징을 구체적으로 말하면 다음과 같다.

첫째, 칸트 철학과의 대비가 돋보인다. 혼이 의식으로 이행하는 과정을 논증하는 헤겔의 인간학은 외부의 "충격"이 아니라 혼 자신의 운동을 그 추동력으로 한다. 이 자기 운동의 가능성은 혼이 자신을 판단의 주체인 주어이자 판단의 대상인 술어로 삼을 수 있음을 전제한다. 헤겔에게 판단이란 '근원적인 분할'이기 때문이다. 이와 달리 칸트의 인간학에서 자아는 내감으로 인식되는 경험적 자아이자 통각으로 추론되는 초월론적 자아일뿐, 자아가 자신을 대상으로 삼아 분리할 가능성은 어떠한 방식으로도 확보될 수 없다. 요컨대 칸트에게서 자아는 인식의 대상이 될 수 없다. 헤겔 인간학의 특징은 자아의 판단에 대한 이와 같은 상이한 맥락에서 더욱 분명해진다.

둘째, 인간학의 체계 내 위치를 밝힌다. 우리 자신을 돌아보아도 쉽게 알 수 있는 것처럼 현존하는 인간은 이성성으로만 환원되지 않는다. 하지만 물질적인 것과 우연적인 것이 침투하는 와중에 인간이 혼에서 의식의 단계로 상승하는 운동은 그것이 학문 내에서 이루어지는 한 경험적 개연성이 아니라 논리적 필연성을 요구한다. 이에 저자는 두 권의 『논리학』을 적극적으로 참조하여 혼의 전진 운동이 어떠한 의미에서 필연적인지를 해명한다. 다만 이 해명 과정 가운데 헤겔은 우리로서는 받아들이기 어려운 몇몇 경험적 양상을 끌어들이는 한계를 드러내는데, 이 한계는 헤겔 철학의 과오로 인정하되 인간의 전 면모를 정신성 개념으로 설명하고자 하는 의도만은 적극적으로 인정해야 할 터이다. 또한 혼이 자신의 신체성을 극복하는 관념화의 과정은 정신적인 것과 물질적인 것 간의 연관을 요구해야 마땅하겠으며, 저자는 주체와 물질성 내지 주체와 신체성 간의 연속성을 『자연철학』을 통해 보완한다. 물질적 속성은 그 자체로 존재하는 속성이 아니라 주관의 감각에 대한 물질성이다.

셋째, 전반적인 조망을 제공한다. 여기서 전반적이라는 말에는 두 가지 의미가 있다. 한편으로 이 책은 헤겔의 인간학을 인간학 자체로 다루는 범위를 넘어선다는 점에서 전반적이다. 1부인 서론에서는 헤겔의 인간학이 던지는 문제의식과 방법론을 논한다. "너 자신을 알라"는 델포이의 신탁이 소크라테스에게 어떠한 의미였는지, 이 의미를 파악하고자 하는 헤겔 철학의 방법론은 무엇인지, 또 칸트와 대비되는 헤겔 주관정신 개념의 특징이 무엇인지를 밝힌다. 인간학 자체를 서술하는 2부에 이어지는 부록에서는 혼이 자신의 임시 목적지로 삼는 의식을 다룬다. 의식의 발전을 논하는 현상학에서 우리는 현상과 본질 간의 차이라는 모순을 해소하려고 하는 헤겔의 의식 개념이 곧 개념의 내적 자기 발전이며, 이것이 칸트의 순수 자아에 내재하는 한계를 어떻게 극복하는지를 본다. 이 책이 전반적인 조망을 제공한다는 말의 또 다른 측면은 이러하다. 이 책은 우리 학계에서 이루어진 헤겔 인간학에 대한 연구 성과를 보완하는 자료로 기능할 수 있다. 김윤구의 「한국에서의 헤겔연구사 —— 한국에서의 헤겔 연구사의 현황과 시대구분」(2000)에서 볼 수 있듯이 한국의 헤겔 연구가 『정신현상학』 등의 특정 텍스트에 집중하는 경향을 띠었던 것은 사실이다. 그러나 근 십 년간에는 헤겔 인간학의 범위에 속하는 습관과 감정 등에 관한 개별 연구가 적지 않게 축적되고 있는데, 이 책은 그와 같은 주관정신론 연구들이 다루는 개별 영역을 포괄하는 큰 그림을 그리는 역할을 맡을 수 있겠다.

옮긴이가 번역하면서 주안점을 둔 바가 있다. 이 책은 1972년 저술이다. 저자가 참조한 헤겔 원전의 영어 번역본도 현재에는 통용되지 않는 판본이고, 헤겔 주관정신론에 대한 영미권의 연구 역시 70년대 이후 활발하게 진행되었기에 분석적 방법을 활용하는 동시대의 성과와 무관한 면이 없지 않다. 그렇지만 저자가 인용한 영어 번역본의 과거성 문제는 옮긴이가 가능한 한 독일어 원전과 한국어 번역본을 하나하나 참고하여 번역함으로

씨 그 간극을 최소화하고자 했다. 인용 표기 옆에 단 국역본 표기가 독자에게 도움이 되기를 바란다. 다음으로 연구의 현재성 문제를 말하자면 이 책의 논지 자체가 원전에 충실한 해설서의 성격을 띠기 때문에 여전히 유효한 자료로 활용될 수 있다고 본다. 하나의 방법이 유행한다고 해서 다른 방법을 폐기할 필요는 없겠다. 다만 영미권에서 이루어진 여타의 정신철학 연구는 기회가 닿는 한 옮긴이가 꾸준히 소개하고자 한다.

짧은 분량의 단행본이지만 예상보다 오래 작업하였다. 그렇듯 미루어지는 시간의 무게는 온전히 출판사의 부담으로 전가되었다. 미숙한 옮긴이에게 기회를 주었을 뿐 아니라 인내가 무엇인지도 보여준 조기조 발행인께 감사드린다. 매끄럽지 못한 원고를 수정하여 출판이 가능한 수준으로 교정한 백은주 편집장께도 고마움을 표한다. 원고 전체를 읽고 수정한 이신철 선생에 대한 감사는 결코 빠뜨릴 수 없다. 그 덕분에 치명적인 오역을 고칠 수 있었고, 더 나은 우리말 번역어를 익히기도 했다. 『정신철학』을 위시하여 칸트와 헤겔의 여러 원전을 번역한 철학계의 선대 학자들도 떠올린다. 한 분씩 언급할 수는 없겠으나 선학이 수행한 작업은 후학에게 큰 도움이 되었다.

나는 이 책이 우리나라 헤겔 연구의 범위를 확장하는 데 작은 기여라도 할 수 있기를 바란다. 또한 '사방으로 둘러싸인 성'과 같이 도대체 어디로 진입해야 할지 모르는 낯선 영역인 헤겔 철학에 대한 친절한 안내가 되기를 희망하기도 한다.

신우승

헤겔 총서 ④

헤겔의 영혼론

초판 1쇄 발행 • 2014년 3월 31일

지은이 • 머레이 그린
옮긴이 • 신우승
펴낸이 • 조기조

펴낸곳 • 도서출판 b
등록 • 2003년 2월 24일 제12-348호
주소 • 151-899 서울특별시 관악구 난곡로 288 남진빌딩 401호
전화 • 02-6293-7070(대)
팩시밀리 • 02-6293-8080
홈페이지 • b-book.co.kr
전자우편 • bbooks@naver.com

정가 • 20,000원

ISBN 978-89-91706-79-8   93160